中国矿业大学博士学位论文出版基金资助

中国能源供需矛盾预警研究

张明慧　著

中国矿业大学出版社

内容简介

本书全面分析了影响我国能源供需关系的因素,初步构建了我国能源供需周期波动理论;建立了我国能源供需矛盾预警指标体系;以此为基础,根据我国能源供需非线性、复杂性的特点,分别对我国能源供需的短期和长期矛盾进行了预警理论研究和实证分析,最后从战略层面、政策角度和预警措施等方面提出了促进我国能源供需协调平衡的相关建议。

本书综合运用了相关分析法、格兰杰因果检验法、向量自回归模型、误差修正模型和系统动力学等方法,通过对我国能源供需的历史数据进行定量分析和模拟,对我国能源供需矛盾从周期性波动理论到预警方法体系等进行了全面系统的论述。

本书可供各级能源管理部门领导参考,也可以作为从事能源经济与管理等相关领域的科研人员、大专院校的高年级本科生和研究生的参考书。

图书在版编目(CIP)数据

中国能源供需矛盾预警研究/张明慧著. —徐州:中国矿业大学出版社,2007.11

ISBN 978 -7 - 81070- 833 - 3

Ⅰ.中… Ⅱ.张… Ⅲ.能源经济—供求关系—预警系统—研究—中国 Ⅳ.F426.2

中国版本图书馆 CIP 数据核字(2007)第 182140 号

书　　名	中国能源供需矛盾预警研究	
著　　者	张明慧	
责任编辑	姜　华	
出版发行	中国矿业大学出版社	
	(江苏省徐州市中国矿业大学内　邮编 221008)	
网　　址	http://www.cumtp.com　E-mail:cumtpvip@cumtp.com	
排　　版	中国矿业大学出版社排版中心	
印　　刷	徐州中矿大印发科技有限公司	
经　　销	新华书店	
开　　本	850×1168　1/32　印张 11.75　字数 304 千字	
版次印次	2007 年 11 月第 1 版　2007 年 11 月第 1 次印刷	
定　　价	38.00 元	

(图书出现印装质量问题,本社负责调换)

序

　　能源是人类进行生产和赖以生存的物质基础,是现代文明的支柱,是推动社会经济系统运转的动力。但同时,能源利用也给人类社会带来了严重的环境污染,制约着社会经济的可持续发展。当今世界,能源的制约作用及能源与环境的矛盾已成为社会可持续发展战略的核心问题之一,也是世界各国共同关注的焦点,在世界政治中发挥着越来越重要的作用。尤其是 20 世纪末以来,能源国际化的发展对全球政治经济产生了重大的影响。

　　我国经济正处在一个飞速发展的时期,能源需求量在未来一定时期内仍将快速增长。但是我国富煤、贫油、少气的一次能源赋存特征客观上决定了煤炭能源的生产和消费在可预见的未来仍会保持一枝独秀的格局。因此,能源问题在我国显得更加突出,可能会上升为制约我国社会经济发展的"瓶颈"问题。

　　当然,能源问题的解决是一项复杂的系统工程。在强调能源生产和利用技术创新的同时,从能源经济管理的角度,根据我国国民经济发展的实际,加强能源供需平衡研究,按照"统筹平衡、监测预警、调节需求、重点保障"的原则,建立快速反应的能源与经济运行监测、预警、调度机制,及时、准确判断经济运行状态和能源供需平衡状态,实现管理制度化、监测信息化、预测预警规范化,对于保障我国能源与国民经济的协调发展意义重大。

　　本书来源于作者的博士学位论文。通过大量调研,作者在对有关国内外能源与社会经济协调发展的研究进行系统分析的基础上,初步构建了我国能源供需周期波动理论。以此为依托,对影响我国能源供需关系的相关因素进行了全面分析,并根据我国能源供需非线性、复杂性的特点,分别利用 VAR 预警方法对我国短期能源供需矛盾进行了预警研究,利用系统动力学预警方法对我国长期能源供需矛盾进行了预警研究。最后,作者从战略层面、政策角度和预警措施等方面提出了促进我国能源供需平衡发展的相关建议,为我国进一步协调能源供需关系、保障社会经济的科学发展提供了一定的理论基础。

　　鉴于能源问题的复杂性,必须从国家长远发展的战略角度来进行综合研究。希望这一研究能够为我国制定能源产业和社会经济的中长期协调发展战略和政策提供有益的参考。也祝愿关心我国能源产业的学者们取得更多的成果。

宋学峰

2007 年 10 月

Abstract

Energy is the material base of social economic development, and the status of the energy supply and demand affects the scientific development of social economy directly.

At present, fossil energy is the main body of energy supply and demand in the world. But fossil energy reserves are limited and nonrenewable. And the production and consumption of fossil energy affects the environment seriously. In China, aggregate reserves of natural resources, especially coal, are rich. But per capita energy resources and energy consumption are far below its world average level. Therefore with the development of social economy, the effect of energy on social economic development becomes more and more conspicuous.

In this book, from the viewpoint of the effect of energy supply and demand on the social economic development, theoretical, method and empirical research on China's energy supply and demand imbalance early warning is carried on. The main work done in this paper is as follows:

After discussing the necessity of energy supply and demand imbalance early warning from the viewpoints of the relationship between energy and social economic development and the feasibility of it from the technical method perspective, the relationship between energy and the development of social economy is analyzed systematically, the space-time contradiction of China's energy supply and demand is illustrated and the causes of it is revealed preliminarily. The effect on China's energy supply and demand of natural factor, economic growth, industrial structure, technology progress, energy price, social investment, environment factor, population growth and so on are analyzed comprehensively. Above analysis makes it clear that there is interact between energy supply and demand and its influence factors.

On the basis of thorough study of the cyclical fluctuation of China's energy production and consumption, the cyclical fluctuation theory of energy supply and demand is given. The cyclical fluctuation mechanism of China's energy production and consumption is analyzed. The analysis shows that the cyclical fluctuation of China's energy production and consumption is the result of the common action and effects of many related factors, and these factors, affected by the multiplier and acceleration mechanism, constitute the core causality chain of the fluctuation of energy production and consumption. According to statistics China's energy production and demand fluctuation cycle is measured. The result shows that the fluctuation cycle of energy production is about 5~6 years, and the fluctuation cycle of energy consumption is about 5 years.

Deeply study of the theory and method of energy supply and demand early warning is carried on. On the basis of quantitative describe of warning situation index system, warning sign indicators are selected preliminarily by cross correlation analysis, and warning index system is determined by Granger causality test. According to historical statistics, scarcity of energy is examined.

IV

And in the light of it, a new method for judging whether the energy supply and demand is in the situation of warning based on confidence degree and confidence interval is proposed. On the basis of comparative analysis of commonly used early warning methods, combining the nonlinear and complex feature of China's energy supply and demand relation, this paper proposes that VAR early warning method applies to short-term early warning and system dynamics (SD) early warning method applies to long-term early warning.

Empirical study on China's energy supply and demand imbalance early warning is carried on. Based on historical data of China's energy supply and demand the VEC model was established by examining the stabilization and cointegration of related variables, and short-term early warning was carried on by this model. On the basis of foregoing analysis, the system dynamics model of energy supply and demand is constructed. According to historical data basic parameters of the model are estimated by statistical method and the equations are established. The SD model passes historical test perfectly. Then long-term energy supply and demand status was forecasted by this SD model.

Finally according to the early warning result, policy proposals related to the development of energy are put forward so that to promote the coordinated development of China's energy supply and demand and to ensure the scientific development of social economy.

目　录

1 绪 论

1.1 研究的背景和问题的提出

能源被誉为工业发展的食粮和血液,其对社会经济的作用可见一斑。随着现代工业的发展和人类生活水平的提高,对能源的数量和质量都提出了更高的要求。而能源赋存的客观性和不平衡性,严重制约着区域经济的发展,并成为现代战争的主要根源。现实表明,能源已经成为制约社会经济发展的最主要因素之一,能源安全已经成为国家安全的重要组成部分。21 世纪的前半叶,是我国社会经济发展的关键时期,保持能源与社会经济的协调发展是实现我国长期发展战略的基础。因此,研究我国能源供需问题,对能源供需进行科学、及时、准确的预测和预警,具有积极的现实意义。

1.1.1 我国能源供需矛盾预警问题的提出

1.1.1.1 能源作为现代社会经济发展的物质基础,直接影响着社会经济的健康发展

能源是社会经济发展的物质基础,其开发利用同生产力的发展、科学技术的应用以及人类生活水平的提高有着极为密切的关系。受生产力水平的影响,人类对能源的开发利用在不同的历史时期差别很大。从历史上看,随着社会经济的发展和科学技术的突破,人类开发利用能源的技术也在不断发展。能源开发利用技

术的每一次重大突破以及每一种新型能源的被发现和利用,都会带来全球性的经济飞跃,甚至引起整个社会生产方式的革命[1~4]。同时,社会经济越发展,生产力水平越高,能源对人类社会发展的影响也越来越大、越来越直接。

在当代,社会经济的发展对能源的依赖更为突出。能源是经济发展的原动力,直接影响着经济增长的规模和速度。现代化的大生产是建立在机械化、电器化、自动化、信息化基础之上的高效生产,几乎所有的生产过程都要消耗能源,相关生产要素只有具备了必要的能源动力后,才能够运转起来。能源已成为国民经济发展不可或缺的基础:石油被认为是工业的"血液",矿产原料被认为是现代工业的"粮食"[5]。此外,能源还是提高人类综合生活水平的主要物质基础之一,人类日常生活对能源的需求日益增加,而且对能源质量的要求不断提高。生产离不开能源,生活同样离不开能源,而且随着社会经济的发展,人类生活水平的不断提高,对能源的要求和依赖程度无疑会越来越高。

但是,传统能源的可开发利用量毕竟是有限的,而人类社会对能源的需求则以加速度的方式增长。有限的传统能源供应与日益增长的能源需求的矛盾严重制约着现代社会经济的发展,寻求能源供需的相对平衡日益成为一个国际性的问题。尤其是石油危机以来,能源供需矛盾受到世界各国的普遍关注。长期稳定、相对平衡的能源供需是区域经济持续发展的保证,而不平衡的能源供需则会直接威胁到社会经济的发展。因此,能源既是经济发展的动力,同时也是经济发展的障碍[6]。无论是能源的供不应求还是供过于求,都会对经济社会的健康发展产生影响。一方面,能源是现代化生产的主要动力来源,几乎所有的生产过程都是与能源的消费同时进行的,能源短缺严重地影响了生产力的充分发挥,造成大量生产能力不能正常生产,最终必然影响国民经济的增长。发生于 1973 年的中东战争就是很好的例证,由于中东战争的爆发,使得石油被短期禁运,这使依靠进口中东石油的国家在经济上受到了不同程度的影响。由于石油危机,日本缺少0.6亿 tce 的能源,经济增长速度由 11.9％下降到 5％,造成了 485 亿美元的经济损失;美国缺少 2.16 亿 tce 的能源,经济增长速度也下降了 2％左右,造成了 930 亿美元的经济损失[7]。另一方面,能源工业作为国民经济的主要产业部门之一,对国民经济增长的促进作用与其他主要产业部门具有共同的特点。能源的生产同其他商品的生产一样,受市场需求的制约。当能源供过于求时,对能源系统来说,能源价格的降低会制约能源经济的发展,从而影响整个经济系统的发展;对于整个经济系统来讲,能源价格的降低会促进高耗能的产业的发展,影响产业结构和经济结构,增强对能源的依赖性并造成能源的浪费。因此,从长远来看,无论是能源的供过于求还是能源的供不应求,对于国家的能源安全都是极为不利的[8]。

20 世纪六七十年代以来,世界上许多国家都逐步实现了现代化的生产和生活,创造了人类历史上空前灿烂的物质文明,这与中东地区大油田的开发利用,并由此引发世界各国石油和天然气的开发利用不无关系。由于能源的开发利用,许多地区可以获得稳定、廉价的石油和天然气供应,以此来满足其工业化对能源的需求。但是,这也造成能源供需的地域矛盾,并埋下了能源引发战争的祸根。近现代战争的根源实质是能源之争,由于战争使许多长期积累的社会文明毁于一旦。

1.1.1.2　为保证我国社会经济的科学发展,加强能源供需矛盾预警研究非常必要

社会经济的科学发展离不开协调的能源供需。能源产业是经济发展的先行产业。能源供需的相对平衡对经济的持续、稳定、健康发展具有保障作用。而在现实经济活动中,能源的供需波动受到很多因素的影响,其中经济的周期波动是引发能源供需周期性波动的主要原因。其次,政策因素也是影响能源供需周期波动的重要因素。此外,能源供需的波动还受到技术进步、人们生活水

平、产业结构、消费方式等诸多因素的影响。在诸多因素造成的能源供需波动中,政府和企业往往难以把握其波动的转折点,造成宏观调控政策出台时机不能与能源供需波动、经济波动很好地协调,使能源的开发计划与经济波动发生矛盾,造成能源供需波动的大起大落,不利于能源经济和国民经济的健康发展。

(1) 我国现实的能源供需波动需要进行科学预警

一定程度的经济波动是经济运行过程中的一种正常现象。但是巨大的波动,特别是关系国民经济和社会健康稳定发展的重要物质基础——能源供需的严重波动势必会影响国民经济的科学发展,这是不正常的。如近两年来的电荒、油荒、煤荒,一荒接一荒,严重制约了我国国民经济的科学发展。但我国能源真的就供不应求了吗?是产业间的真正供不应求,还是发展中暂时的供不应求?这些需要我们认真思考。

导致能源供需波动的原因很多,其中固然有不可控的因素,如能源的自然赋存、地理分布等,但决定能源供需波动的最重要因素是内生经济投入。一般来说,经济投入是可以进行调控的,国家可以通过制定能源价格政策、经济发展政策、环境政策、能源生产资料的供应政策等来调节经济投入,用经济杠杆来调控能源的生产和消费需求。而要实现这种适度调控,就需要有超前信息作为参考。为此,必须建立宏观性的能源供需预警系统。

(2) 经济政策时滞效应的存在要求有超前信息作为指导

现代宏观经济理论认为,宏观经济政策对经济的作用不是即时的,而是存在时滞效应。时滞效应包括两种,内部时滞和外部时滞。内部时滞即着手制定政策所花费的时间,可以分为认识时滞、决策时滞和行动时滞。外部时滞也就是我们通常所说的经济政策作用的时滞,是指采取某项经济政策到该项经济政策产生经济影响的时间。例如,我国于1998年第四季度开始采取经济紧缩政策,直到1999年二季度工业生产速度才明显下降,这就是紧缩政策的时滞。一般认识时滞和决策时滞可以通过各种措施缩短,而政策作用时滞则涉及更复杂的因素,是较难控制的。政策时滞的存在一般仅影响经济政策发挥作用的时间,但在特殊情况下,即当经济波动处于上升或下降转折点附近时,由于政策时滞,当经济调控政策真正发挥作用时,实际经济运行状态和趋势与政策出台时相反,导致政策起逆调节作用,结果经济调控政策不仅起不到平抑经济波动的目的,反而会加剧波动,在这种情况下,政策的时滞就是很危险的。而对于能源经济而言,由于产业的特殊性,能源政策的时滞更长,因而政策时滞更容易导致能源政策起到逆调节的作用。能源经济预警系统是直接为经济决策部门提供决策信息的,为了尽量缩短时滞,应当尽可能事先提出警告,便于能源经济以及国民经济各个决策部门尽早采取措施,避免政策时滞的不利影响。

(3)能源生产建设投资大、周期长的特点,更要求对能源供需进行科学预警

能源建设具有投资大、周期长的特点,有的建设项目的建设周期甚至可能长于经济波动的周期[9]。建设一座现代化的煤炭生产矿井,需要投入几亿甚至十几亿的资金,四年左右才能正式投产;而建设一座电厂也需要三到五年才能投入运营。因此,在能源供应富裕时忽视能源生产建设,而当能源紧缺时再加紧能源生产建设的应急之举,不可能使能源的供需矛盾得到合理协调,能源必然成为社会经济健康发展的"瓶颈"。2004 年以来我国二十多个省市区发生大面积的电荒,进而引发了电煤、柴油等供应紧张,煤、油紧张又加剧了电荒就是一个例证。但是,我们也应当清醒地看到,目前全方位的能源建设也可能会导致新的能源供需矛盾,即能源供应的相对过剩。

1.1.1.3 经济理论的完善和科学技术的发展,为能源供需预警研究提供了有力的保证

(1)经济理论的完善为能源供需预警的研究提供了理论基础

随着社会经济的发展,宏观经济理论也在不断完善,宏观经济的周期波动理论逐渐被人们所认识。经济周期波动不是资本主义经济所特有的范畴,也不是商品经济所特有的范畴,而是社会经济发展过程中的一条普遍规律。经济周期规律是随着机器大工业的发展而不断凸现出来的一种客观现象。

而正是这一客观现象,奠定了经济发展预警的基础。我们都希望社会经济能够健康、稳定、持续发展,但实际上经济的发展客观上存在着波动性。这就要求我们必须正确认识这一波动性,并通过科学的方法预测经济的发展趋势,提前采取合理的手段来避免经济发展的大起大落。这就是经济预警的实质。

宏观经济是一个复杂的大系统,影响经济发展的因素也非常复杂。而且在现代经济发展中,各种因素的作用都是相互的,由此进一步推动了经济理论的发展和完善。这就要求现代经济理论研究必须从系统的角度来分析问题、解决问题。

毫无疑问,能源是社会经济发展的物质基础,能源与社会经济发展的作用也是相互的,合理协调的能源供需是社会经济科学发展的保证。宏观经济发展的周期波动性,势必对能源的供需产生影响。进一步的研究表明,能源供需也客观地存在着周期波动性,而且这一波动往往提前于经济周期波动并与经济周期波动相伴始终。这就为能源供需预警提供了有力的理论基础。

(2)现代科学技术的发展为能源供需矛盾预警研究提供了技术手段

现代科学技术,尤其是计算机技术的发展,为科学研究提供了丰富的技术手段。计算机技术的迅速发展可以为能源预警提供强有力的支持。一方面,大量的预警信息可以通过计算机得到及时处理,保证能源供需预警的准确性和及时性;另一方面,相关的计算机信息处理软件不断完善,使经济学理论中的研究方法可以很方便地通过计算机得以实现。同时,通过计算机技术实现能源供需的系统仿真、模拟，可以使预警研究更接近实际。

总之，经济发展与能源发展是相互促进的，同时也是相互制约的。经济的发展要受到能源供需的影响，同时能源的供需也受到经济循环波动的影响。能源供需矛盾预警就是以保障国民经济的科学发展为基本出发点，研究在市场经济条件下的能源供给与需求的动态变化，及时监控、预测当前和未来能源的供求形势和动态变化，并对我国能源的余缺程度和可能的失衡危害及时地发出警报的系统活动。随着市场体系的不断完善，能源的供需越来越多地依赖市场来调节。而在市场经济条件下，能源消费对于经济发展具有同步性，而能源供应对于经济发展具有滞后性，又由于经济循环波动是客观存在的，因而经济的发展也必然会引起能源供需矛盾的周期波动。因此，加强我国能源供需预警分析和研究，对促进社会经济科学发展是非常必要的。

1.1.2　我国能源供需矛盾预警研究的意义

（1）理论意义

能源供需周期波动理论研究以经济周期波动理论为基础，详细分析我国经济周期波动与能源供需波动之间的关系，进而提出我国能源供需周期波动理论。对我国能源供需周期波动理论的研究有助于人们站在较高的理论平台上来研究我国经济发展与能源供需之间的关系，发现因我国经济周期波动而引起的能源供需矛盾的客观规律。

（2）现实意义

理论研究的目的是解决实践问题，理论的最终价值也只有在对实践的正确指导中才能体现出来。本着管理科学研究"问题导向"的研究思路和方法，即面对问题、研究问题、解决问题、提出和完善理论与方法的研究思路，面对我国能源供需不平衡的实际问题，突破以往研究思路和方法，从动态经济学的视角，重新审视我国能源供需波动问题,揭示其所蕴含的客观规律,指导我国能源供需的实践。

宏观经济各部门之间是相互联系的,宏观经济指标之间存在一定的因果关系。能源供需矛盾的出现常常以一系列宏观经济指标值的恶化为先兆。能源供需的失衡会对我国的经济发展产生严重的破坏作用。对我国能源供需关系进行预警研究,从影响能源供需的因素入手,理清各影响因素与能源供需之间的关系,建立能源供需关系的预警指标体系,可以为能源供需预测及供需平衡研究提供基础,也为经济政策、能源政策、产业政策等的制定提供科学的依据。

1.2　国内外研究动态

1.2.1　预警理论的发展

1.2.1.1　国外预警理论的提出、发展及应用现状

当资本主义经济有了相当的发展后,经济学家就已经注意到经济周期的存在。由于经济波动的现实存在和经济管理与调控的需要,西方工业国家对经济监测预警的研究也就应运而生了。

经济监测预警系统的萌芽可以追溯到19世纪末期。1888年,在巴黎统计学大会上,法国经济学家在其"社会和经济气象研究"论文中,以黑、灰、淡红和大红几种颜色测定法国1877~1887年的经济波动。但早期的研究普遍缺乏定量的测度,随意性较大。

对经济监测预警系统进行有组织的大规模的系统研究,是从20世纪初期开始的,由于频繁地发生经济危机,西方统计学界开始研究建立景气指标体系。随着各国大量经济统计资料的积累以及统计分析方法的进步,经济统计学家大量借鉴数理统计等分析方法,显著地提高了处理大量经济统计资料的效果。在这一时期,

指示宏观景气的"晴雨表"风行一时。1903 年,英国政府内出现了描述宏观经济波动的"国家波动图"。1909 年,美国巴布森统计公司发表了关于美国宏观经济状态的第一个指示器——巴布森经济活动指数。1911 年,专门从事景气监测的美国布鲁克迈尔经济研究所也编制并发布了涉及股票市场、一般商品市场和货币等方面的景气指标。同年,法国设立了经济恐慌委员会作为政府常设机构,以编制法国的各类景气指数和向政府提供关于经济危机的预警报告。这一时期影响最大的还是由美国哈佛大学教授伯恩斯(Arthur F. Burns)领导的景气监测研究。1915 年,伯恩斯领导的研究小组编制了"经济晴雨表",即哈佛指数,对经济波动进行定量刻画。1917 年,哈佛大学研究小组又设计了新的景气指数编制方法,编制了"美国一般商情指数",即哈费指数,较好地反映了 20 世纪美国的四次经济波动。这种编制方法在英国、瑞典、德国先后得到效仿,反映很好。但是由于未能预测出 1929 年的大经济危机,哈费指数遭到沉重的打击而逐渐停止使用,类似的景气指标研究也出现衰落。

从系统意义上讲,经济预警的正式产生是在 20 世纪 30 年代中期。30 年代发生的资本主义第一次全面深刻的经济危机,使西方经济学家普遍承认资本主义也有大危机,资本主义经济也会产生警情,经济监测预警系统再度兴起。1937 年,在密契尔(Wesley C. Mitchell)和伯恩斯领导下,美国全国经济研究局详细研究了近 500 项经济指标,利用时差变动关系,选择了 21 项指标构成超前指数,他们还系统详尽地研究了一系列涉及景气监测方法的问题。二次大战后,美国全国经济研究所在经济统计学家穆尔(Geoffrey H. Moore)主持下,对 30 年代的监测指标体系进行了修订。

从 20 世纪 60 年代起,经济预警监测系统的发展进入了一个新的阶段,经济预警方法逐步走向成熟。1961 年美国商务部正式将全国经济研究所景气监测系统的输出信息在其刊物《经济循环发展》上逐月发表,以数据和图表两种形式提供宏观景气动向的信号。至此,宏观经济监测预警系统已从民间研究走向官方实际应用的阶段。这一时期的研究和应用,多为政府有关部门支持进行的。70 年代后期起,经济预警系统本身已初步定型,但在信息识别和基础理论研究方面仍不断地发展着。1979 年,美国全国经济研究所与其他研究机构合作,建立了"国家经济指标系统(IEI)",用以监测西方主要工业国家的景气变动,监测预警系统研究出现国际化趋势。80 年代中期,亚洲一些国家和地区,如日本、马来西亚、新加坡、泰国、印度尼西亚、印度、韩国等也分别建立了宏观经济监测预警系统。特别是日本经济研究所于 1984 年确定了一个名为 SEPIA 的科研项目,研究区域景气变动,参加这个项目的有上面提到的几个国家。该项目对亚洲各国和地区景气的循环进行了研究和预测,特别是以编制上述国家和地区的景气循环指数为目的。研究的课题包括循环机制研究、商情调查的特征分析、景气的国际影响分析、景气指数编制的统计方法开发研究、设计和开发 SEPIA 项目的计算机软件等。该项目较好地配合了宏观经济的管理与调控,使"预警系统"的概念得以逐步完善[10~13]。

1.2.1.2 国内预警研究及应用的现状

我国对预警问题的研究,可以说是从 1961 年开始的。刘国光教授等关于社会主义经济波浪式发展的分析是涉及这方面研究的一次率先尝试。但在相当长的时间内,预警研究并没有得到足够的重视。因为在以往的计划经济体制下,并不承认经济发展的波浪式运动。传统的经济形势分析,习惯于根据历史平均增长速度推断和评价即期与下期的经济增长。这种方法暗含一个假定,即经济增长稳定地遵循指数型增长的轨迹。长期以来,我国对资本主义经济周期的实质进行了很多研究,但对社会主义经济的"周期与波动"现象问题却一直讳莫如深,视之为禁区。基于这种认识,这一阶段对于预警问题的深入研究是不可能的。

　　直到 20 世纪 80 年代中期,我国经济增长过程中广泛存在着周期性的波动现象,才作为一个客观事实为人们普遍接受,即在经济增长中的周期性波动,在不同社会制度、在经济发展的各个阶段都可能出现。尽管不同体制和发展过程中经济波动的过程特征与生成机理会有显著或本质的区别,但经济的周期性波动普遍地存在着。在此认识的基础上,预警问题的研究与预警理论的建立有了较大的突破,并引起了有关部门的重视。

　　我国预警理论研究发展过程基本上可以分为两个阶段[13],1988 年以前为第一阶段,这一阶段以引入西方经济发展理论和经济波动的周期理论为三,并对我国的经济波动及其动因进行了分析。从 1988 年开始为第二阶段,与第一阶段的不同主要体现在,从研究经济形态的长期波动转向研究经济形态的短期变化。特别是引入西方景气循环指数方法后,使预警理论研究取得突飞猛进的发展。

　　1990 年,毕大川、刘树成[11]主编了《经济周期与预警系统》,是对我国宏观经济周期波动问题从理论到应用进行全面研究的一部专著。同年,由国家统计局主持建立了"宏观经济监测与预警系统"之后,预警研究更加深入,并涉及具体的产业部门。1992 年底,中国人民大学国民经济系顾海兵等人开始了粮食生产预警系统研究[14],并对预警理论进行了新的探索和发展。之后,经济预警的应用领域进一步石展,不仅在宏观经济领域,而且在微观经济领域也得到了广泛的应用。

　　在宏观经济领域,预警系统应用最为广泛和成功,其中宏观经济预警和宏观金融预警是当前的研究热点[15~19],理论体系和方法工具也比较规范和系统。目前从事宏观经济景气调查和分析的主要单位和部门有:国家计委综合司、国家统计局科学研究所和国民经济综合统计司,采用经济景气综合指数和灯号系统进行景气预警分析,判断经济景气状态和波动趋势;国家经贸委综合司,主要采用对 600 多家大中型企业问卷调查的方式来分析景气动向；中国人民银行调查统计司、国家信息中心预测部，分别按月、按季对全国 5 000 家企业进行景气调查。

这方面的研究主要有：中国社会科学院进行了"经济周期与预警系统"研究，中国社会科学院生态环境研究中心进行了"中国资源、生态环境预警研究"。1997 年以来，邱丕群[20~23]发表系列文章，对金融供求预警指标体系、预警系统、预警方法等进行了系统研究。2000 年，尹豪、方子节[24]对可持续发展预警系统的概念进行了界定，以可持续发展的系统层为预警单位，分别建立了生存支持系统、发展支持系统、社会支持系统、环境支持系统、智力支持系统五个子系统的预警指标，并运用统计学的原理对可持续发展预警方法进行概括性的阐述。

在微观经济领域，随着企业所处环境复杂性和不确定性的增加，企业预警系统得到了人们的重视。当前行业企业预警主要集中于银行企业、林业企业、煤炭企业、石油企业、风险投资企业等[25~28]。

在矿产资源与能源经济领域的预警研究起步较晚，到 20 世纪 80 年代，人们才开始摆脱长期以来存在的"地大物博"观念，逐步建立了"资源相对不足"的忧患意识，开始反思传统的经济增长模式，寻求社会、经济、资源和人口的持续、稳定、均衡发展的道路，矿产资源预警的必要性逐步凸现出来，相关的研究主要有：

1992 年，金成华[29]在《中国地质矿产经济》上发表论文《矿产资源宏观预警理论初探》，首次提出对矿产资源进行预警理论研究。

1994 年，陈正惠[30]在《石油大学学报》（社科版）发表《石油经济运行的监测与预警系统》，指出随着改革开放的不断深化，我国社会主义市场经济正在逐步形成和发展，石油经济出现波动是不可避免的，并且这种现象将越来越明显。为了减少由于经济波动造成的损失，建立石油经济运行监测与预警系统是十分迫切的。该文第一次在能源经济领域引入预警研究，但文中仅对如何建立石油经济运行的监测和预警系统的方法谈了一些看法。

1996 年,王慧敏、尹士奎、陈宝书[31]在《煤炭经济研究》上发表《建立我国煤炭工业经济运行监测预警系统初探》,指出我国是以煤炭为主要能源的国家,煤炭生产的持续稳定增长直接影响我国能源工业,乃至整个国民经济的发展。该文从我国 40 多年来原煤产量的增长情况分析得出煤炭工业存在周期波动,并指出导致煤炭工业周期波动的原因为国家对煤炭工业投资的周期波动、煤炭资源约束和"瓶颈"制约。国家可以通过政策调节,用经济杠杆进行调控,但要实现这种适度调控就需要有超前信息作为参考,因此必须建立我国煤炭工业经济运行的监测预警系统。同年,王慧敏、陈宝书[32]发表《煤炭行业预警指标体系的基本框架结构》,从煤炭工业纵向角度建立四个预警子系统,包括资源勘探预警、生产建设规模预警、经营管理预警、安全外部因素预警四个部分,每个部分均以煤炭工业预警理论为前提,根据每部分自身的实际情况,建立确实反映煤炭工业产业特点、能对煤炭工业具有指导意义及实用价值的预警系统。

1998 年,卜善祥、孟旭光[10]等出版了专著《中国矿产资源预警研究》,系统地回顾了我国开展矿产资源预警研究的过程,论述了矿产资源与社会经济发展的关系,初步建立了矿产资源预警指标体系和思路,从寻找矿产资源警源、明确警情开始,进行警兆分析和警度预报,并对矿产资源预警的理论和方法做了较深入的探讨和定量分析。首次将矿产资源作为对象,从预警角度出发进行系统研究,运用预警的方法全面地分析研究。

1999 年,徐立丽、王慧敏[33]发表《我国煤炭工业经济预警研究初探》,对煤炭工业经济预警的理论阐述和研究思路进行了初步研究。

1995 年,尹昌斌[54]等提出自然资源开发利用会给人们带来福利,同时也可能对生态系统功能产生逆向影响。他们在《建立自然资源开发利用预警系统》一文中分析了进行自然资源开发利用预警的必要性,提出了预警建立的原则,并建立了相应的指标体系。

　　2002 年,葛家理、胡机豪、张宏民[35]在《中国工程科学》上发表《我国石油经济安全与监测预警复杂战略系统研究》,运用复杂性科学的理论对石油经济安全系统进行了分析,提出了"机遇控制论"的基本思想,通过综合集成建立了石油经济安全的主要指标体系,确定了其安全界限,并编制了实用的石油经济安全数据库系统和预警监测系统软件。同年,吴文盛[36]也发表了《我国石油资源安全评价与预警研究》,在对影响石油资源安全的因素进行分析的基础上,建立起石油资源安全评价的指标体系与标准,并对我国石油资源的安全进行评价与预警。

　　从我国预警研究及应用的现状可以看出,我国的能源预警研究还处于刚刚起步阶段,对能源预警的研究不仅仅局限于单项能源的预警研究,而且能源预警研究的理论及方法体系还极不完善。

1.2.2　关于能源问题的研究

1.2.2.1　国外关于能源问题的研究

　　随着人类对能源认识、开发和利用的深入,以及现代工业的迅速发展,一次能源的有限性与人类对能源需求的无限性的矛盾逐渐凸现出来。两次石油危机给各国的经济都带来很大的冲击,从此人们就日益关注世界能源问题。

　　1968 年 4 月,来自 10 个国家的科学家、教育家、经济学家、人类学家、实业家和一些文职人员,在意大利著名经济学家奥莱里欧·佩切依博士的倡议下,聚集于罗马,共同讨论了当时和未来影响人类发展的问题,从而在国际上开始全面而系统地关注人类可持续发展的问题。其中对人类赖以生存的资源进行了深入分析和远景预测。1972 年,Meadows[37]出版了他的力作《增长的极限》,书中运用系统动力学原理对世界能源前景进行了全面预测,提出了资源相对有限性与人类发展无限性的问题。

随着世界工业化的不断发展,1973 年爆发了第一次全球性石油危机,对世界经济造成了巨大的冲击。危机不仅影响了经济发展,也使人类认识到保持能源供需平衡的重要性。1974 年,国际能源机构(IEA)应运而生,其宗旨就是使各成员国在能源问题上开展合作,促进全球经济稳定发展。该机构通过定期公布对世界能源前景的预测,为世界各国进行能源规划和协调提供参考。

进入 20 世纪 80 年代,能源问题更加突出。国际上许多学者从不同的角度对能源供需状况进行了研究,这些研究较多地涉及各种影响因素对能源供需的影响以及能源供需预测的研究。

许多学者运用计量经济学的方法对能源消费与其影响因素之间的因果关系进行了研究,P. Shyamal 和 N. B. Rabindra[38] 研究了印度的能源消费与经济增长的因果关系,得出它们之间存在双向因果关系的结论。Ghali 和 El-Sakka[39] 则建立了产出、劳动力、资本和能源四变量的 VEC 模型,研究加拿大的产出增长与能源消费之间的关系,研究结果表明四变量之间存在长期稳定的关系,产出增长与能源消费之间存在双向的因果关系。Ebohon、Masih[40~41] 等学者主要运用计量经济学方法研究能源消费与经济增长、收入、能源价格之间的因果关系,一般结论是这些因素之间要么存在单向因果关系,要么存在双向因果关系。这说明从短期来看,一些因素与能源消费变化没有关系,但从长期来看,它们与能源消费存在因果关系。Oh Wankuen, Kihoon[42~43] 研究了朝鲜能源消费与 GDP 之间的因果关系。Mark Thoma[44] 则研究了电力能源的消费量与宏观经济条件之间的因果关系,得出如下结论:宏观经济条件的改变会引致电力消费总量以及商业和工业用电量的巨大变化,在经济周期中,产出变动与电力消费之间存在非对称性。E. Ahmed, J. B. Rosser[45] 建立了 OECD 国家能源供应和需求总量的 VAR 模型,并对价格指数、能源价格、工业产出之间关系进行了分析，实证结论为在短期能源价格影响工业产出和价格水平。R. Samimi[46]研究了澳大利亚交通运输部门的产出与能源消费之间的关系，实证结论为它们之间存在双向的因果关系。还有一些学者对美国以及亚洲等国家能源消费与其影响因素之间的关系进行了研究[47~54]。国外也有一些学者研究中国的能源消费与经济增长的关系，他们认为中国在较低的能源弹性和能源密度下实现较快的经济增长是不真实的，有人认为是经济增长统计有误，有人认为是能源统计有误[55~57]。

在能源供需的预测方面，Henrik Klinge Jacobsen[58~59]讨论了不同能源经济模型中对技术进步的不同包含方式以及它们对长期能源需求预测的影响。技术进步在长期能源需求建模中是一个重要的因素，通常认为不同能源需求预测模型得出不同预测结果是由于不同模型中对技术进步的解释不同。日本学者 Yohji Uchiyama[60]研究了日本现在和未来的节能措施以及将来能源供需趋势。他在《日本现在的节能努力和将来能源供需》一文中研究了日本工业、生活、商业以及交通运输各部门过去的能源消费及将来的能源消费趋势，指出由于产业结构变动和节能措施的实施使日本的能源消费增长速度减缓，通过强化节能措施来降低能源消费，通过天然气、核能和其他新能源的消费来减少对石油的依赖及 CO_2 排放是非常重要的。并指出从长期来看，煤炭和核能是保障能源安全的最容易获得、最可靠的能源，因此，为保持工业社会的持续稳定发展，应大力促进环境保护和洁净煤技术的开发，以及人们对核能技术的接受。A. Das，T. C. Kandpal[61]对印度能源密集型行业建立了在 CO_2 排放约束下的能源需求和 CO_2 排放预测模型，并运用该模型对印度能源密集型行业的能源需求量和 CO_2 排放量进行了预测。R. M. Mackay，S. D. Probert[62~63]建立了丹麦和法国的原油和天然气供应和需求模型，并进行了预测。P. S. Bodger，D. G. May[64]建立了新西兰的能源系统动态模型，并对其能源需求进行了预测。Ediger[65]等人运用周期分析方法对土耳其 2010 年的能源需求进行了预测。这种分析方法的主要假定是过去发生的事件，将来会以相似的方式发生。这种方法首先检验已存在的趋势是否具有循环特性，如果存在循环模式，则采用循环分析法估计将来的趋势。S. Chowdhury 和 K. C. Sahu[66]建立了印度系统动力学模型，研究印度石油和天然气产业的长期动态行为，并对该国的石油和天然气生产量的发展趋势进行了预测。还有许多学者对能源系统的预测做了很多研究[67~74]，如 S. Gonzales Chavez，J. Xiberta Bernat 等人运用时间序列法，J. W. Sun，John L. Hallock Jr. ，Pradeep J. Tharakan，Nicos M. Chrstodoulakisa，Sarantis C. Kalyvitis 等人运用统计方法，M. Djukanovic，S. Ruzic，B. Babic，Bahman Kermanshahi，Hiroshi Iwamiya 等人运用人工神经网络等方法，对能源的供应、需求以及能源的结构优化升级等进行了大量研究。

在能源战略、能源政策以及能源与环境的关系方面，G. P. Hammond[75]对英国的能源战略进行了研究，指出将竞争机制引入英国的能源市场，使本地的煤炭生产减少了，同时使北海石油和天然气储量的耗竭速度加快。很明显市场机制不能保证可持续发展，需要对能源市场进行调节，以满足长期可持续发展与环境保护的要求。K. N. Chae，D. G. Lee[76]等人运用能源战略选择及其环境影响的模型（Model for Energy Supply Strategy Alternatives and their General Environmental impact，MESSAGE-Ⅲ）对核能在朝鲜长期能源战略中的作用进行了评价，指出朝鲜核能系统的优化是整个能源系统优化的一部分，由于受化石能源耗竭的影响和环境的约束，朝鲜的能源系统构成将发生巨大的变化，核电供应将会占朝鲜所有电力能源的 40% 以上。T. Nakata[77]总结了各种能源经济模型的优缺点，指出能源经济模型是一种帮助人们为达到各种目的而作出政策决策的工具，不同的目的应该选用不同的模型。A. Gabriele[78]考察了发展中国家发展天然气和电力系统所面临的政策选择,研究了天然气和电力部门私有化程度对能源和经济的影响,指出从长期发展的角度来看,在发展中国家实行完全私有化的风险较大,应采取灵活的政策。I. Dincer[79~81]等人从可持续发展的角度研究能源与环境的关系,指出发展可再生能源技术和提高能源利用效率是解决当前环境问题的主要途径。E. Gnansounou[82]等人评价了中国上海电力部门的不同的技术战略对于减少 CO_2 排放的作用,尤其研究了天然气和核电对于减少 CO_2 排放的作用。研究结果表明,通过大量使用天然气发电不仅能够减少 CO_2 排放,而且能够降低发电成本,但受到天然气供应量的限制;使用核能发电能够减少 CO_2 排放,但发电成本会增加。还有一些学者对 CO_2 减排的经济措施对减少 CO_2 排放的作用、CO_2 减排的成本以及如何使 CO_2 减排、能源供应安全和经济发展协调发展等问题进行研究[83~88],一般结论是通过技术进步提高能源效率以及发展清洁的可再生能源技术是协调环境与经济发展、保障能源供应安全的根本途径。

1.2.2.2　国内关于能源问题的研究

我国对发展能源产业一贯比较重视。建国初期就投入了大量的人力物力进行能源建设,相继建成并投产了大批能源基地。随着经济建设的加快,对能源的调控力度也在不断增加,尤其是改革开放以来,随着市场体系的完善,能源供需的预测已经引起了国家和广大学者的普遍重视。

1980 年,我国成立了国家发展和改革委员会能源研究所(简称能源研究所)。能源研究所是综合研究我国能源问题的国家级研究机构,其研究范围涵盖了能源生产、流通、消费的各个领域,重点围绕我国的能源经济、能源效率、能源与环境、可再生能源发展等方面开展软科学研究。

随着我国国民经济的快速发展以及发展过程中呈现出的能源

供需矛盾问题．近年来国内许多学者对我国的能源供需进行了大量的研究。从研究的成果来看，大致可以分为三类：一是从战略的角度对能源供需进行研究；二是对能源的供需进行预测研究；三是对能源消费需求的影响因素进行研究。

（1）从战略的角度对能源供需进行研究的主要成果

王家诚[89~90]较早提出在市场经济条件下，保证能源供需平衡的重要性，并提出了保持我国能源供需平衡的设想。1997年，他与李金峰、阎长乐在《管理世界》上发表《中国能源供需平衡和对策研究》，对"九五"时期能源发展状况进行了详细分析，并在此基础上提出2010年中国能源供需平衡的设想。

赵媛[91~92]在其著作《可持续能源发展战略》以及相关论文中，系统地讨论了能源与社会经济和环境的关系，明确提出大能源系统观，将经济因素、生态因素等看做是能源系统的组成要素，从可持续发展的角度研究我国的能源发展战略。

周德群[93]在其论文《中国能源的未来：结构优化与多样化战略》中，讨论了中国能源结构的变迁过程以及能源结构变动刚性的原因，探讨了能源结构中煤炭份额降低的必要性和可能性，从可持续发展的角度提出能源发展的新思路。

范维唐院士[94]则从能源生产和消费的历史角度进行分析，指出了我国能源未来的发展趋势。在《关于中国能源未来发展趋势的探讨》一文中，提出应用终端能源需求分析法对能源需求进行预测，并强调调整能源生产和消费结构。

朱成章[11]则通过研究世界能源的未来变化，对我国能源发展提供了借鉴。在《世界能源的未来》一文中，对世界能源的现状做了详细的分析，并对世界未来能源的发展趋势进行了预测。朱成章比较乐观地指出了能源的发展趋势，但却从另一个角度提醒人们能源的美好未来必须建立在今天的努力之上。

吴巧生、王华等[95]在《中国工业经济》上发表《中国能源战略评价》,指出经济全球化和加入 WTO,有助于中国从更大范围内解决能源问题。中国未来能源政策的走向是国际化,利用国际、国内两个市场和两种资源,调整能源结构,协调全球和我国发展之间以及能源与环境之间的矛盾,恰当地处理多种社会集团和人群利益主体与能源资源、生态环境之间错综复杂的关系,使我国能源经济在良性循环的轨道上运行和发展。

沈胜强、李素芬[96]在《节能》上发表《可持续发展战略与节能技术》,指出能源发展战略是可持续发展战略的重要组成部分。作为我国能源战略中目前的首位任务,节能在中国可持续发展中起着举足轻重的作用,节能技术的推广将有助于减少一次能源的消耗和环境的污染。

何志荣[97]在《中国能源》上发表《节能是我国能源可持续发展的重要战略》,根据国家节能的方针、政策和《节约能源法》的具体要求,结合我国能源的现状和近年来节能工作的成就,阐明了节能是解决能源供需矛盾的重要途径,是从源头治理环境污染的有力措施,是能源可持续发展的重要战略。

(2)对能源的供需进行预测研究的主要成果

宋学锋[98~99]在其专著《浑沌经济学理论及其应用研究》与论文《煤炭供需失衡与浑沌经济学》中,系统研究了浑沌经济学的基本理论,并运用浑沌经济学理论对我国煤炭供需失衡问题进行了研究和分析。作者指出国家对煤炭需求总量的错误预测是诱发煤炭总供给偏离煤炭总需求的基本因素,而预测失准的根源在于过去沿用的传统的线性预测方法不足以反映煤炭需求非线性乃至浑沌变化的客观规律,因此应该改变原有的线性思维定势,增强经济系统的非线性意识;提出运用浑沌经济学的观点和方法进行煤炭供需波动分析。

于景华、田立新、傅瑛等[100~102]运用混沌动力学理论,建立混沌动力学模型,对我国特别是江苏省的能源消费和生产量进行了预测分析。彭建良、李新建等[103]采用人工神经网络方法对影响能源消费量的主要因素进行了模拟和分析,并应用组合预测法预测了我国1995～2000年的能源消费量。

吴敬儒[104]根据我国20世纪80年代以来的能源供需状况,利用传统方法对我国的能源供需进行了15年预测,在1997年的《电网技术》上发表了《关于我国1996～2010年能源供需情况预测及解决对策的探讨》,阐述了他对能源供需的一些看法,并提出了相关的对策。

(3) 对能源消费需求的影响因素研究的主要成果

史丹[105～110]在《经济研究》、《中国能源》等期刊上发表了《我国经济增长过程中能源利用效率的改进》、《我国是如何以较低的能源消费实现高速经济增长的》、《转轨时期我国能源瓶颈缓解的影响因素分析》等系列文章,详细分析了我国能源消费与经济增长的关系,以及技术进步和能源替代、经济结构、人均能源生活消费等影响因素对能源需求的影响,强调合理的能源规划和能源利用效率的提高是保证国民经济健康发展的基础。

郝海、顾培亮、任锦鸾等[111～115]发表系列论文研究技术进步与能源消费的相互作用以及技术进步对中国能源供需结构的影响,指出技术进步是中国能源供需结构优化调整的主要途径之一,并从技术进步的角度对中国的能源消费结构进行了预测。

林伯强[116～119]在《经济研究》等期刊上先后发表系列文章,研究了我国能源需求与GDP、能源价格、产业结构之间的关系,实证结果表明它们之间存在长期稳定的关系。作者详细分析了我国电力短缺的主要原因,量化讨论了电力短缺对我国经济的影响,运用误差修正模型对我国电力需求进行了预测,指出虽然政府采取措施来减轻电力短缺问题,但预计2004年和2005年发生电力短缺仍在所难免;并在此基础上提出应建立有效的电力短缺早期预警系统,制定全国的电力供求系统规划。

李鹏程[120~121]发表《能源经济发展刍论》、《经济发展过程中的政策因素》等文章,研究能源经济与经济发展的关系,指出能源是经济发展的必要条件,发达国家经济起飞无一例外地以能源为先决条件;经济发展又为能源开发利用创造条件,发展能源经济乃是经济起飞和发展的必备条件,两者相辅相成,相互促进。作者研究了产业经济政策因素、部类政策因素、区域政策因素、能源形态政策因素等对能源经济的影响,指出只有充分认识这几个方面的政策因素的综合效力,才能为我国经济高速、健康、可持续发展插上腾飞的翅膀。

此外,我们也对我国的能源与经济的关系、产业结构变动对能源消费的影响、技术进步与我国能源消费的关系、能源供需的周期波动以及资源安全与环境成本等问题进行了一定的探讨[122~129]。

从国内研究现状来看,国内对能源问题的研究已经成为一个热点的学术研究问题,多数的研究集中于对我国能源供需影响因素的分析、对我国能源供需的预测分析以及能源发展战略的研究,这些研究都产生了大量有价值的研究成果,为进一步对我国能源供需进行预警分析奠定了良好的基础。

1.3　我国能源供需矛盾预警研究的基础和基本思路

1.3.1　我国能源供需矛盾预警研究的基础

我国能源供需矛盾预警研究的基本理论基础主要有:周期波动理论、可持续发展理论、系统动力学原理、计量经济学等。研究的出发点是建立在能源资源的有限性与优化配置原理之上的。

能源供需矛盾预警研究的基本理论依据是周期波动理论。所谓周期性波动,就是指变量实际变化与其长期趋势间的偏差,是变量围绕其基本轨迹所发生的有规则波动。能源供需矛盾预警的实质就是预测能源的供应和需求偏离其长期趋势的值，并对影响经济科学发展的较大幅度的偏离提出预警。能源的供应和需求受经济发展、技术进步、经济结构、人口因素、环境因素、资源赋存、国际能源环境等多种因素的影响，其中经济发展是最主要的影响因素。经济增长的周期性波动是超越体制和发展阶段的普遍现象，受经济周期性波动的影响，能源的供应和需求也呈现出周期性波动的规律，这是能源供需矛盾预警的理论基础。

能源的合理开发利用的实质就是强调均衡利用，以求社会经济的科学、持续发展。从 20 世纪 70 年代开始，人们逐渐意识到，增长不一定带来发展，高速的经济增长虽然给予了人类舒适的物质生活，但同时也使人类赖以生存和发展的环境和资源遭受越来越严重的破坏。早在 1972 年，以 Meadows 为代表的罗马俱乐部发表了轰动世界的研究报告——《增长的极限》，书中运用系统动力学原理对世界能源前景进行了全面预测，提出了资源相对有限性与人类发展无限性的问题。首次提出"持续增长"和"合理的持久的均衡发展"，奠定了可持续发展的理论基础。80 年代以来，环境、资源以及生态平衡问题引起了世界各国学者的普遍关注，并建立了可持续发展观。1981 年世界自然保护联盟在其文件《地球保护》中将可持续发展定义为："改进人类的生活质量，同时不要超过支持发展的生态系统的负荷能力。"这个定义特别强调经济社会发展要维持在生态环境所能承受的范围之内。世界环境与发展委员会在其 1987 年向联合国环境委员会提交的《我们共同的未来》报告中，对可持续发展的定义为："既满足当代人的需要，又不对后代人满足其需要的能力构成危害。"这个定义强调能源的有限性，要考虑能源的代际平衡。总之，可持续发展观强调人与自然的和谐，实现经济发展和人口、资源、环境相协调，坚持走生产发展、生活富裕、生态良好的文明发展道路，保证一代接一代地永续发展。我国改革开放以来，国民经济保持了持续快速的增长，国民生产总值有了大幅度的提高,人民的生活水平有了明显的提高。但在改革的过程中也暴露出了许多深层次的问题:经济结构不合理,经营方式粗放,经济增长主要靠增加投入、扩大规模,资源环境的代价太大等。经济发展和社会发展的脱节表现为社会发展严重滞后,城乡差别进一步加大,地区发展的差距也在不断扩大,不同阶层的收入分配存在不平衡。这些深层次的问题已经成为制约经济发展的主要因素。为此,十六届三中全会明确提出:"坚持以人为本,树立全面、协调、可持续的发展观,促进经济社会和人的全面发展。"科学发展观要求我们从产业结构、能源结构、生态环境制约的互动和协调着眼,按照可持续发展的要求,在全面、科学、定量研究的基础上,进行系统调控,才能有效应对能源紧缺,确保经济持续健康发展。上述观点也是能源供需矛盾预警研究所必须遵循的。

　　能源的供需与国民经济的发展既相互联系,又相互制约。能源供需系统是受多个影响因素影响的复杂系统,各影响因素与能源的供需之间,以及各影响因素之间存在复杂的正负反馈关系,因而各因素之间的关系是非线性的,这就需要运用非线性的方法来研究这些因素之间的关系。而系统动力学正是研究非线性、高阶次的复杂社会经济系统的方法。因此,运用系统动力学理论,揭示能源供需系统的系统结构,进而在分析各因素间因果关系的基础上,分析能源供需系统的系统行为,对长期的能源供需状况进行预警预报,以便更好地调控能源的供需。

　　计量经济学方法一方面为能源供需系统动力学模型中参数的确定提供了统计估计手段;另一方面运用计量经济学中的 VAR(向量自回归模型),不仅可以分析各影响因素对其他影响因素的影响强度以及影响的持续时间,而且还可以弥补系统动力学预测精度较低的不足,并可以运用误差修正模型来对能源供需的短期波动作出较准确的预测。因此 VAR 方法与系统动力学方法各取所长,可分别对我国能源供需短期和长期行为进行预警预报。

1.3.2　我国能源供需矛盾预警研究的基本思路

能源供需矛盾预警研究的基本思路为：寻找警源——明确警情——分析警兆——预报警度。

（1）寻找警源

警源是引起警情的各种可能因素，是能源供需失衡的起因和根源，是"火种"。寻找警源是我们进行能源供需矛盾预警研究的起点。从警源的产生原因和生成机理来看，能源供需矛盾预警警源可以概括为三大类：自然警源、外生警源和内生警源。

自然警源是指由能源资源的自然赋存问题所产生的警源，即由能源资源的可采储量、地理分布以及技术经济特性等所形成的。它直接影响能源的产量、结构，并关系到人类生存的生态环境。

外生警源主要是指影响能源供需的国际能源环境，国内外政治、经济环境的突变，可能对我国正常的经济秩序产生不良影响，进而影响到我国能源产品的进出口以及其他产品的进出口贸易，最终引起能源供需的总量和结构的变化而产生警源。这类警源通常可以通过能源战略储备实现暂时缓解。

内生警源是指能源供需系统内部影响能源供应和需求的因素的变化而产生的警源。产生内生警源的原因是多方面的，概括地讲，其根本原因是由于经济增长的波动所引起的能源需求的变化与能源的供应不协调所引起的。

（2）明确警情

警情是能源供需的失衡以及由于能源供需失衡所带来的经济发展中的不正常的种种情况，也是对警源的衡量。明确警情的过程也就是在对各类警源相互关系分析的基础上对警源量化的过程，因而警情需要通过各类指标来刻画。能源供需矛盾预警的警情主要是能源供需关系的反映，由于各类警源的相互作用，能源的供需形势不断发生变化，这种变化可能是朝着平衡的方向发展，使能源的供需达到相对平衡,从而使能源与经济协调发展;这种变化也可能是朝着失衡的方向发展,使能源供需矛盾加剧,从而形成了经济发展过程中的警情。

在各类警源中,除自然警源是不以人的意志为转移的难以抗拒的警源外,其他警源都是由人们的社会经济活动所导致的,通常是可以控制的。警情分析就是研究这些可控因素在经济运行过程中所产生的警情以及警情的预防和排除的过程。

（3）分析警兆

分析警兆是能源供需矛盾预警的关键环节。所谓警兆,就是警情爆发之前的预先兆头。警源是隐藏在社会经济活动中的一种深层次的机制,是一个渐变的量化过程,因而警源本身并不能预警。比如地震,科学家们早就研究得出,地震是由于地壳运动产生不平衡,能量积蓄到一定程度突然爆发所引起的。但人们并不能从地壳运动本身推测出地震的发生,而是通过对天文、地质现象以及动物的异常表现等地震前所出现的各种异常现象来预报。同样,对于能源供需关系的预警,我们只有把握住每次警情爆发前警源产生的各种经济现象,并加以数量化,才能达到预报预警的目的。一般情况下,不同的警情对应不同的警兆,在某类警源发生异常变化导致警情爆发之前,总会有一定的与之相对应的先兆,这种先兆与警源可能有直接关系,也可能有间接关系;可能有明显关系,也可能有隐形的、未知的"黑色"关系。警兆包括景气警兆和动向警兆两类。景气警兆不仅充当警兆,而且自身直接反映某种景气程度。景气警兆还可以分为恶性的与良性的两类,一般与自然警源相关的警兆是恶性的,其余的大多是良性的;动向警兆本身并不表示景气程度,通常多与价格因素有关,而价格的涨落一般都有两面性,难以判定好坏。

（4）预报警度

预报警度是预警的目的,是预警的定量分析结果。在确定警兆之后,需要对警兆与警情指标的数量关系做进一步的分析,找出警情的五种相对应的警兆区间,然后借助于警兆的区间进行警情的警度预报。警度预报有两种方法:一是建立关于警情的普通模型,先作出预测,然后根据警限转化为警度;二是建立关于警情的警度模型,直接由警兆的警级预测警情的警度,这是一种等级回归技术。

1.4 本书研究的主要目标及内容

1.4.1 本书研究的主要目标

本书拟就能源供需矛盾与经济周期波动的规律进行研究,探索其中的规律,构建我国能源供需周期波动理论。

在对现有的预警方法进行系统分析的基础上,结合我国能源供需的特点,提出适合我国能源长期和短期预警的方法。

在对我国能源供需的影响因素进行详细分析的基础上,构建我国能源供需矛盾预警指标体系,选用适当的预警方法体系对我国能源供需矛盾进行预警分析。在此基础上,提出对我国能源供需进行调控的政策措施,促进我国能源与国民经济的协调发展,保障国民经济的健康、稳定发展。

1.4.2 本书的主要内容

本书以我国能源供需关系分析为主线,以能源供需周期波动理论为基础,以现代预警方法为工具,以我国能源和社会经济发展历史为参照,对我国能源与社会经济发展的关系进行全面分析。搭建能源供需矛盾预警的理论和分析框架,并对我国未来一定时期内的能源供需矛盾进行预警分析。在此基础上,提出我国能源发展的相关政策建议。全书分八章进行论述。

第一章绪论。通过能源与社会经济发展的关系展示研究我国能源供需矛盾预警的背景,反映研究的意义;系统总结了国内外对这一课题的研究动态;明确了进一步研究的理论基础和基本思路,提出了研究的主要目标;细化本书研究的主要内容并设计研究方法及技术路线。

第二章我国能源供需的主要影响因素分析。总结我国能源赋存的特点及目前供需中存在的主要问题,从社会经济发展、能源价格、社会投资、产业结构、技术进步、人口增长、自然因素、国际环境、能源体制、交通运输和环境保护等不同层面分析各影响因素对能源供需的影响,最后得出目前我国能源供需总量、供需结构以及能源转化结构不平衡的结论,为构建能源供需周期波动理论奠定基础。

第三章能源供需周期波动理论。综合前人在经济发展周期理论研究成果的基础上,对我国经济周期性波动与能源供需波动的关系进行详细分析;在此基础上,对我国能源生产和消费随经济周期性波动而波动进行实证研究、定量分析,深入分析能源生产和消费周期性波动的机理,构建我国能源供需周期波动理论,为能源供需矛盾预警研究奠定理论基础。

第四章我国能源供需矛盾预警体系。包括能源供需矛盾预警的涵义,建立我国能源供需矛盾预警指标体系的原则;根据我国能源发展状况和历史资料的可控性,在能源供需关系警情分析的基础上,构建我国能源供需矛盾预警警情指标体系;运用时差相关分析和格兰杰因果分析进一步确定各警情指标的警兆指标变量,构建警兆指标体系;最后对能源供需矛盾预警的警限和警度进行了分析界定。

第五章我国能源供需预警方法选择。系统归纳了预警方法的发展以及目前常用的预警方法,对各种具体的预警方法进行了对比分析;在此基础上,结合我国能源供需的特点提出 VAR 预警方法适用于对我国能源供需关系进行短期预警,系统动力学预警方法适用于对我国能源供需关系进行长期预警。

第六章我国能源供需矛盾预警。建立我国能源供需的误差修正模型,并以此对我国的短期能源供需进行预测预警;在系统分析的基础上,建立我国能源供需的系统动力学模型,利用历史资料确定模型的基本参数,并对模型进行检验和灵敏度分析;运用修正的模型对我国的长期能源供需进行预测和预警,并对预警结果进行简单评价。

第七章政策建议。在上述分析的基础上,从能源发展战略、能源发展政策和建立广逐步完善能源供需预测、预警机制方面提出协调我国能源供需的政策建议。

第八章结论和展望。总结全书,对研究成果进行归纳,并提出进一步研究的方向和内容。

值得说明的是,本书研究的能源主要是我国目前的常规能源,包括煤炭、石油、天然气和水电。虽然核能、风能、生物质能等新能源的发展比较快,但目前它们在我国能源生产和消费中的比重仍然非常有限,而且在可预见的相当长的时期内这种状况不会有很大的变化,因此本书研究的主体暂不考虑这部分内容。

1.5　本书的研究方法与技术路线

本书的研究以理论研究为基础,首先构建我国能源供需矛盾周期波动理论;然后进行能源供需矛盾预警研究,并将研究成果应用于我国能源供需矛盾预警;通过预警方法体系的建立将能源供需周期波动理论与实际预警应用有机结合起来,整体上实现理论与应用相结合、定性与定量相结合(见图1-1)。

能源的供需状况受经济发展、技术进步、经济结构、能源消费结构、能源供给结构、人们消费方式、能源密度、能源赋存状况、能

```
┌─────────────────────────────────────────────────┐  基
│              ┌─────────────┐                    │  础
│              │   绪  论    │                    │  理
│              └──────┬──────┘                    │  论
│     ┌───────────────┴────────────┐              │  研
│     │ 我国能源供需主要影响因素分析 │◄──┐        │  究
│     └───────────────┬────────────┘   │          │
│                     │      ┌─────────┴────────┐ │
│                     │      │ 我国经济周期波动理论│ │
│                     │      └──────────────────┘ │
│     ┌───────────────┴────────────┐              │
│     │  我国能源供需周期波动理论   │              │
│     └───────────────┬────────────┘              │
└─────────────────────┼───────────────────────────┘
      ┌───────────────┴────────────┐
      │ 能源供需矛盾预警的必要性和可行性 │
      └───────────────┬────────────┘
┌─────────────────────┼───────────────────────────┐  预
│  ┌─────────┐        │        ┌─────────┐        │  警
│  │ 预警理论 │────────┼────────│ 预警方法 │        │  理
│  └─────────┘        │        └─────────┘        │  论
│     ┌───────────────┴────────────┐              │  、
│     │  我国能源供需矛盾预警体系   │              │  方
│     └───────────────┬────────────┘              │  法
│  ┌────┬────┬────┬────┬────┐                    │  研
│  │能源│能源│能源│能源│能源│                    │  究
│  │预警│预警│预警│预警│预警│                    │
│  │警源│警情│警兆│指标│方法│                    │
│  │分析│分析│分析│体系│选择│                    │
│  └────┴────┴────┴────┴────┘                    │
└─────────────────────┬───────────────────────────┘  实
      ┌───────────────┴────────────┐                 证
      │ 我国能源供需矛盾预警实证研究 │                 研
      └───────────────┬────────────┘                 究
      ┌───────────────┴────────────┐                 结论
      │          政策建议          │                 建议
      └────────────────────────────┘
```

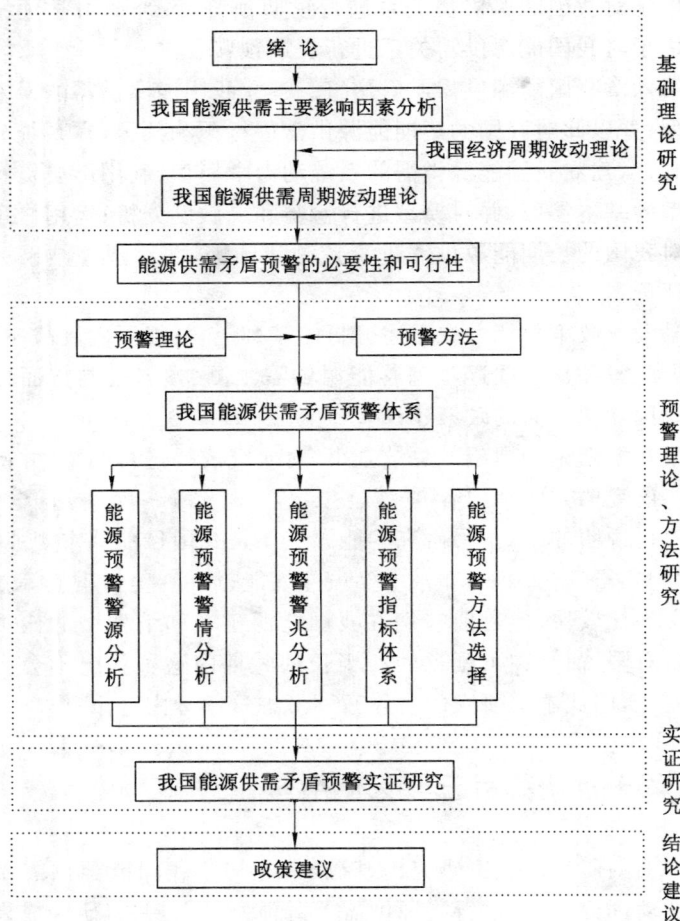

图 1-1   我国能源供需矛盾预警研究的技术路线

源开采成本等多种因素的影响。其中经济发展状况与能源供需关系最为密切。经济发展的波动直接影响能源供需的波动,同时,能源供需的波动又反过来加剧经济发展的波动。另外,经济发展状况也影响着一个国家的技术进步水平、经济结构和人们消费方式。

　　本书首先从经济波动与能源供需波动的关系入手,分析经济周期波动对能源供需波动的影响,构建能源供需矛盾周期性理论。其次,分析各影响因素对我国能源供需的影响,在此基础上建立能源供需预警指标体系,对我国的能源供需矛盾进行预警分析,并提出我国能源供需的调控措施。

2 我国能源供需主要影响因素分析

2.1 我国能源资源赋存及生产利用的特点

2.1.1 我国能源资源赋存特点

目前一次能源的生产和消费是我国能源生产和消费的主体。由于地质成矿条件不同,能源资源的分布具有明显的地域特征。我国能源资源具有地域分布不均衡、能源结构单一和人均占有量低等特点。

(1)我国能源资源地域分布不均衡,并且与经济布局不协调

我国能源资源的地理分布很不均衡,其中化石能源以煤炭资源为主。我国煤炭资源丰富,品种齐全,分布范围广,资源储量居世界第三位。但煤炭资源的地理分布很不平衡,90%以上的资源量集中于长江以北和西北地区,新疆、内蒙古、山西和陕西煤炭资源储量占全国的75%以上。石油则主要赋存在渤海湾、松辽、塔里木、准噶尔四个盆地和近海大陆架盆地。天然气主要集中于塔里木、渤海湾、四川三个盆地。由于能源资源的赋存分布不匀,不仅造成了生产的地域性,影响了区域产业结构的合理发展,更主要的是导致了生产与消费的脱节,增加了运输的负担。

此外,我国可开发的水资源主要分布在西南地区。由于我国的地形西高东低,西部的青藏高原和云贵高原是我国许多大江大河的发源地,落差大,径流充沛,形成了丰富的水能资源。因此,水能资

源绝大部分蕴藏于偏远山区河流,距负荷中心较远,开发利用滞后。

从总体上看,我国煤炭资源的 77% 分布在北部,石油资源的 85% 分布在长江以北地区,水力资源的 83% 分布在西部地区。我国东南部的经济相对比较发达,其中华东和中南的 GDP 约占全国的 57%,能源消费占 44%,其中电力消费占 51%。但这些地区的煤炭资源赋存仅占全国的 10%,水力资源仅占 14%。能源资源客观赋存与经济发展现实的不协调,形成了我国长期以来"北煤南运"和"西电东送"的格局,造成大量的能源输送损失和过大的输送建设投资。

(2)我国能源资源赋存以煤炭为主,已探明能源储量结构单一

以煤炭为主的能源资源赋存格局决定了我国目前的能源生产和消费都以煤炭为主。我国煤炭资源储量丰富,2000 年探明可采储量为 1 145 亿 t,约占世界总量的 11.6%,资源量居世界第三位。而我国石油和天然气储量占世界总量的比重低,仍属于"贫油大国"和"贫气大国":截至 2002 年 1 月,中国的石油证实储量为 240 亿桶,占世界总量的 2.32%;截至 2001 年 1 月,天然气证实储量为13 668.9 亿 m^3,占世界总量的 1.20%[130]。目前,我国东部大庆等主力油田已进入中后开采期。20 多年间,大庆油田原油产量一直在5 000 万 t 以上,中国尚未发现第二个像大庆这样的大型油田。这表明中国仍然是一个贫油、贫气大国,今后这一资源赋存格局还很难改变。我国的水能资源丰富,1977~1980 年完成的中国水能资源普查成果显示,全国河流水能资源理论蕴藏量为 6.76 亿 kW,占世界总量的 13.22%,居世界第一位。由于我国水能资源绝大部分蕴藏于偏远山区,水电站和远距离输电的线路建设的投资量及远距离输电的能量损失都是巨大的,许多科学技术问题急需解决,大规模开发水能资源不是一件轻而易举的事,导致我国水能资源的利用程度很低,仅为 4.5%,水电在全国能源构成中只占 3.6%。从探明储量和技术上可以开发利用的能源资源来考察,煤炭资源在我国能源资源总量占

有绝对比重,能源结构存在着以煤为主的结构刚性(见图 2-1)。

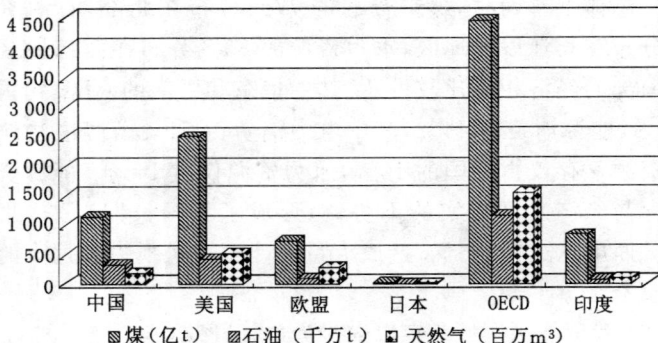

图 2-1　2003 年我国能源可采储量的国际比较

资料来源:王庆一编著,《2005 年能源数据》,《煤炭经济研究》2005 年增刊,第 10 页。

(3) 我国人均能源占有量远低于世界平均水平

我国的能源储量总量较大,据统计目前已探明的常规商品能源资源总量是 1 550 亿 tce,占世界总量的 10.7%。其中水能资源居世界第一位,煤炭探明储量居世界第二位,石油探明采储量居世界第十一位[131]。但同时中国拥有世界五分之一的人口,人均能源资源探明量只有 135 tce,相当于世界平均人均拥有量 264 tce 的 51%。我国煤炭人均探明储量为 147 t,为世界人均水平的 70%,石油人均探明储量为 2.9 t,为世界人均水平的 11%,天然气为世界人均水平的 4%(见图 2-2)。即使是蕴藏量位居世界第一位的水能资源的人均拥有量也低于世界平均水平。

(4) 相对于我国社会经济的迅速发展,新增探明能源资源储量严重不足

能源是现代经济发展的物质基础,能源的开发利用以对能源资源赋存情况的探查为前提。改革开放以来,我国社会经济保持着持续稳定的发展,而且未来的发展趋势也被世界普遍看好。但

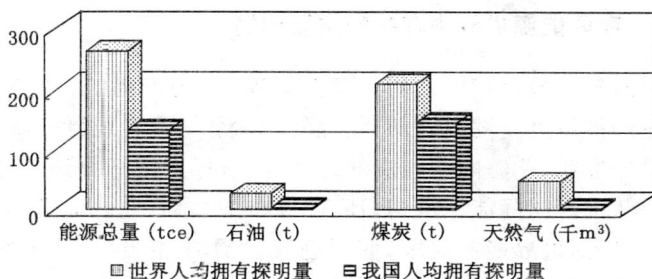

图 2-2　我国人均能源资源探明储量与世界平均水平比较

是不可否认,经济的快速发展对能源的消耗也非常巨大,因而各种能源的开采速度也明显加快。相反,由于资源政策的影响,对各种能源资源的勘探投入增长缓慢,新增探明能源资源量相对不足,影响了能源工业的进一步发展。以煤炭为例,我国煤炭资源的采储比不断下降,同世界主要煤炭生产国家相比,煤炭资源勘探的压力非常大(见表 2-1)。

表 2-1　　2000 年世界主要产煤国家的煤炭探明储量比较　单位:亿 t

国家或地区	烟煤和无烟煤	次烟煤和褐煤	总计	占世界比重 (%)	储采比
美国	1 113.38	1 353.05	2 466.43	25.1	252
俄罗斯	490.88	1 079.22	1 570.10	15.9	>500
中国	622.00	523.00	1 145.00	11.6	88
澳大利亚	473.00	431.00	904.00	9.2	295
印度	727.33	20.00	747.33	7.6	225
德国	240.00	430.00	670.00	6.8	326
南非	553.33		553.33	5.6	245
乌克兰	163.88	179.68	343.56	3.5	419
哈萨克斯坦	310.00	30.00	340.00	3.5	461
波兰	121.13	21.96	143.09	3.4	88

资料来源:BP Amoco Statistical Review of World Energy, 2001。

2.1.2　我国能源供需中存在的主要问题

能源与区域经济的发展是相互影响、互为前提的。随着我国新一轮经济发展高潮的启动,能源的"瓶颈"问题表现得日益突出。历史已经证明,能源问题解决的合适与否,将直接影响到国民经济的发展状况。国际能源机构(IEA)公布的新版《世界能源预测》,对 2030 年前世界能源需求、使用进行了预测,指出未来能源需求将继续保持增长,化石类燃料仍将占主导,发展中国家需求增幅较快。在 2000~2030 年间,一次能源需求增加量的 60% 将用于发展中国家,特别是亚洲国家。这些国家在世界能源需求中所占的份额将由目前的 30% 增至 43%。目前我国已成为世界上的第二大一次能源消费国,随着经济的不断发展,能源需求将继续增长。尤其是石油、天然气,需求量增长非常快(见表 2-2),但国内储量和产量都不足以满足需求,结构性的能源供求矛盾需要通过进口大量石油和天然气资源来解决。我国能源供需及利用中存在的主要问题有以下几方面。

表 2-2　　　　　我国 1993、2000~2003 年石油进口依存度

年　份	1993	2000	2001	2002	2003
进口(Mt)	33.19	88.31	81.71	89.76	119.37
出口(Mt)	23.99	18.71	16.79	17.92	21.98
净进口(Mt)	9.20	69.60	64.92	71.84	97.39
消费量(Mt)	140.5	230.1	232.2	246.9	275.2
进口依存度(%)	6.5	30.2	28.0	29.1	35.4

资料来源:王庆一编著,《2005 年能源数据》,《煤炭经济研究》2005 年增刊,第 11 页。

(1)我国能源供需矛盾长期存在,结构性矛盾日益突出

尽管我国矿物能源无论储量还是生产量都位居世界前列,但

仍不能满足迅速增长的国民经济增长的需求。我国的能源供需矛盾长期存在,而近年来的结构性能源供需矛盾已成为制约我国经济发展的主要因素之一。"八五"期间能源消费增长量远大于能源生产增长量,中国的能源进出口情况发生了很大变化,尤其是石油进出口发生了根本性变化,自1993年起我国已由一个石油净出口国变为石油净进口国。由于国家的高度重视,"九五"期间能源"瓶颈"问题得到缓解,却出现了煤炭相对过剩、能源供应结构不合理的局面。1999年底全国煤炭库存量高达1.8亿t,导致煤炭市场价格持续下跌,严重影响了煤炭工业的健康发展。同期,尽管石油价格呈上升趋势,石油消费却还在急剧增长,2000年我国石油的净进口量高达6 960万t。"十五"以来,煤炭相对供过于求的局面得以控制,但石油消费仍持续快速增长,而且随着技术、经济的发展,人民生活水平的提高,电力严重短缺。2002年,12个省市的电网经历了电力短缺;2003年电力短缺愈加严重,22个省(直辖市、自治区)的电网经历了电力短缺,其中10个省(直辖市、自治区)的电网不得不在非高峰期对一些用户采取强制拉闸限电措施;2005年夏季用电高峰期,各地仍然感到电力非常紧张。同时,由于我国电力生产高度依赖煤炭,电力的供不应求,客观上会拉动电价,刺激电力工业扩大生产,带动煤炭的消费,从而使我国的煤炭也将面临供不应求的局面。

　(2)我国石油供应的进口依存度日益加大,能源安全问题日益突出

　　进入20世纪90年代以来,随着国民经济的增长和人们消费方式的改变,旅游业、交通运输业的高度发展和私人轿车的不断增加,使我国的石油消费需求高速增长,年均增长达6.34%,而同期原油产量年均增长仅为1.64%。石油消费的高幅增长和原油产量的低幅增加,加剧了我国石油供需之间的矛盾,使我国从1993年起由一个石油净出口国变为石油净进口国,石油的对

外依存度由 1995 年的 7.6％增加到 2000 年的 30.2％。根据中国能源机构预测,到 2020 年这个数字很有可能达到 50％～60％,与美国目前的 58％相当。国际能源机构(IEA)最近公布的《石油市场报告》也表明,2004 年中国的日需石油量高达 580 万桶,中国逐步取代日本,成为全球第二大石油消耗国。这样,随着国内石油消费需求的不断增加,使石油的对外依存度不断提高;同时,由于我国能源走向世界的历史很短,尚缺乏应对石油市场变化的应变能力及其保障体系。因此,我国的石油安全问题日益突出。

(3) 存在以煤为主的能源结构刚性,能源开发利用所带来的环境问题不容忽视

由于我国能源资源赋存的客观条件,在相当长的时间内,尽管通过能源结构的调整和优化,煤炭在能源总量中的比例趋于下降,但我国以煤为主的能源供需结构在可预见的未来不会发生根本性的改变。李金峰[132]在其《煤炭产业不是夕阳产业》一文中指出,煤炭是我国未来较长时期内唯一可以依赖的支柱性能源品种,其绝对主导地位难以被动摇。但煤炭能源的开发利用,一头连着社会经济发展,丝毫不能放松;另一头连着自然环境,已引起人们的高度关注。目前我国煤炭的开发利用对环境产生着巨大的压力[91][133],首先是在开采过程中,人为改变地质结构,既造成生态破坏,又带来环境污染。据不完全统计,我国因采矿业造成的地面塌陷面积已达 $33 \times 10^4 \sim 40 \times 10^4$ hm^2,其中耕地为 8.6×10^4 hm^2;全国发生采矿塌陷灾害的城市近 40 个,造成严重破坏的 25 个,每年因采矿地面塌陷造成的损失高达 4 亿元以上,开采沉陷对环境的损害比地震还严重。我国矿山企业每年产生固体废弃物 133.8 亿 t、尾矿 26.5 亿 t,治理率仅为 6.95％。因露天采矿、开挖和各类废渣、废石、尾矿堆置等被直接破坏与侵占的土地已达 $140 \times 10^4 \sim 200 \times 10^4$ hm^2。采矿

产生的废水、废液排放总量占全国工业废水排放总量的 10% 以上,处理率仅为 4.23%。其次,由于我国煤炭资源的洗选难度较大,商品煤的灰分和硫分都比较高,且绝大部分煤炭的消耗都是直接燃烧,因此在煤炭消费过程中产生大量的 SO_2、CO_2 和烟尘,对大气造成严重污染。在污染的诸因素中,70% 以上的悬浮颗粒物、90% 以上的二氧化硫、60% 以上的氮氧化物和 85% 以上的矿物燃料产生的二氧化碳来自煤炭的燃烧。据国家环保总局提供的资料,1999 年全国烟尘总排放量达 1 159 万 t,二氧化碳总排放量高达 1 858 万 t。

(4) 能源管理体制向市场化方向发展

20 世纪 90 年代以来,随着我国社会主义市场经济的进一步完善,我国的能源供需平衡越来越依靠市场的资源配置作用。但同时,能源建设又存在投资大、周期长、风险大的特点。能源供需矛盾的周期如果与社会经济发展周期相背离,必然会造成能源投资的重大损失,并因此影响能源的生产,从而必然影响社会经济的科学发展。因此,能源供需的动态平衡有赖于科学、准确的能源供需预测和预警,需要国家通过宏观调控政策来协调。

2.2 我国能源供需状况

能源是社会经济发展的物质基础,能源的供需状况与社会经济的发展相互影响、相辅相成。改革开放以来,我国经济保持了持续快速的增长,与此相适应,近年来的能源供需状况表现出以下特点。

2.2.1 能源供需总量的不平衡

影响能源供需的因素众多,而且这些因素在不同历史时期和不同的社会经济发展阶段的影响作用也各不相同。在这些因素的综合影响下,能源供应和消费并不呈简单的线性变化。能源供需总量在社会经济的拉动和影响下,在总量上表现为平衡与不平衡交替螺旋式发展。

能源供需总量大体平衡反映了各种相关因素综合影响在某一时期使能源产业与国民经济发展相一致,并不能表示能源产业和相关政策制度绝对没有问题。因为,社会经济在不断发展,而且发展不可能绝对稳定,因此能源供需发生矛盾是非常正常的。这既反映了能源产业和能源消费中存在的问题,也给进一步制定能源政策和其他相关政策提供了依据。

当然,能源供需总量的不平衡不能是长期的,更不能是大规模的。一旦能源供需发生大规模的长期不平衡,社会经济的发展必然会受到严重影响;并且由于经济发展的周期性和能源产业发展的特点,反过来可能会使能源供需的矛盾进一步加剧。因此,应当根据社会经济发展状况,做好能源供需的预测预警工作;当能源供需总量可能或已经发生失衡时,一定要及时解决,防止矛盾扩大,影响社会经济的科学发展。

2.2.2　能源供需结构的不平衡

目前我国能源结构比较单一,能源的生产和消费都以化石能源煤炭为主。能源结构的单一化更容易造成能源供需结构的不平衡。虽然长期以来我国已经形成了以煤炭为主要能源的产业格局,但现代科学技术的发展和人民生活水平的提高,逐渐对能源提出更高的要求。尤其是近年来随着汽车化进程的加快,对石油的消费量急剧增加,导致石油供需矛盾非常突出。这反映出我国的能源虽然在总量上大体平衡,但在供需结构上问题比较严重。

另外,随着人们环境意识的增强,绿色能源的观念开始主导能源的生产和消费。可再生的新型能源日益引起人们的关注,随着科学技术的进步,一些关键技术的逐步解决,进一步推动了环保能源的生产和消费,而传统能源则需要经过有效的加工才能进入终端消费领域。因此,从这一方面来看,能源的供需结构不仅要受到一次能源品种有限、生产受限与需求不断扩大的影响,还要受到科技发展带来的新能源的挑战。

2.2.3 能源转化结构与供需的不平衡

从化学成分来看,各种能源的主要成分都是碳元素,因此,理论上各种能源在一定的条件下是可以相互转化的。目前已经试验成功并进入工业性实验的煤转油技术可以证明这一点。但是,各种能源之间的相互转化需要"一定的条件",这既要考虑条件是否具备,同时还要考虑转化的效率,即经济性(因为整个转化过程还要另外消耗能源)。能源内部的转化结构与能源的供需也不平衡。

从我国目前的能源结构来看,对石油和电力的需求不断攀升。燃烧煤炭进行火力发电目前仍是我国电力的主要来源,但燃煤发电带来严重的环境问题,因此应加强水力发电、风力发电、核电以及太阳能发电的发展力度,缓解电力需求的紧张局面。对于日益增加的石油需求,在发展能源内部结构转化的同时,还应当积极进行燃油产业的结构调整。一方面强调节约能源,提高能源利用效率;另一方面则通过调整燃油部门的耗能结构、转变人们的消费观念,逐步解决石油供需失衡的问题。

2.3 我国能源供需主要影响因素分析

2.3.1 经济增长对能源供需的影响

经济的增长与能源产业的发展是相互依赖、相互依存的。经济的快速增长需要以充足的能源供给为基础;而能源的开发、利用又必须由经济增长提供广阔的市场和财力、物力保障[134]。因此,经济增长在带动能源消费量不断增长的同时,也促进能源产业的发展,以满足其对能源的需求。当然,经济的快速增长必然也会引起能源供需结构的变化,因此,及时、准确地把握这些变化是保持能源供需相对平衡的关键。

2.3.1.1 经济增长对能源消费的影响

经济增长对能源消费的影响是多方位、多角度的。随着经济快速增长,经济规模的不断扩大,经济结构的不断升级,能源开发利用技术水平的不断提高,不仅会影响能源消费总量,而且会引起能源消费密度、消费弹性以及消费结构的变化。

(1) 经济增长对能源消费总量的影响

随着经济的发展,人类开发利用能源的技术水平越来越高。人类利用能源的历史表明,一种新型能源的出现和能源科学技术的每一次重大突破,都会带来世界性的经济飞跃,乃至引起整个社会生产方式的革命。从煤炭、电力到石油乃至各种新能源的开发利用,都大大促进了经济的快速发展和经济规模的扩展,同时也逐步将现代化的大生产建立在了机械化、电气化、自动化的基础上,现代几乎所有的生产过程都是与能源的消费同时进行的。因此,经济的快速增长必然会带来能源消费量的相应增长。从我国的经济发展历史来看,改革开放以来,我国经济保持了持续、快速、稳定的增长,与此同时,我国的能源消费总量也呈不断增长的趋势(见图 2-3),经济增长与能源消费总量的增长呈高度正相关关系。

下面根据我国 1953 年以来的能源消费和 GDP 资料,利用 SPSS[135](版本 11.0),对国民经济和能源消费总量进行相关分析。

首先对我国历年能源消费总量与 GDP 进行回归分析(见图 2-4)。可以看出,二者存在着明显的正相关关系。因此,进一步分别选取不同的回归模型进行曲线估计。

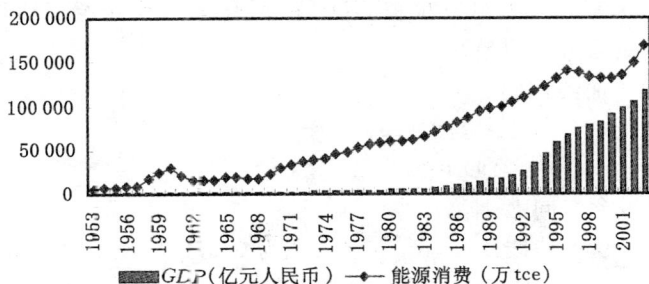

图 2-3   我国能源消费与 GDP 增长对比图

资料来源:《中国统计年鉴》(2000,2004),中国统计出版社。

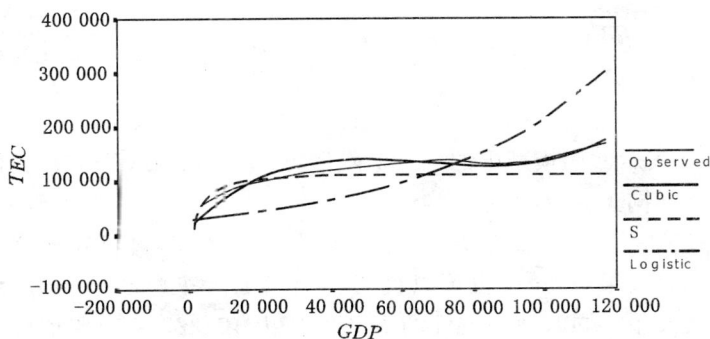

图 2-4   我国历年能源消费总量与 GDP 回归曲线

① 三次方曲线回归

$$TEC = 17\,438.53 + 62\,244GDP - 1.01 \times 10^{-4}GDP^2 + 5.065\,4 \times 10^{-10}GDP^3$$

$$(7.249) \qquad (15.466) \qquad\qquad (-10.72) \qquad\qquad\qquad (2\text{-}1)$$

式中,TEC 表示能源消费总量(Total Energy Consumption);GDP 表示国内生产总值(Gross Domestic Product)。

按照这一由线回归,R^2 判定系数为 0.948 7,说明我国能源消费总量与 GDP 的正相关关系非常显著。而且回归方程的 F 检验值为 290.117,说明可以根据 GDP 的增长来测算能源消费量,进而进行能源需求预测。

② S 曲线回归

$$TEC = e^{\left(11.674\,0 - \frac{2\,623.039}{GDP}\right)} \qquad (2\text{-}2)$$
$$(299.039)\qquad(-33.892)$$

式中符号含义同上。

按照这一曲线回归,R^2 判定系数为 0.959 1,说明我国能源消费总量与 GDP 的正相关关系非常显著。而且回归方程的 F 检验值为 1 148.642,同样说明也可以根据 GDP 的增长,按照这一回方程来测算能源消费量,进而进行能源需求预测。

③ 二项逻辑斯谛回归

$$TEC = \frac{1}{\frac{1}{u} + 3.346\,2 \times 10^{-5}(0.999\,98^{GDP})} \qquad (2\text{-}3)$$
$$(8.603)\qquad(329\,356.74)$$

式中,u 表示回归模型中的一个上限值,这里 $u = \max(TEC)$;其他符号含义同上。

按照这一曲线回归,R^2 判定系数为 0.462 88,可以发现这一模型拟合效果稍差,但也可以说明我国能源消费总量与 GDP 的正相关关系。同时回归方程的 F 检验值为 42.227 9,说明也可以根据一定时期的 GDP,按照这一回归方程来测算能源消费量,进而进行能源需求预测。

(2) 经济增长对能源消费密度、消费弹性及消费结构的影响

经济增长对能源消费密度和消费结构的影响,主要表现在经济发展会引起产业结构的不断优化升级和技术的不断进步。产业结构的优化升级,一方面会降低能源消费密度和消费弹性,另一方面会对能源的品种和结构提出更高的要求,从而使能源消费结构向优质化方向发展。技术的不断进步,尤其是节能技术的发展,使能源消费密度和消费弹性大大降低。而且高新技术的发展和新产

品的不断出现,也使能源消费结构不断趋于优化。

2.3.1.2 经济增长对能源供应的影响

社会经济的发展离不开能源的保障,但社会经济发展的同时也为能源提供了广阔的市场和大量的发展资金。因此可以说,经济发展在拉动能源需求的同时,又为满足这种需求提供了必要的支持。这种关系不仅不会因为当今世界能源问题的出现而消失,反而能源问题的最终解决还要依赖于全球经济的共同发展。

首先,经济增长会增加对能源的需求。在市场经济条件下,市场对能源同样起着优化配置作用。市场这只"无形的手"会根据市场的需求状况指明商品的生产方向,能源的生产同其他商品的生产一样,必然要受到市场需求的制约。从历史发展看,能源产品不论是总量增加,还是品种扩大和质量提高,都是在经济增长所引起的需求拉动下实现的。有了需求,就会产生生产的源动力,就会推动产业的发展。经济的增长必须以能源的有效供应为基础,因此社会经济的快速发展必然会扩大能源的需求,要求能源的供应也随之增加。一旦能源的有效供应难以保证,能源就会成为制约经济快速发展的"瓶颈"。

其次,社会经济的增长和科学技术的进步为开发利用能源提供了认识手段和物质手段。从能源资源勘探、开发的角度来看,人们目前所获得的能源资源储量,仅仅反映了现有的技术认识水平下的储量。科学技术水平的进步和人类认识自然能力的增强,对能源储量以及可采储量将产生巨大的影响。从能源资源开发利用的角度来看,能源产品的开发和利用,必须具备一定的物质手段。这种物质手段只能由经济系统中物质资料的生产所提供,并随着科学技术的发展而不断改进、完善。因此,能源的供应能力和供应水平要受到经济发展和科技水平的影响。

另外,经济增长是能源开发利用所需财力、物力的保证。如同其他生产系统一样,能源的生产首先需要财力、物力的投入,而且能源的特点决定了能源产业是投资大、风险高、建设周期长的产业部门之一。因此,能源产业的发展在一定的条件下需要以国家的力量来保证,没有经济发展的积累和经济的持续增长,发展能源产业所需的财力、物力就无法保证,能源供应能力和供应水平必然会受到影响。

总之,社会经济的发展与能源产业的发展是相辅相成的,社会经济的发展与能源的供需是互为条件、相互促进的(见图 2-5)。目前我国正处于工业化中期阶段,经济增长对能源的依赖程度较高,能源的供给能否满足经济增长对能源的需求将直接关系到我国经济发展战略目标的全面实现,而我国经济发展战略目标能否实现也必然影响着能源产业的发展。因此,能源供需发展和整个经济系统的发展是相互依赖、相互依存的。在能源供需平衡状态下,能源有效供给促进了社会经济的增长;反过来,经济的增长又为能源产业的发展提供资金、技术的投入和广阔的市场需求,进一步促进能源生产的发展,保证能源的有效供应,从而形成能源—经济的良性循环。

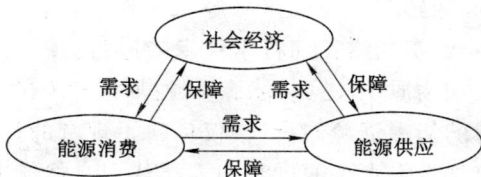

图 2-5   社会经济发展与能源供需关系图

2.3.2   能源价格对能源供需的影响

在计划经济模式下,由于能源的价格是由国家统一制定并控制的,因此能源价格对能源供需的影响并不大。但在市场经济条件下,能源资源也由市场来实现优化配置,能源价格就会成为调节能源供需的直接杠杆。市场通过能源价格来刺激生产、限制消费或刺激消费、限制生产,使能源供需趋于总体平衡。

在能源供不应求时,随着需求的进一步增长,市场会灵敏地提高能源价格。一方面,通过高价能源增加能源使用的使用成本,从而限制能源的消费;另一方面,通过提高能源价格给能源生产者增加更多的利润,刺激现有能源生产者扩大生产,同时也吸引其他投资者进入能源产业投资,从而增加能源的供应。这样,能源供不应求的局面就会逐渐得到改变。

在能源供过于求时,市场会降低能源的价格。一方面能源价格降低可使能源使用者的原料成本降低,增加利润空间,从而刺激生产规模的扩大,增加能源消耗;另一方面,由于能源价格的降低,使能源生产者的利润减少,甚至没有利润,能源生产者就会减少能源生产,投资者也不会再追加投资。这样,能源生产的萎缩和能源需求量的增加就会逐渐使能源的供需总量趋于平衡。

随着市场体系的逐步完善,目前我国能源也逐步进入市场化运作。能源价格一方面成为反映能源供需关系的晴雨表,通过能源市场价格的变动可以及时了解到能源的供需状况;另一方面,国家也可以对能源价格进行干涉,从宏观上调节能源的供需关系。以石油为例,我国近年来的能源价格的变动与能源的供需状况基本上是一致的(见图2-6)。

当然,对不同能源的合理定价,还有利于能源供需结构的合理化。在市场经济条件下,充分利用价格这一经济手段,可以鼓励消费者消费当地的优势能源,减轻能源供需矛盾。在我国,由于能源结构比较单一,合理的价格机制对解决能源供需问题具有更加现实的意义。

2.3.3 社会投资对能源供需的影响

投资是推动社会生产力发展的主要手段之一,也是实现资源

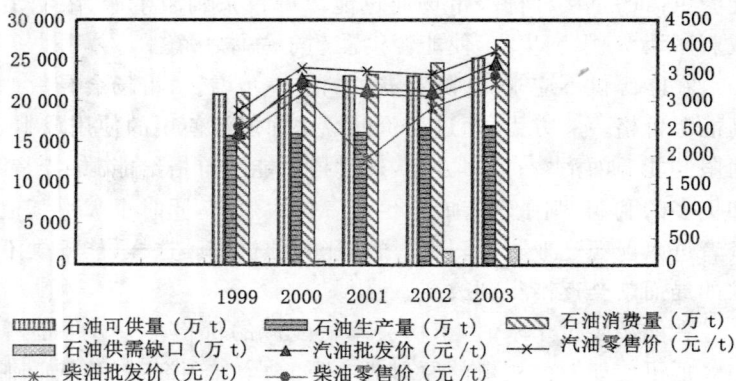

图 2-6 我国近年来能源供需状况与价格变动情况

资料来源：王庆一编著，《2005 年能源数据》，《煤炭经济研究》2005 年增刊，

第 18、43、57、64 页。

配置的一种具体形式。在一定时期内，投资的数量和结构对能源供需具有明显的推动或抑制作用。

投资对能源供需的影响主要体现在两个方面：一方面是全社会固定资产投资增加引起的能源消费的增长；另一方面是能源工业投资增加带来的能源供应量的增长。

2.3.3.1 全社会固定资产投资对能源消费的影响

全社会固定资产投资的增加即全社会资本生产要素投入的增加。我们可以从生产函数 $Q=f(k,l,e,t)$ 看出，一个国家或地区一定时期内生产要素的有机构成是相对稳定的，随着资本要素投入的增加，必然会引起能源、劳动力等生产要素的相应增加，才能保证社会生产的协调发展。

从我国国民经济发展的实践来看，全社会固定资产投资由 1953 年的 91.59 亿元增加到 2000 年的 32 917.7 亿元，相应地，能源消费总量也由 1953 年的 5 411 万 tce 增加到 2000 年的130 297

万 tce,其相关系数为 0.83。由此可见我国的全社会固定资产投资与能源消费总量是高度正相关的。随着全社会固定资产投资的不断增加,必然带动能源消费的不断增长。进一步考查全社会固定资产投资增长率与能源消费增长率之间的关系,可以发现随着固定资产投资增长率的波动性增长,能源消费增长率也呈现出相同的波动趋势(见图 2-7)。

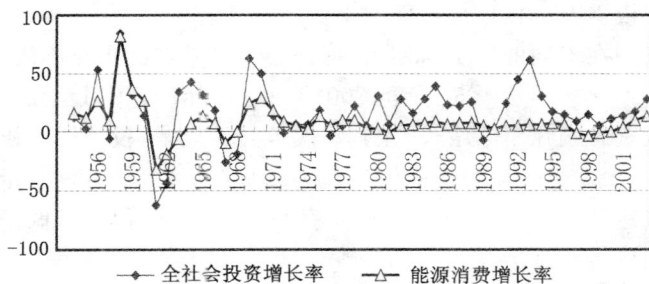

图 2-7 我国全社会固定资产投资增长率与能源消费增长率

从图 2-7 可以看出,在改革开放以前,全社会固定资产投资增长率与能源消费增长率的波动幅度都较大,且基本是同步的上升与下降,1954 年到 1977 年全社会固定资产投资增长率与能源消费增长率的相关系数为 0.83。在此期间,二者呈高度的正相关关系。改革开放以后,虽然能源消费增长率还随着固定资产投资增长率的波动而波动,但其波动幅度明显小于固定资产投资增长率波动的幅度,并且固定资产投资本身波动的幅度也较改革开放前平缓了。1978 年到 2003 年全社会固定资产投资增长率与能源消费增长率之间的相关系数为 0.52,这主要是由于改革开放以后,固定资产投资方向发生显著变化,第三产业的投资总额明显高于第一和第二产业,而第三产业的能源密度相对较低,对能源的消费需求相对较少。

2.3.3.2　能源工业投资对能源供应量的影响

虽然随着全社会固定资产投资规模的扩大,会增加能源的需求量,从而通过价格机制拉动能源生产。但是,能源工业生产的特点决定了能源产业是资金密集型的产业,能源的开采需要占用大量的资金。因此,虽然全社会固定资产投资的增加导致能源需求的增加,并通过市场价格机制促进能源生产的增加,但想扩大能源生产规模需要直接增加对能源工业的投资。

我国在不同的历史时期,根据社会经济发展的重点不同,投资政策也不一样。从 1953 年至 2003 年的 51 年间,我国全社会固定资产投资总额在不断增长,尤其是改革开放以来,投资增长幅度引人关注,由此也带动我国能源生产不断提高。2003 年我国能源生产总量达到 16.03 亿 tce,是 1953 年的 30.87 倍,但明显低于同期投资的增长幅度。

由于能源产业的高投入和高风险,能源工业的固定资产投资在投资规模中所占的比重非常有限(见图 2-8)。由于投资的结构性增长对能源消费和能源生产产生不同的影响,必然使能源的供需矛盾加剧。

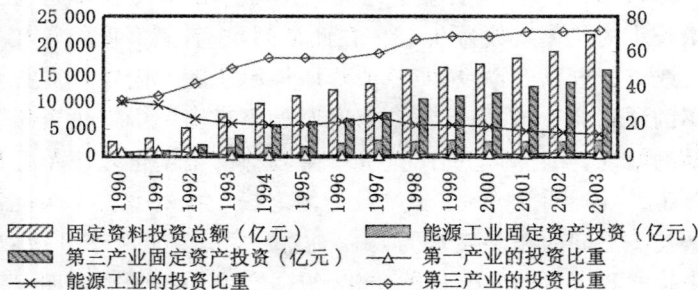

图 2-8　我国固定资产投资对比情况

资料来源:《中国统计年鉴》(1991,1994,1996,1998,
2000,2001,2004),中国统计出版社。

2.3.4 产业结构对能源供需的影响

长期以来,中国的经济结构都是二元经济结构,各个部门之间生产要素的利用效率存在着较大的差异,因此,通过产业结构的调整,使生产要素从生产效率低的部门转移到生产效率高的部门,提高各种生产要素的边际生产率,从而带动经济增长的潜力是非常大的。通过产业结构调整,降低高耗能产业的比重,提高低耗能产业的比重,在一定范围内能够实现在能源消费弹性系数较低条件下的高速经济增长。

2.3.4.1 产业结构调整对能源消费的作用

产业结构调整的实质就是产业结构合理化的过程。不同的产业部门,甚至是同一产业部门的不同企业之间,对能源的消耗也是各不相同的。产业结构变动对能源消费的影响主要体现在对能源消费密度和能源消费弹性的作用上,主要表现在以下三个方面:

首先,通过产业结构合理调整,进而调整各产业部门在国民经济中的比重来影响能源消费密度和能源消费弹性。产业结构变动之所以能对能源消费密度和能源消费弹性产生影响,其主要原因是由于国民经济中各产业之间的能源消费密度和能源消费弹性系数存在较大的差异。如果能源消费密度低的产业在国民经济中占较大的比重并且增长速度较快,则能源消费密度就会降低,反之则增加(见表2-3)。同理,如果能源消费弹性系数较低的产业增长速度较快,则能源消费弹性系数就会降低,反之则增加。

表 2-3　　　　　　近年来我国各产业能源消费密度表

单位:万 tce/亿元人民币

年份	第一产业	第二产业	第三产业
1980	2.55	19.15	3.54
1985	1.59	13.54	1.75
1990	0.97	8.91	1.00
1991	0.96	7.99	0.83
1992	0.87	6.64	0.71
1993	0.69	5.02	0.66
1994	0.54	3.99	0.50
1995	0.46	3.42	0.44
1996	0.41	3.03	0.40
1997	0.42	2.72	0.43
1998	0.40	2.49	0.43
1999	0.40	2.27	0.45
2000	0.40	2.03	0.43

数据来源:《中国统计年鉴》(2002),中国统计出版社。

从表 2-3 中可见,第一、三产业的能源消费密度相对较低,而第二产业的能源消费密度较高,尤其是第二产业中的重工业能源消费密度更高。产业结构调整就是通过减少高能耗产业——第二产业,特别是一些耗能高、效率低的重工业的比重,增加低能耗产业——第三产业的比重来降低能源消费密度和能源消费弹性系数。

其次,通过产业结构合理调整,调整产业间的技术结构,优化产业间的关联,提高能源的利用效率,达到节能的效果。各个产业部门之间以及上游产业和下游产业之间的关联度会影响能源的消耗状况。如果从产品生产、消费全过程来考察能源消耗情况,可以发现由于产业之间关联度的不同,最终能源效率的差异也很大,关联度越高,能源的最终利用效率越高。因此,在从宏观上调整产业结构的同时,不断优化产业间的关联度,对于节省有限的能源,提高能源的利用效率具有现实意义。同时,提高产业间的关联度也有利于能源、经济和环境的协调发展。

最后,通过产业结构合理调整,使劳动力和资本发生转移,提高资源再配置效应,从而提高经济效益。随着我国产业结构的调整必然会发生资源的转移,一般来说,发生转移的那部分生产要素与留在传统部门的生产要素以及现代部门按比例增长的那部分生产要素具有不同的边际产出能力。因此,产业结构调整过程中发生的资源转移能够带来经济增长。陈平、李广众[136]实证分析了我国产业结构调整过程中资本和劳动力转移对经济增长的贡献,得出资本转移对经济增长的贡献达到 7.1%,这充分说明由于结构调整引起的生产要素转移是我国经济增长的一个重要的解释因素。

因此,通过产业结构合理调整,一方面,大力发展低耗能产业,优化产业间的关联,提高能源利用效率,可以降低经济增长对能源的消费量;另一方面,使劳动力和资本实现优化配置,提高其边际生产率,促进经济增长。在这两方面的作用下,我国的能源消费密度和能源消费弹性系数都大幅度降低,能源消费密度由 1985 年的 8.55 降低到 2001 年的 1.38,能源消费弹性系数由 1985 年的 0.60 降低到 2001 年的 0.18。

2.3.4.2 产业结构变动度、能源消费增长速度与经济增长的关系

(1) 产业结构变动度的测算

测度产业结构变动的指标一般有产业结构变动值和 Moore 结构变化值两种[137]。产业结构变动值是将各产业的比重变动的绝对值相加来反映产业结构的变动幅度,计算公式为:

$$K = \sum_{i=1}^{3} |q_{i1} - q_{i0}| \qquad (2-4)$$

式中,K 为结构变动值;q_{i1} 为报告期构成比;q_{i0} 为基期构成比;i 为产业序号,1 表示报告期,0 表示基期。

计算出的 K 值越大,说明产业结构的变动幅度越大。

Moore 结构变化值是运用空间向量测定法,以向量空间中夹角为基础,将产业共分为 n 个部门,构成一组 n 维向量,把两个时期间两组向量间的夹角作为表征产业结构变化程度的指标,计算公式为:

$$M_t^+ = \sum_{i=1}^{n} W_{i,t} \cdot W_{i,t+1} / \left[(\sum_{i=1}^{n} W_{i,t}^2)^{1/2} \cdot (\sum_{i=1}^{n} W_{i,t+1}^2)^{1/2} \right] \quad (2\text{-}5)$$

式中,M_t^+ 表示 Moore 结构变化值;$W_{i,t}$ 表示 t 期第 i 产业所占的比重;$W_{i,t+1}$ 表示 $t+1$ 期第 i 产业所占的比重。

我们定义矢量(产业份额)之间变化的总夹角为 α,那么就有 $\cos \alpha = M_t^+$,$\alpha = \arccos M_t^+$。α 值越大,表明产业结构变化的速率越快。

(2)产业结构变动度、能源消费增长速度与经济增长的关系

各国的实践都已经表明,产业结构变动对能源消费和国民经济都会产生直接的影响,而且由于产业结构的影响,经济增长速度与能源消费增长速度并不呈简单的线性关系。我们可以选取 1970~1980 年、1980~1990 年、1990~2000 年三个时间段,分别计算中国产业结构的 Moore 结构变化值,并将三个时期的 α 值的变化与经济增长速度、能源消费增长速度变化进行对比(见表 2-4)。

表 2-4   我国产业结构变动度、经济增长速度以及
能源消费增长速度对比表

年份	M_t^+ 值	α 值(弧度)	经济增长速度 (%)	能源消费增长速度 (%)
1970~1980	0.986 796 2	0.162 684	7.21	7.48
1980~1990	0.978 916 3	0.205 709	15.17	5.06
1990~2000	0.975 664 3	0.221 066	17.04	2.82

数据来源:《中国统计年鉴》(2002),中国统计出版社。

从计算结果可以看出，α 值呈现增加的趋势，表明中国产业结构的变动度在加速。与此同时，我国经济增长速度也呈现加快的趋势，并且 α 值越大即产业结构变化速率越快，经济增长速度也越快，三个时间段的经济增长速度分别为 7.21％、15.17％、17.04％。而能源消费虽然从总量上看也呈增加的趋势，但增长速度却逐渐放缓，并且 α 值越大，能源消费增长的速度越慢，三个时间段的能源消费增长速度分别为 7.48％、5.06％、2.82％。

从以上的时间序列可以看出，我国产业结构变动度与经济增长速度表现出高度正相关关系，而与能源消费增长速度表现出高度负相关关系。我国产业结构的加速变动，一方面大大促进了经济的增长，另一方面不断提高能源的利用率，所以产业结构调整是我国保持国民经济高速增长而同时降低能源消费增长速度的关键因素。

2.3.4.3 产业结构变动对能源密度的影响

实践已经证明，合理的产业结构调整可以使有限的能源更充分地发挥其效能。为了定量分析由于产业结构变动而使能源消费密度降低的程度，这里引入了能源消费密度的产业结构指数指标。

$$I = \frac{\sum\limits_{i=1}^{3} p_{i1} S_{i1}}{\sum\limits_{i=1}^{3} p_{i1} S_{i0}} \tag{2-6}$$

式中，I 表示能源消费密度的产业结构指数；S_i 表示结构因素，以第 i 产业部门产出占 GDP 的比重表示；p_i 表示第 i 产业部门的能源消费密度；i 表示产业序号，1 表示报告期，0 表示基期。

为进一步说明我国产业结构调整对能源消费的影响，这里选取 1980、1985、1990、1993、1996、1999 和 2000 年这 7 年的实际统计资料进行分析（见表 2-5）。

表 2-5   近年来我国能源消费的产业结构指数情况分析表

年份	能源消费密度的产业结构指数1	能源消费密度的产业结构指数2	一产比重	二产比重	三产比重	一产能源消费密度	二产能源消费密度	三产能源消费密度
1980			0.300 9	0.485 2	0.213 9	2.553 3	19.145 1	3.538 9
1985	0.914 8	0.914 8	0.283 5	0.431 3	0.285 2	1.591 5	13.544 2	1.752 2
1990	0.886 9	0.972 7	0.270 5	0.416 1	0.313 4	0.967 1	8.913 8	0.995 6
1993	0.981 8	1.101 3	0.198 7	0.474 3	0.327 0	0.694 7	5.024 2	0.662 1
1996	1.015 1	1.033 1	0.203 9	0.495 1	0.300 9	0.413 0	3.027 7	0.404 5
1999	1.016 5	0.999 6	0.176 3	0.494 2	0.329 5	0.403 0	2.272 8	0.445 9
2000	1.026 8	1.011 1	0.163 5	0.502 4	0.334 1	0.395 6	2.026 6	0.428 7

资料来源:历年《中国统计年鉴》。

其中:能源消费密度的产业结构指数 1 以 1980 年为基期;能源消费密度的产业结构指数 2 分别以上一期为基期。

我国产业结构变动对能源消费密度的影响基本分为两个阶段,1993 年以前三次产业结构比例关系的变动促进了能源消费密度的下降,1993 年以后三次产业结构变动又使能源消费密度有所增加。

如果不考虑影响能源消费密度的其他因素,导致这种局面的主要原因是自 1978 年经济体制改革以来,激发了企业生产的积极性,企业开始由经济效率型逐渐转变为经济效益型。同时,第三产业开始复苏并快速发展。从 1980 年到 1990 年,我国第一产业所占比重由 30.09% 下降到 27.05%,第二产业下降的幅度更大,由48.52% 下降到 41.61%,而能源消耗相对较低的第三产业有较快的增长,由 21.39% 上升到 31.34%。因此,在此期间经济结构向低耗能的方向发展,结构变动导致能源消费密度持续下降。1990年与 1980 年相比,由于产业结构变动使能源消费密度降低了

12％。进入 20 世纪 90 年代中后期,第三产业的发展由高速转为平缓,在国民经济中的比重徘徊在 33％左右,相反,高耗能的第二产业发展较快。2001 年第二产业在国民经济中的比重攀升到 51.15％,超过了 1980 年的水平,其中工业在国民经济中的比重为 44.41％,与 1980 年的水平相近。所以,在这期间产业结构变动对能源消费密度有提升的作用。1990 年到 1993 年,产业结构变动对能源消费密度的提升作用最大,增长了 10％。1993 年以后,虽然产业结构变动继续拉动能源消费密度增长,但增长的幅度大大低于 90 年代初产业结构变动的影响,1993 年到 1996 年提升幅度为 3％,1996 年到 1999 年下降了 0.1％,1999 年到 2000 年提升了 1％。同时,由于 1990 年以前产业结构变动的作用,能源消费密度已有大幅度的下降,因此 1993 年以后能源消费密度上升的基数已大大下降。与此同时,第二产业内部工业结构调整的步伐也在加快,重工业和轻工业的比例关系得到进一步协调,耗能低、技术含量高、附加值大的电子信息类产业发展迅速,从而使第二产业的能源消费密度有了大幅度的下降。因此,总的 GDP 的能源消费密度一直呈下降的趋势。

我国社会经济实力的整体提高与各产业部门的发展是分不开的。但是,就各产业对国民经济的贡献来看,能源产业都属于重工业,不仅初期投资大,而且利润率相对较低,因此在市场调节下,重点发展的产业都不会选择能源产业。产业结构调整的结果必然导致能源产业的衰落。但能源产业是基础产业,直接影响着国民经济其他各部门的发展,其他产业的发展都离不开能源,因而当能源产业衰退到不足以提供其他产业发展所必需的能源时,能源就会成为发展的主要制约因素,进而能源价格就会上涨,导致能源产业利润增加,吸引大量投资,扩大能源生产。但随着能源生产的恢复和增加,能源产业的固有特点又会表现出来,而且随着基础能源价格的上升,必然会造成其他产品价格的连锁上升。可以说,能源产业的波动会引起整个社会经济的波动。

因此,为了保证能源产业的稳定发展,国家应利用行政手段对能源产业的发展进行合理规划。目前我国的能源产业相对于国民经济的快速发展已经呈现出日益紧张的局面。对此,我国能源产业的调整应主要从两个方面着手:第一是继续加强能源产业的基础投资,尤其是能源资源的勘探投资,同时采取优惠政策鼓励社会资金向能源产业投资,夯实能源基础产业;第二是优化能源产业的内部结构,针对目前我国能源的结构性紧缺,需要切实解决能源生产规模和能源的相互转化问题。

2.3.5　技术进步对能源供需的影响

"科学技术是第一生产力"深刻揭示了科学技术的力量。正是技术的进步,使能源的开发利用程度大大提高,使能源的消费不断增加;同时,也正是科学技术的进步,才解决了日益紧张的能源问题。因此,能源问题产生于科学技术,但最终仍必须依靠科学技术来解决。

2.3.5.1　技术进步对能源消费的影响

(1) 任何一种能源的大量消费都源于对这种能源的开发和利用技术的出现

能源是人类社会进步和发展的重要物质基础[138]。人类社会发展的历史与人类认识和利用能源的历史密切相关。对人类社会发展产生积极而深远影响的近代工业革命,是与人类对能源的认识和能源开采利用技术分不开的。煤炭的大量开采和利用源于以煤的开采和利用技术的提高以及使用范围的扩大为特征的第一次能源技术革命,虽然煤炭在公元前5世纪就已经被人类所了解并利用,但对煤的深入认识、广泛开采和利用,则是从18世纪20年代欧洲的产业革命开始的。以蒸汽机的使用为核心的近代第一次工业革命,使能源技术和能源结构发生重大变化;反过来蒸汽机的广泛使用又推动了以煤炭为核心的能源工业的进一步发展。这样,能源技术和工业革命互为因果,大大促进了社会生产力的发展,使人类征服自然和改造自然的力量得到了划时代的提高。

电力的大量应用源于发生在19世纪末的第二次能源技术革命。由于电磁学理论的建立和电工技术的普及应用,使便于传输、转换和控制的电力进入社会各领域,电动机取代了蒸汽机,电灯、电话、电机车、无线电先后问世。19世纪90年代,远距离输送电能的试验获得成功,为工业电气化奠定了基础。

1859年美国人在宾夕法尼亚州打出了第一口21多米深的油井,1886年德国的戴姆勒制造了世界第一台使用重液体油的内燃机,由此石油的开采和利用促进了内燃机的发展。随着机械工业的发展对石油的需求日益增加,石油能源被人类逐步认识并大量利用,推动了世界能源技术革命的又一次高潮。内燃机为社会提供了前所未有的动力,不仅使机器设备迅速转动起来,更重要的是对石油能源的广泛利用带动了社会经济的快速发展。在1970年,世界液体燃料消费就占到了一次能源消费的44%。电力和石油工业的发展,尤其是电力成为工业的基本动力,改变了能源的消费结构(见表2-6),促进了社会生产力的极大发展,从而导致了近代史上第二次工业革命的发生。

表 2-6　　　　　　　世界一次能源消费构成　　　　　　单位:%

年份	固体燃料	液体燃料	天然气	水电核能
1950	60.9	27.2	10.2	1.7
1960	49.5	33.3	15.1	2.1
1970	33.5	44.0	20.1	2.4
1975	30.4	45.7	20.9	3.0
1980	30.79	44.21	21.49	3.53

年份	固体燃料	液体燃料	天然气	水电核能
1985	30.13	40.66	21.40	7.81
1990	28.49	40.14	22.50	8.87
1991	27.78	40.08	22.78	9.36
1992	27.64	40.38	22.59	9.38
1993	27.43	39.99	22.90	9.67

正是由于科学技术的不断进步,使人类逐渐认识自然并不断从自然界攫取所需的能源资源,从而推动了人类社会和经济的快速发展,使经济规模不断扩展,人民生活水平日益提高。而经济规模的不断扩展和人民生活水平的不断提高反过来又对能源的数量和质量提出更高的要求。从目前来看,不可再生的化石能源在世界一次能源消费总量中占有绝对的主导地位,因而,一方面导致了能源需求的不断增加和不可再生能源逐渐枯竭的矛盾;另一方面,化石能源的大量使用带来了严重的环境问题。从这个意义上讲,技术进步在为人类带来幸福的同时也导致了各种能源问题。

(2)技术进步使能源利用效率不断提高,能源消费密度不断降低

20世纪70年代的两次石油危机使人们深刻认识到必须依靠科技进步提高能源效率、节约能源,才能促进能源、人口、经济、环境的可持续发展。许多学者对技术进步、能源效率和能源的节约做了大量的研究,普遍的结论是通过技术进步能提高能源效率,降低能源消费密度,从而节约能源。的确,通过技术进步提高能源效率会大大节约能源的使用,但同时我们应注意到这样一个事实,正是由于技术进步提高了能源效率,使经济规模不断扩展,进而带动了能源需求的不断增加。

随着技术进步,一方面通过提高能源效率节约了能源,另一方面又由于生产规模的扩展带动了能源的需求。假设企业技术改造前的产量为 Q_0,产品单耗为 E_0;技术改造后的产量为 Q_1,产品单耗为 E_1。那么,企业由于技术进步而节约的能源量为 $Q_1(E_0 - E_1)$,由于技术进步扩大经济规模而带来的能源需求的增加量为 $(Q_1 - Q_0)E_1$,因此对于某一企业来说,技术进步是减少了能源的消费量还是增加了能源的消费量,取决于节约量和增加量的比较(见图 2-9)。

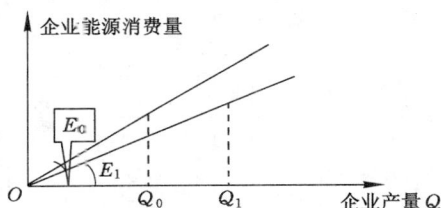

图 2-9 技术进步与能源消费关系图

若 $Q_1(E_0 - E_1) > (Q_1 - Q_0)E_1$,则能源消费总量因技术进步减少了,否则技术进步不仅不会减少能源需求总量,还会使能源需求量增加。但从宏观上看,正是由于科学技术的进步,极大地提高了我国能源使用的效率,降低了单位 GDP 的能源消耗,才迅速扩大了我国的经济规模。我国国内生产总值由 1978 年的 3 624.1 亿元增加到 2002 年的 104 790.6 亿元,增长了近 2 倍。同期,能源消费总量由 1978 年的不足 60 000 万 tce 增加到 2002 年的 14.8 亿 tce,增长了一倍多。能源消费的绝对总量并没有因为技术进步而在国民经济发展的同时保持不变,即技术进步并没有将因国民经济发展多消费的能源抵消掉。

同理,技术进步对我国能源消费总量的影响,也是由能源密度的降低带来的能源的节约量和由于经济规模的扩张引起的能源需求的增加两方面的作用共同决定的。对我国 20 世纪 90 年代以来各年技术进步对能源消费的影响进行测算如表 2-7 所示。

表 2-7   我国 1990～2001 年各年技术进步对能源消费的影响

年份	能源消费（万 tce）	能源消费密度（万吨标准煤/亿元）	GDP（亿元）	节约（万 tce）	增加（万 tce）	净增加（万 tce）
1990	98 703	5. 321 519	18 547. 9			
1991	103 783	4. 800 812	21 617. 8	11 256. 53	14 738. 01	3 481. 483
1992	109 170	4. 098 265	26 638. 1	18 714. 52	20 574. 52	1 860. 003
1993	115 993	3. 349 069	34 634. 4	25 947. 96	26 780. 16	832. 203
1994	122 737	2. 624 863	46 759. 4	33 863. 46	31 826. 46	−2 037
1995	131 176	2. 243 165	58 478. 1	22 320. 98	26 286. 97	3 965. 995
1996	138 948	2. 046 827	67 884. 6	13 328. 33	19 253. 47	5 925. 147
1997	137 798	1. 850 567	74 462. 6	14 614. 02	12 173. 03	−2 441
1998	132 214	1. 687 583	78 345. 2	12 769. 01	6 552. 208	−6 216. 8
1999	130 119	1. 585 512	82 067. 5	8 376. 689	5 901. 751	−2 474. 94
2000	130 297	1. 456 773	89 442. 2	11 514. 67	10 743. 27	−771. 409
2001	134 914	1. 406 331	95 933. 3	4 839. 061	9 128. 637	4 289. 576

资料来源:《中国统计年鉴》(2003),中国统计出版社。

由计算可以看出,20 世纪 90 年代以来,1997、1998、1999、2000 年技术进步对能源消费的影响,其节约量大于增加量,能源消费总量都比上年有所下降。其他年份技术进步带来的能源消费量的增加都大于能源消费的节约量,因而,技术进步带动了能源消费的增加。从 90 年代以来的能源消费净效果来看,技术进步总体上使能源消费增加了 6 413.3 万 tce。

（3）技术进步在提高人们的生活水平的同时,对能源数量和质量的要求逐渐提高技术进步与人类的生活方式和生活水平息息相关。18 世纪的产业革命和接踵而来的电气化运动使人类的生产和生活方式发生了不可逆转的伟大变化。水能、化石能和电力逐渐代替了人力、畜力,千万种机械代替了手工劳动,极大地提高了社会劳动生产率和社会财富的积累速度和规模,人均收入有了极大的提高。这种变化,一方面带来由于能源对人力、畜力的替代所产生的能源的大量消耗;另一方面,由于人均收入的增加,人们的消费水平大大提高,生活方式发生了很大的变化,人们的衣、食、住、行方式的改变对能源的数量和质量都提出了更高的要求。以出行方式的改变来看,远古人外出,甭管多远,均须步行;后驯养牲畜成功,便可以牛代步、以驴代步、以马代步;再后来为求旅行更舒适,便发明了畜力车,于是达官贵人便以车代步;近现代有了自行车、汽车、火车、轮船、飞机等,代步工具增加,大大提高了人们出行的效率。然而,随着汽车、火车、轮船、飞机等代步工具的发展,人类对于煤炭、石油的需求大幅度增加。近年来,随着我国国民经济的快速发展,人均收入的不断提高,私人汽车拥有量由 1990 年的 81.62 万辆,增加到 2002 年的 968.98 万辆,并且私人汽车大大方便了人们的生活。因此,自 20 世纪 90 年代以来,尽管石油的价格上涨了多次,但我国的石油消费仍然保持着较高的增长速度,年均增长速度达 6.34%。

技术进步对人类生活的方方面面都产生了巨大的影响,通过技术进步会不断创造出新产品。而几乎每一种新产品的出现,不论是在其大批量的生产过程中,还是在其消费过程中,都会引起能源消费的不同程度的增加。例如,20 世纪电视机、洗衣机、吸尘器、微波炉等家用电器的相继研发和使用,在带来家庭角色分工、生活方式改变并提升了人们生活质量的同时,也导致了电力消费的迅速增加。我国电力消费由 1990 年的 6 230.4 亿 kW·h 增加到 2001 年的 14 633.5 亿 kW·h,增加了近 1.5 倍。

　　总之,随着我国科学技术的进步和国民经济的发展,不仅对能源的数量提出更高的要求,而且,从能源的质量上来看,对洁净高效能源的需求越来越多。

2.3.5.2　技术进步对能源供应的影响

　　技术进步虽然是引发能源问题的重要因素,但能源问题的解决还必须依靠技术进步。一方面,通过技术进步提高能源利用效率,节约能源;另一方面,通过技术进步开发新能源和可再生能源,提供可持续利用的能源。

　　(1) 通过技术进步提高能源效率、节约能源,同时增加能源探明和可采储量,是当前解决能源问题的主要途径之一

　　从节能的角度来看,目前我国能源系统的总效率十分低下,综合能效仅为 9%,还不到发达国家的 50%。这意味着能源从开采、加工、转换、输送、分配到终端利用,90% 以上被损失和浪费掉了。其中开采效率为 32%,中间环节(加工、转换、储运)效率为 70%,终端利用效率为 41%;中间环节和终端利用效率的乘积通常称为"能源效率",为 29%,比国际先进水平大约低 10 个百分点,终端利用效率则低 10 个百分点以上[139]。

　　我国的单位产品能耗与国际先进水平相比,有较大差距。1997 年,11 个行业(煤炭、石化、电力、钢铁、有色金属、建材、化工、轻工、纺织、铁道、交通)的 33 项产品能耗指标平均比国际先进水平高 46%,多用能源 2.3 亿 tce。尽管随着我国科学技术的不断进步,这种差距有所缩小,但与国际先进水平的差距还是比较大。2000 年有关能源密集产品能耗的国际比较如表 2-8 所示。

　　由此可见,虽然我国通过技术进步提高能源效率的难度在不断加大,但节约能源的潜力还是比较大的。

　　从开发能源的角度来看,人们目前所获得的能源资源储量,仅仅反映了现有的技术认识水平下的储量。科学技术水平的进步和人类认识自然能力的增强,对能源储量以及可采储量将产生巨大

表 2-8   2000 年国内外几种能源产品单位能耗比较

指　　　标	国内平均	国际先进	国内外差距
火电供电热耗(gce/kw・h)	392	316(日本)	24.1%
钢可比能耗(kgce/t)	766	646(日本)	18.6%
水泥综合能耗(kgce/t)	181.0	125.7(日本)	44.0%
乙烯能耗(kgce/t)	1 057(预计)	714(日本)	48.0%
合成氨综合能耗(天然气,大型)(kgce/t)	1 200	970(美国)	23.7%

注:国际先进是居世界先进水平的国家的平均值。

资料来源:日本《能源学会志》,2001 年 7 月号。

的影响。首先,地质理论的新发展,不断为寻找能源资源提供科学的依据,新的资源矿点将会不断地被发现。例如,在第二次世界大战前,人们一般都认为苏联的石油储量主要分布在第三纪沉积层内;但由于 20 世纪三六十年代在伏尔加—乌拉尔地区找到的油田中,石油主要分布于古生代含油层,因而开始对古生代含油层进行了研究,并认为苏联大部分石油资源埋藏在古生代沉积层中;到了70 年代,中生代的石油探明储量大为增加。世界上有很多类似的情况出现,可见地质科学理论的发展,将会为人类提供更多的能源资源。其次,随着科学技术的发展,勘探手段越来越先进,使得勘探工作面越来越广阔,勘探的范围不断扩大。由陆地发展到海洋,由浅海发展到深海。近几年来,我国石油地质工作者在新疆油气田的勘察已有长足进展。再次,资源的经济可采储量取决于开采技术和设备水平,目前煤炭的开采深度一般只有地下数百米,如果开采技术进一步发展,使可采深度达到地下 1 000 m、1 500 m 甚至更深,将会使资源的可采储量成倍增长。另外,在已探明的可采储量中,有相当一部分由于受地质条件和技术水平的限制不能被利用,将来如果煤的地下汽化、液化技术获得成功,并形成生产力,将使大量的现阶段不可利用的能源变为可利用的清洁能源[140]。

因此,通过技术进步提高能源效率、不断增加经济可采储量以延长非再生能源的使用年限,既可以为过渡到以可再生能源为基础的能源系统赢得时间,也可以减轻能源生产利用对环境的损害,是目前解决能源问题的主要途径。

(2) 通过技术进步开发洁净的新能源和可再生能源,是解决能源问题的根本途径

通过技术进步可以延长非再生能源的使用年限,但非再生的化石能源毕竟是有限的,要从根本上解决能源问题,还有赖于通过技术进步开发洁净的新能源和可再生能源。从 20 世纪 70 年代两次石油危机以来,人们就开始重视可再生新能源的开发与利用。目前,人类正经历着第三次能源技术革命。这次能源技术革命的核心是由有限的化石能源向无限的可再生能源和新能源转变,目标是要从根本上解决有限的化石能源与无限的人类需求之间的矛盾。目前世界各工业发达国家正在投入可观的资金和科技力量,大力研究、开发和利用可再生能源,如风能、地热能、生物质能、海洋能、氢能、核裂变增殖快堆、受控核聚变能,以及来自地球外的太阳能等。从长远来看,这些新能源如果能够充分利用起来,可满足人类数千年乃至几亿年能耗的需要(如核聚变能),有的甚至可连续供应整个地球的地质年代(如太阳能)。到目前为止,全球已有五种可再生能源技术达到商业化或接近商品化水平。这五种技术是:水电、光伏电池、风力发电、生物质转换技术和地热发电。1990 年世界可再生能源供应量达到 2 143 Mtce,占世界一次能源总供应量的 17.3%,即生物质能占 9.2%,水电占 5.8%,其他可再生能源占 2.3%;预计 2020 年可再生能源供应量将达到 4 000 Mtce(基础方案)~4 857 Mtce(重视环境方案),约占世界一次能源总供应量的 21.1%~30.3%。由此可见,新能源和可再生能源的开发和利用,是从根本上解决能源问题的唯一途径。

《新能源和可再生能源产业发展"十五"规划》指出[141]:"'十

五'时期,我国新能源和可再生能源产业发展的指导思想是:认真贯彻落实党的十五大和十五届五中全会精神,以市场为导向,以企业为主体,以技术进步为支撑,加强宏观引导,培育和规范市场,逐步实现企业规模化、产品标准化、技术国产化、市场规范化,推动新能源和可再生能源产业上一个新台阶。"主要目标是:"2005 年我国新能源和可再生能源(不含小水电和生物质能传统利用)年开发利用量达到 2 300 万吨标准煤。"虽然这个数据相对于我国能源消费总量来看并不很多,但这表明我国新能源和可再生能源的开发和利用已经引起了足够重视,并将新技术向这些方面转化。

2.3.6 人口增长对能源供需的影响

能源的消费主体归根结底是人类。中国作为世界上的人口大国,2003 年底总人口数达 12.922 7 亿人,人口总数占世界的约五分之一。无论是人口的总量变化还是结构性变化,都会对能源供需产生重要的影响。

2.3.6.1 人口变动对能源消费的影响

人口变动对能源消费的影响主要来源于人口数量的增减、人口的城乡比例、人们生活水平的提高以及人口的年龄结构。而这些因素都与时间因素有关,一定时期内又都可以看做是时间的函数。因此,人口变动对能源消费的影响可以表述为如下的关系:

$$TEC = f[RSL(t), RCX(t), RSH(t), RNL(t)] \qquad (2\text{-}7)$$

式中,TEC 表示能源消费总量(Total Energy Consumption);$RSL(t)$ 表示人口数量变动的时间函数;$RCX(t)$ 表示人口城乡比例的时间函数;$RSH(t)$ 表示人们生活水平的时间函数;$RNL(t)$ 表示人口年龄结构的时间函数。

对式(2-7)简单化,仅考虑人口数量变动对能源消费的影响,可以通过历史资料进行分析。1980 年以来我国的人口和人均生活用能情况如图 2-10 所示。

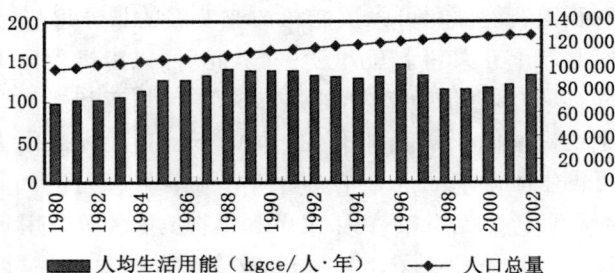

图 2-10　我国近年来人口和人均生活用能情况

资料来源：《中国统计年鉴》(1995,1998,2001,2004)，中国统计出版社。

可见，我国人口虽一直保持增长的态势，但人均生活用能呈波动式增长的趋势。生活消费能源主要是由于人口的增长所致，而人均生活用能的提高与同期经济发展水平、能源价格具有很大的关系。我国近年来居民生活用能影响因素的变化如表 2-9 所示。

表 2-9　　　　我国近年来居民生活用能的变化

项　目　　　年　份	1990	1995	2000	2002	2003
城镇居民人均可支配收入(元)	1 510	4 283	6 280	7 703	8 472
农村居民家庭人均纯收入(元)	686	1 578	2 253	2 476	2 622
城市人均居住面积(m^2)	13.7	16.3	20.3	22.8	23.7
农村人均居住面积(m^2)	17.8	21.0	24.8	26.5	27.2
城市用气人口(百万人)	60	125	180	237	240
集中供热面积($10^9\ m^2$)	2.1	6.5	11.1	15.6	18.9
居民家庭人均生活用电量(kW·h)	42.4	82.9	132.1	155.8	173.2
煤占民用商品能源消费比重(%)	75.5	63.1	37.9	36.2	
生物质能占农村居民生活用能比重(%)	79.5	65.8	55.2	56.3	56.2

资料来源：王庆一编著，《2005 年能源数据》，《煤炭经济研究》2005 年增刊，第 48 页。

由于我国人口基数较大,人口的自然增长和人均生活水平的提高,对能源的数量和质量都提出严峻的挑战。同时我国人口的区域性流动也日益频繁,主要是省际间劳动力资源的流动以及农村劳动力向城市流动,表现为中西部欠发达地区农村劳动力资源大量涌向东部发达地区,导致了人口的结构性变化。另外,人口城镇化是全世界的总趋势,我国农村人口多,这种趋势更明显。随着国民经济的发展,在未来若干年内将会有大量人口不断从农村迁移到城镇,城镇人口在总人口中的比例将不断提高。预计全国城镇人口到 2010 年将达到 6.28 亿人,到 2020 年将达到 7.5 亿人,全国城镇人口占总人口的 50% 左右。在我国,城镇人均能源消费量是农村人均能源消费量的 3.5 倍,因此随着我国城市化水平的不断提高,城镇人口总量的不断增加,生活用能源消费量将有大幅度的增长。

2.3.6.2 人口变动对能源生产的影响

人口变动对能源生产的直接影响不是很大,但是由于人口增加及人们生活水平的不断提高对能源消费数量和质量提出更高的要求,进而对能源的生产提出新的要求。

随着科学技术的发展,新的能源必然会被人类不断发现和利用。但就目前占主导地位的一次性能源来看,其储量毕竟是有限的,因此随着人口的增加,人均能源储量会不断降低。为了保持人类社会的稳定发展,就要求能源的开发生产必须以可持续发展为指导,防止为了满足当代人的现实需求,无限制地扩大生产,造成能源资源枯竭的加快,影响人类社会的未来发展。

2.3.7 自然因素对能源供需的影响

自然因素是指能源资源的自然赋存数量和赋存状况,这些都直接影响着能源的生产总量和供应结构,进而影响着能源的消费。从我国能源资源的赋存情况来看,水能资源相对比较丰富。

据统计,我国水力资源蕴藏量为 6.67 亿 kW,但目前开发利用的
并不多。在一次能源中,我国煤炭资源丰富,而且开采利用的技术
都比较成熟;石油和天然气资源相对缺乏(见表 2-10)。

表 2-10   **我国一次能源赋存情况**

年份	煤炭基础储量 (亿 t)	石油剩余可采储量 (万 t)	天然气剩余可采储量 (亿 m³)
2002	3 342	243 193.6	22 288.7
2003	3 317.6	242 492.6	20 169.0

资料来源:《中国统计年鉴》(2003,2004),中国统计出版社。

　　长期以来我国的能源生产都是以煤炭为主,而且在可预见的
未来,这一结构不会发生根本性的改变。但是,影响煤炭资源开发
的因素也不断增加。首先,比较容易开采、地理位置较好的煤炭资
源基本开采完毕或遭到不合理开采的破坏,因此,煤炭资源的开发
将向深部地层和边远地区发展。开采深部煤层不仅地质条件会更
复杂,而且对技术的要求会更高,因而生产投入也会更大;而开采
边远煤炭资源,由于缺乏资源开采的配套设施,会限制煤炭生产的
产量。因此,进一步增加煤炭产量的困难比较大。其次,对煤炭质
量的要求不断提高,但随着开采向深部推进,煤炭中的硫分、灰分
都会提高,这就要求开采出来的煤炭资源在进入终端用户之前需
要进行初步加工,导致煤炭生产的环节会增加、成本会上升。因
此,煤炭的可供量会受到影响。

　　我国的石油和天然气资源客观上赋存比较少,而且目前陆地
上赋存的剩余可采部分已非常有限。因此,增加海上勘探投资,挖
掘我国近海大陆架石油和天然气资源的潜力是提高我国石油和天
然气产量的有效措施。当然,能源资源是一个全球性的问题,我们
也应当学习能源贫乏国家的先进经验,切实执行"两种资源,两个
市场"的能源发展战略,积极拓展国际市场,以保证能源的可供量,

满足社会经济发展对能源的需求;同时应根据我国能源赋存和生产的特点,建立合理的国家能源(石油)战略储备,保障国家能源安全,促进社会经济科学发展。

另外,能源的自然赋存条件决定着能源资源的开发速度。为了使能源的产需协调一致,保持合理的储采比非常重要。截至2000年底,我国煤炭探明储量为1 145亿t,储采比是88,石油探明储量为33亿t,储采比是20.2,天然气探明储量约1 380亿m³,储采比为49.3。从可持续发展的观点来看,能源资源的开发也应当追求一个科学的开发强度。能源的开发不能仅追求经济效益的最大化,更应追求社会福利的最大化。

2.3.8 国际环境对我国能源供需的影响

我国经济的快速发展已经日益融入经济全球化的框架之内。我们需要全球性的市场,一方面实现生产的价值,另一方面也需要从国际市场上补充所需要的物质材料。能源就是我国需要从国际市场获取的重要物资之一。

2.3.8.1 世界能源赋存和产销格局

煤炭、石油和天然气一次性能源的赋存具有客观性,这就决定能源资源在全球分布的不均衡性,而且能源资源的分布必然会影响到世界各地能源的生产和消费。根据BP Amoco石油公司2000年发布的世界能源统计报告,1999年全球各地能源资源的储量分布以及产量和消费情况如图2-11、图2-12所示。

可见,各种能源在世界范围内的储量、产量和消费量都很不平衡。从能源资源的剩余可采储量看,石油主要分布在中东;天然气主要分布在苏联和中东;煤炭大多分布在亚太、北美和欧洲。这在很大程度上决定了各种能源的主要生产地区。从产量来看,石油产量中东占有绝对优势,占全球石油产量的30.5%;天然气主要产自北美和苏联;煤炭则主要产自亚太和北美。从消费来看,石油

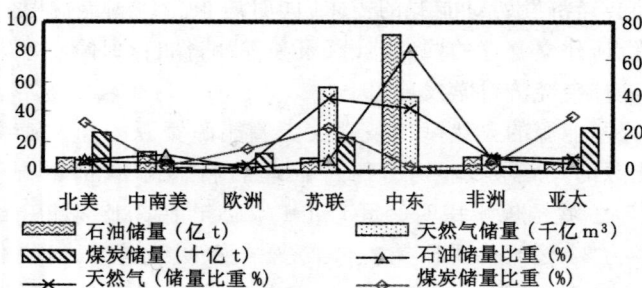

图 2-11　世界能源资源储量分布情况

资料来源:周庆凡,《世界能源及其分布状况》,《中国能源》2001 年第 10 期,
第 27～30 页。

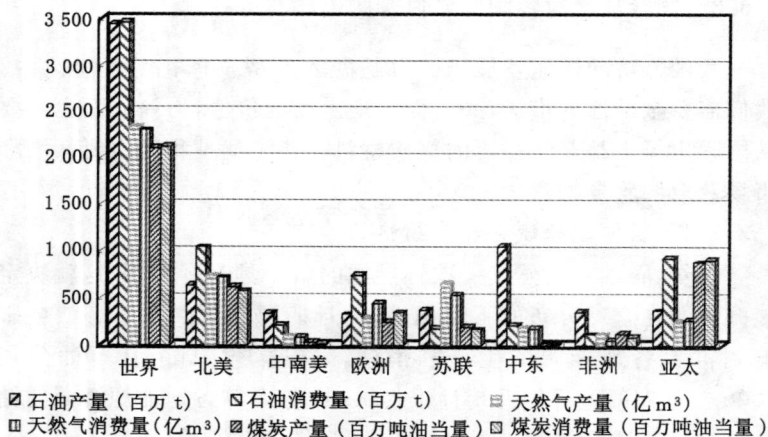

图 2-12　世界能源生产和消费格局

资料来源:周庆凡,《世界能源及其分布状况》,《中国能源》2001 年第 10 期,
第 27～30 页。

消费以北美、亚太和欧洲为主;天然气消费主要集中在北美和苏
联;煤炭的消费以北美和亚太为主。因此,从全球范围来看,能源

生产和消费基本是平衡的。从地区来看,煤炭和天然气的生产和消费也比较平衡;但石油的地区不平衡非常明显,各地区的生产和消费差额很大,石油贸易也因此成为目前国际能源贸易的主要内容[142]。

2.3.8.2 经济全球化的发展态势对我国能源供需的影响

区域经济发展与经济全球化是相辅相成的,区域经济的发展客观上需要经济全球化的发展平台,而经济全球化又有利于区域经济的迅速发展。全球经济发展纳入一个统一的整体是人类发展到现阶段的必然选择。目前经济全球化的格局已基本形成,任何国家和地区都不可能脱离全球经济发展环境来谋求自身的发展。

我国经济保持了长期持续、快速的增长,国际进出口贸易总额稳步上升,日益成为全球经济的重要组成部分。在经济全球化的背景下,经济建设所缺少的能源可以通过国际市场得到有效解决。近年来,我国能源的进出口总额不断增加,1993 年能源的进口首次大于出口,出现能源进出口逆差,从 1997 年以后,能源进出口逆差迅速增加(见图 2-13),反映了我国能源进口依存度的上升,表

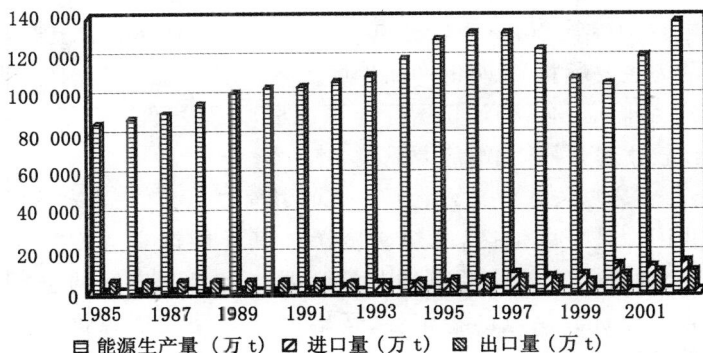

图 2-13　近年来我国能源生产及进出口对比情况

资料来源:《中国统计年鉴》(1996,2000,2004),中国统计出版社。

明国际能源市场已经直接影响我国能源供需。而且随着经济全球化的发展,国际合作领域不断拓展,跨地区的能源合作开发将为解决能源资源的区域分布不均衡提供新的思路和方式。

根据国家发改委的预测,2010 年前我国 GDP 的平均增长速度为 7.2%,2010～2020 年 GDP 的平均增长速度为 6%。经济的高速增长对能源,特别是石油和天然气的需求非常强劲。然而,我国经济发展所需能源不仅总量不足,更重要的是能源的结构性短缺。据测算,我国 2010 年和 2020 年原油的需求量将达到 2.9 亿 t 和 3.8 亿 t,但国内的石油资源非常有限,生产能力较低,届时的国内原油产量预计分别为 1.75～2 亿 t 和 1.65～1.8 亿 t,缺口非常大。因此,利用国际市场,获取所需的原油资源就十分必要和迫切了。

虽然,国际市场的发展可以为我们提供所需的能源,但由于国际能源价格的变动,再加上远距离运输的运输成本,会给能源消费者增加很大的负担,从国家主体出发则可能会造成巨大的经济损失。国家计委有关部门分析,1999 年国际油价上涨 10.38%,影响我国 GDP 增长约 0.07 个百分点;2000 年国际油价上涨 64%,影响我国 GDP 增长 0.7 个百分点。由于进口原油价格的上升,使以石油为主要燃料、原料的产品生产成本大幅上升,影响国内经济发展。因此,必须正确认识国际能源市场,选择稳健的经营方针,发挥比较优势,科学化解能源风险。

2.3.8.3 地缘关系对我国能源供需的影响

我国地处亚太地区,除煤炭资源外其他能源资源赋存相对较少,因此开拓海外能源市场非常必要。但能源市场的选择需要综合考虑资源供应的稳定性、运输的安全性和资源价格的合理性。从能源安全的角度出发,能源资源的选择必须充分考虑地缘关系。

根据我国缺油、少气、富煤的能源赋存实际,煤炭开采与消费的矛盾不会十分突出,但油气的需求缺口非常明显。根据多家国际机构的预测[143],未来20年世界油气的供给形势总体上是平稳的。据美国EIA预测,未来20年世界石油产量将以年均1亿t的速度稳步增长。从2005年到2020年,世界石油预计增产14.65亿t。其中,中东7.9亿t,苏联2.4亿t,非洲2.05亿t,中南美洲1.75亿t,北美洲0.95亿t,亚洲0.15亿t,西欧将减产0.55亿t。世界石油增产主要来自中东、苏联、非洲和中南美洲。而未来20年世界石油消费的预测如表2-11所示。这就为我国选择合适的石油合作伙伴提供了衣据。

表2-11 世界各地区原油需求预测 单位:亿t

地区＼年份	2005	2010	2015	2020
北 美	12.4	13.95	15.35	16.55
西 欧	7.05	7.2	7.3	7.4
苏 联	2.25	2.55	2.65	2.85
亚 洲	10.8	12.25	14.05	16.1
中 东	2.7	3.1	3.5	3.95
非 洲	1.25	1.35	1.45	1.6
中南美洲	2.7	3	3.35	3.75
世界总计	40.55	44.85	49.4	54.1

资料来源:张荣《积极实施全球化石油战略》,《经济要参》2003年第49期,第25页。

目前我国原油的主要进口地与日本、韩国基本一致(见表2-12),因此三国未来在油气的进口资源上竞争不可避免。当前对中亚和俄罗斯油气资源的竞争已经显现。我国与俄罗斯以及中亚的哈萨克斯坦、土库曼斯坦、乌兹别克斯坦等有着得天独厚的地缘优势,而这些国家有着丰富的油气资源,加强与周边国际安全领域的对话与合作,对解决国内的能源问题具有积极的意义。由俄罗斯安加尔斯克到我国大庆的输油管线工程的启动,既揭开了我国与俄罗斯油气能源合作的帷幕,也为我国与其他中亚国家就能源问题的合作提供了借鉴。

表 2-12　　　　　　　我国与他国石油进口来源地比较

国　别	来源地	比重	来源地	比重	来源地	比重
中　国	中东	50%	非洲	23%	亚太	15%
美　国	西半球	50%	中东	25%	非洲	15%
日　本	中东	80%	亚太	15%		
韩　国	中东	75%	非洲	10%	亚太	9%

　　资料来源:张荣《积极实施全球化石油战略》,《经济要参》2003 年第 49 期,第 25 页。

2.3.9　能源体制和政策对能源供需的影响

　　能源作为国民经济发展的基础,必然是国家宏观管理的重点之一。改革开放以来,随着社会经济的快速发展,对能源的要求越来越高,国家对能源问题的重视程度也不断提高。适应不同时期的发展特点,政府制定并颁布实施了一系列的能源开发投资政策,能源技术装备政策,能源布局政策,能源价格、税收、信贷政策,能源进出口政策等;并与国家中长期规划相配套制定了"能源发展八五规划","能源发展九五规划","能源发展十五规划"等。同时政府还对能源体制进行了不断改革。因此,政策制度的颁布实施对解决当期的能源问题起到了积极的作用。

2.3.9.1　我国能源体制的变更与能源产业发展

　　建国以来,我国能源管理体制随着社会经济的发展几经变迁,不断完善(见表 2-13)。在不同的历史时期,能源管理体制的管理重点和方法都不一样[144~147]。

表 2-13   我国能源管理体制变动情况表

时间	能源管理机构变迁简况
1949 年	成立燃料工业部,下设煤炭管理总局
1950 年	设立石油管理总局和电力管理总局,归属燃料工业部
1954 年	撤消燃料工业部,成立煤炭工业部、石油工业部、电力工业部
1958 年	电力工业部与水利部合并为水利电力部
1970 年	撤消煤炭工业部、石油工业部、化学工业部,成立燃料化学工业部
1975 年	撤消燃料化学工业部,恢复煤炭工业部,成立石油化学工业部
1979 年	撤消水利电力部,成立电力工业部和水利部
1982 年	撤消电力工业部和水利部,合并为水利电力部
1988 年	撤消煤炭工业部、石油工业部、水利电力部、核工业部,将水利电力部的电力部分、核二业部的职能集中在一起,成立能源工业部
1993 年	撤消能源工业部,恢复煤炭工业部、电力工业部
1998 年	撤消煤炭工业部和电力工业部,成立煤炭工业局、石油和化学工业局,归口国家经贸委管理,并在国家经贸委内设立电力司
2001 年	撤消煤炭工业局、石油和化学工业局
2003 年	政府机构改革,在国家改革和发展委员会中设置能源局
2005 年	国家安全生产监督局升格为国家安全生产监督总局,成为国务院直属的 18 个机构之一,下设国家煤矿安全监察局

可见,我国能源管理机构的变动比较频繁,直接影响着能源相关政策的制定和贯彻执行。我国能源管理体制始终处在一个"能源紧张→加强管理、增设能源机构、追加能源工业投资→能源生产不断增长→能源供应量增加、能源供需关系缓和、能源管理放松→能源生产受限→能源生产再度紧张"的怪圈。可以说每一次能源管理机构的调整都源于能源生产和消费矛盾的激化,最终又因为能源生产和消费矛盾的暂时解决而简化、放松。

虽然国家相继颁布并实施了《电力法》、《煤炭法》、《节能法》以及《安全生产法》等一系列的法律法规,对能源的管理从指导思想上是欲纳入法制化的轨道。但是由于我国的能源管理体制是非常分散的——资源的勘探与管理隶属国土资源部,能源建设项目由国家计委审批,能源技术改造和日常运行归国家经贸委管理,水电、核电的管理还涉及其他部门,导致能源管理跳出原来的"条块分割"后"无所适从"。由于没有一个综合的能源管理部门来对我国的能源进行总体协调管理,使我国当前的能源管理与国民经济的高速增长极不相宜。我国能源行业的发展问题日益突出,主要表现为垄断性的市场结构、分散的管理机构和落后的管理手段,使能源又成为制约经济发展的"瓶颈"要素。

因此,借鉴西方国家能源体制模式,建立相对稳定的,适合我国能源发展的能源管理机构,来协调能源管理中的问题,统一研究能源战略、管理能源资源、制定能源工业发展的相关法规制度非常必要。

2.3.9.2 我国的能源政策与能源产业

我国的改革是在短缺经济的基础上开始的,能源更是影响经济发展的主要"瓶颈"。为此,当时的能源政策主要是鼓励能源生产,以满足经济快速启动的要求。1978 年《中共中央关于加快工业发展若干问题的决定(草案)》就是适应当时经济发展状况而制定的具体方针政策,明确指出将发展燃料、动力、原材料和交通运输放在突出位置。1982 年在《关于第六个五年计划的报告》中,又进一步强调集中力量搞好以能源交通为中心的重点建设。1988 年的《政府工作报告》提出加快以电力为中心的能源建设政策,电力工业的投资力度进一步加大。政府鼓励多方筹集资金,用于能源生产和建设,国家对此在税收上给予优惠。进入 20 世纪 90 年代,随着社会经济的发展,对能源的需求不仅在数量上有了进一步增加,而且在质量上也不断提高。为此,国家相继颁布并实施了相关的政策,逐渐提出开发与节约并重的方针,并开始关注环境问题。1994年的《政府工作报告》指出,要保持合理投资规模,优化投资结构,各地区、各部门都要从全局出发,作出合理安排,把财力、物力首先用于在建的交通、通信、能源以及大江大湖的重点建设上。

在国家政策的鼓励下,能源产业迅速发展,使能源短缺的局面得到有效扭转。再加上随着市场经济体系的发育和完善,国家将能源的价格也逐渐放开,实行政府宏观调控下的市场调节。到20世纪90年代中期,我国能源已完全可以满足同期社会经济发展的需要了,部分能源甚至出现了相对过剩。在这种状况下,国家开始实行调整能源结构、提高经济效益的能源政策。1996年3月17日第八届全国人大第四次会议通过的《中华人民共和国国民经济和社会发展"九五"计划和2010年远景目标纲要》中指出基础设施和基础工业建设要与国民经济发展相适应,今后15年,国家要集中必要的力量在水利、能源、交通、通信和重要原材料工业方面,建设一批大型工程,包括长江三峡和黄河小浪底水利枢纽工程,南水北调工程,山西、陕西、内蒙古煤炭基地建设等。反映了国家宏观政策对能源产业的指导和调整。

进入21世纪,随着我国社会经济新一轮快速增长的启动,对能源的需求进一步提高。为此,国家在调整能源结构的同时,继续加大对能源产业的投资,在保证生产安全的前提下,努力提高能源产量;同时积极拓展国际市场,实施"两个市场,两种资源"战略,扩大能源的进口力度,使能源不足的问题得到有效缓解,保障社会经济稳定发展。

2.3.9.3 现阶段我国的主要能源政策

为了加强能源的基础地位,现阶段我国的能源政策主要表现在五个方面:优化能源结构,提高能源效率,重视环境保护,保障能源安全,开发西部能源。其中,提高能源效率和重视环境保护是政策的核心。我国不论是能源的开发还是利用,效率都非常低下,大量的能源资源在开发阶段就被破坏、丢弃,并导致严重的环境问题。在能源的利用阶段,效率也非常低,据统计我国每万元 *GDP*的能耗是世界平均水平的 5 倍多。能源利用效率低下不仅浪费了能源资源,而且也造成了严重的环境污染。

因此可以说,我国现阶段的能源政策是全面考虑了能源的生产和消费两个方面的。"节能优先,效率为本"是"坚持开发与节约并举,把节约放在首位"的能源发展方针的深化,只有如此,才能使能源对社会经济发展的保障作用得到切实保证。

2.3.10   交通运输对能源供需的影响

能源客观赋存的地域性,决定了能源生产和消费存在着一定的空间距离。为此,交通运输就成为连接生产和消费的桥梁,交通运输对能源的供需影响巨大。

2.3.10.1   交通运输对能源生产的影响

能源的生产离不开运输,小到生产过程中的运输,大到能源产品的运输,都与运输条件和运输工具有着密切的关系。随着社会经济的发展和基础设施建设的加强,我国的运输条件不断改善,铁路、公路、内河和远洋运输的线路状况不断改善,尤其是重点铁路和高速公路发展迅速(见图 2-14),再加上科技发展对运输工具的改进,使能源生产和消费的空间距离日益弱化。

可见,随着交通运输工具和交通线路的发展,能源生产与能源消费的空间矛盾逐步得到了解决,为开发国内西部能源和拓展国际市场提供了基础条件。

2.3.10.2   交通运输对能源消费的影响

随着交通运输条件的改善,为能源生产提供了有利条件,但同时交通运输工具的数量不断增加,也形成主要的能源消费主体。对目前我国能源消费影响比较大的就是各种汽车和机车。随着我国汽车化进程的加快,汽车的拥有量迅速增加(见图2-15),预计到

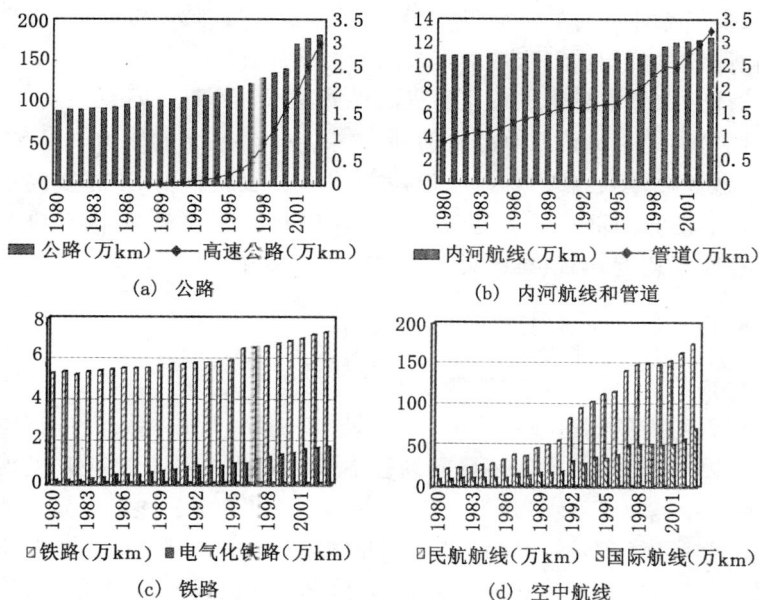

(a) 公路   (b) 内河航线和管道

(c) 铁路   (d) 空中航线

图 2-14 我国交通运输发展状况

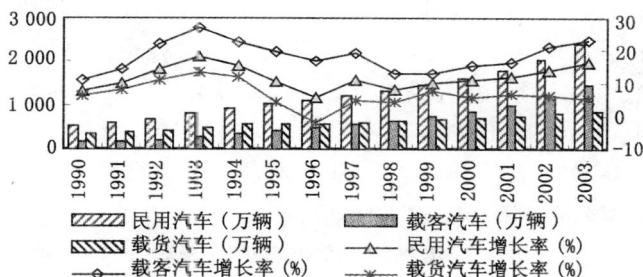

图 2-15 我国汽车拥有量增势图

资料来源:《中国统计年鉴》(2004),中国统计出版社。

2020年我国的汽车社会保有量将达到8 317～13 996万辆,这将消费大量的石油能源,带来直接的能源问题。

此外,随着我国汽车化进程的发展,也带动了诸如钢材、皮革、水泥等其他原材料产业的发展,间接引起能源消费的增加。因此,交通运输的发展和改善,在提高能源供应能力的同时,更主要的是增加了能源的消费。从提高社会整体福利的角度考虑,汽车化的进程应当适度,必须与社会经济的整体发展相适应。

2.3.11 环境因素对能源供需的影响

当前,人口、环境和能源是人类面临的三大问题。现代工业的发展在给人类创造前所未有的物质财富的同时,也使人类生存的环境遭到严重的破坏,环境问题已成为制约人类社会进一步发展的主要因素。环境问题主要是由经济发展过程中的能源开发和消费引起的。社会经济的发展离不开能源,而且我国正处在工业化发展阶段,对能源的依赖尤为突出,加之我国以煤为主的能源供应和消费结构,导致我国的环境问题更为严峻。

2.3.11.1 能源的开发利用对环境的影响

从目前的技术水平来看,一次能源的开发利用,从其产、运、储到用,都会对环境产生影响。在能源的开采过程中,主要会造成土地塌陷、地表和地下水污染以及产生固体废弃物。以山西省煤炭开采为例[148],1949～1998年共生产原煤56亿多吨,地面塌陷破坏面积已达66 600 hm²,其中40%是耕地,矸石山占地2 000 hm²;至1998年煤炭地下采空面积达1 300 km²,约占全省面积的1‰;采煤破坏地下水4.2亿 m³/年,地表水径流减少,导致井水水位下降或断流共计3 218个,影响水利工程433处、水库40座、输水管道793.89 km,造成1 678个村庄、812 715口人、108 241头牲畜饮水困难,经济损失难以估量。据估计,2000年我国煤炭开发排放的瓦斯达96.25亿 m³,约占全球的60%,这不仅浪费了大量的清洁能源,对矿区大气造成严重的危害,而且直接影响了全球的气候变化。能源的储、运过程也会造成一定的环境污染,如能源运输中产生的扬尘、运输中产生的渗漏以及储存过程中的自燃、粉尘等。这些不仅造成资源的直接损耗,而且还污染环境。能源的利用对环境的影响就更大了。目前我国的能源消费结构与世界较发达国家相比,煤炭能源的消费占有绝对比重,而煤炭、石油、天然气等作为燃料的污染物排放是不一样的(见表 2-14),因此造成非常现实的环境问题。从表2-15中所反映的我国近年来各种污染物排放情况可以看出,在 20 世纪90 年代后期,能源消费排放的污染物达到最高,此后,随着人们环境意识的提高和能源利用技术的发展,再加上国家环境政策的限制,污染物的排放逐渐下降。但是经济发展需要消耗的能源还要增长,如果不进一步严格控制污染物的排放,随着能源消费量的不断增长,对环境的污染程度还会进一步提高。

表 2-14   煤炭、石油、天然气作为燃料的污染物排放量

单位:kg/吨油当量

污染物	煤炭	石油	天然气
SO_2	29.2	20	0
NO_X	11.5	8.2	$2.3 \sim 4.3$
CO_2	24.12	19.94	13.78

资料来源:"十五"国家高技术发展计划能源技术领域专家委员会,《能源发展战略研究》,化学工业出版社 2004 年版,第 82 页。

由能源开发利用带来的环境污染所造成的经济损失是非常巨大的。由于主要工业区空气中的 SO_2 和悬浮颗粒物严重超标,我国呼吸道疾病发病率非常高。据测算,如果我国城市空气污染达到国家二级标准,每年可避免约 178 000 例的早亡,同时可减少约540 万工作日的损失。许多机构和学者从不同角度研究了环境污染的损失,为能源政策的制定提供了重要依据。

表 2-15   **我国各种污染物排放总量变化情况**

污染物 \ 年份	1982	1992	1995	1998	1999	2000	2001
烟尘(万 t)	1 454	1 414	1 720	1 335	1 159	1 165.4	1 059
废水 (未处理,亿 t)	161	70.2		83.2	51.3	20.8	
固体废弃物 (未处理,万 t)	27 492	37 448		46 000	42 432	39 331	
SO_2(万 t)		1 323	2 370	2 087	1 857	1 995	1 948

资料来源:胡予红等,《煤炭对环境的影响研究》,《中国能源》2004 年第 1 期,第 35 页。

2.3.11.2 环境对能源供需的影响

环境具有吸纳各种废弃物的能力,但环境的容量毕竟是有限的。这就要求能源从开发到储运和利用,都必须充分考虑环境的因素。

在能源开发时,应建立"绿色开采"模式,注意能源开发中产生的各种废弃物的治理和利用,将能源开采对环境的损害降低到最小。如对煤炭开采造成的土地塌陷要进行复垦,对矸石山要加强治理并积极采用新技术对煤矸石加工利用,对矿井水和煤层气都要充分利用。这样,一方面减少对环境的破坏,另一方面也充分利用了资源,提高能源的利用效率。

在能源的利用中,更强调采用新技术,降低污染物的排放。对 CO_2 可以通过提高能源利用效率、使用低碳燃料、实施碳隔离等措施,减少 CO_2 的排放量。对能源消费中产生的悬浮颗粒物则主要利用静电除尘和布袋除尘技术降尘。而对能源利用过程中产生的有害微量元素,主要采取物理方法,利用吸附剂达到降低排放的目的。

在合理处理传统能源开发利用导致的环境问题的同时,应积极开发新能源。太阳能、风能、生物质能等新型能源不仅取用方便,减轻交通运输的负担,更重要的是不会产生环境污染,是清洁能源。因此,传统能源消耗的环境制约,促进了可再生能源技术的发展,进而促进了可再生能源逐步取代一次性传统能源。能源的生产和消费将会发生根本性的变革。

总之,能源开发利用对环境造成的影响不容忽视,为了保护环境,避免重蹈"先污染,后治理"的历史覆辙及惨痛教训,在能源开发、储运和利用的全过程中进行控制和治理非常必要。虽然短期内因为限制能源的生产和消费可能会对社会经济的发展造成一定的影响,但从长期发展的角度来看,是符合科学发展观的要求的。

2.4 本章小结

(1)分析了我国能源的赋存状况和特点,描述了我国能源生产与区域经济发展的不协调性,以及由此导致的我国能源供需关系矛盾。阐述了我国能源供需中存在的主要问题。

(2)详细分析了影响能源供需关系的因素。根据收集整理的相关统计数据,以定性分析方法为主,分别就自然因素、经济发展、产业结构、技术进步、能源价格、社会投资、环境因素、人口增长、交通运输、国际环境和能源管理体制与政策对能源供需的影响进行了全面分析。建立了经济发展、产业结构和技术进步与能源供需关系的研究模式,并利用历史数据进行了系统分析。揭示出这些因素与能源的供需是相互影响、相互制约的,综合各种影响因素的作用,保持能源的供需大体平衡是促进能源—经济—环境这一大系统科学发展的基础。

(3)总结了目前我国能源供需的状况,引出能源预测预警的必要性。

3 我国能源供需周期波动理论

唯物辩证法认为事物都是在发展变化的,而且万事万物的发展都有规律。社会经济的发展亦是如此,因此探究经济及其主要影响因素的发展规律,对促进社会经济的健康发展意义重大。但影响社会经济发展的因素非常复杂,在不同的历史阶段,影响社会经济发展的主要因素也各不相同。随着现代经济的发展,能源对社会经济发展的影响越来越重要,并渐成相辅相成之势:一方面能源直接影响着社会经济的发展速度,另一方面社会经济的发展又反过来影响着能源产业的发展。因而,透过社会经济发展的规律来洞察能源供应与需求之间的矛盾规律,并进一步分析二者的相互影响关系,对促进社会经济的科学发展无疑具有积极的现实意义。

3.1 经济周期性波动理论

社会经济发展是一个复杂的系统,从总的趋势看,社会经济是不断发展的,但其发展绝不会是直线形的。从社会经济发展的具体时点来看,其中必然存在着背离发展趋势的现象,即社会经济的发展存在着客观的波动性,而且这些波动具有一定的规律。从中国经济发展历程来看,中国经济的发展也具有波动性,而且波动具有周期性。

历史已经证明,经济周期是超越体制和发展阶段的普遍经济现象。它不以人的主观意志为转移,不承认经济发展周期或试图通过人为的手段来消除经济发展周期波动,不仅不科学、不现实,而且在一定的条件下可能使经济波动加剧,使社会经济的发展受到更大的影响。中国50多年来的经济建设历程也表明了这一点。目前,中国经济建设正进入一个新的历史时期,只有认真总结国内外经济周期波动理论的研究成果,借鉴其科学、合理的理论成分和研究方法,并根据中国社会主义现代化建设的实际,具体分析当前中国宏观经济运行机制发生深刻变化所产生的新特点,全面分析影响社会经济健康发展的因素,提出具有针对性的对策措施,才有可能使经济周期波动的幅度尽量减缓,降低周期波动对经济发展造成的破坏程度,从而保持社会的科学发展。

毫无疑问,社会经济发展的波动性是由相关影响因素发展的不平衡所引起,同时社会经济的波动会导致一些相关因素的波动。如社会经济发展与能源经济发展的关系就是如此:一方面,社会经济的快速发展离不开能源的支持,社会经济的发展必然会拉动能源的需求,能源需求就会快速增加;但如果社会经济的发展转入低潮,对能源的需求就会不断减缓。因此社会经济发展的波动性必然会导致能源需求随社会经济发展的波动而波动,而且能源需求的波动要比社会经济发展的波动快一个节奏。另一方面,社会经济步入快速发展阶段后,就可以为发展能源提供更多的资金支持,以促进能源的迅速发展;而一旦社会经济发展减缓,对能源需求的增长速度势必减缓,再加上社会经济发展速度降低后对能源生产的投资也必然减缓,能源生产势必受到影响。因而社会经济发展的波动性也必然会导致能源生产和供应随社会经济发展的波动而波动,而且能源生产和供应的波动要比社会经济发展的波动慢一个节奏。

可见,随着社会经济发展的波动,对社会经济发展影响巨大并同时受社会经济发展影响的能源供需也具有波动性。沿着我国社会经济发展波动的轨迹来研究我国能源的供需波动规律,是我国能源供需周期波动理论研究的切入点。

3.1.1　经济周期的基本概念

研究经济发展,追寻经济发展的周期波动,首先应该明确一些基本概念。这也是后续论证的基础。

3.1.1.1　波动与趋势

波动指振动传播的过程,是能量传递的一种形式。

虽然影响社会经济发展的因素非常复杂,但是社会经济不断增长的趋势是确定的。这一趋势也正是相关影响因素的变动轨迹,是社会经济波动的基础。因而研究经济波动首先必须研究这个趋势,但趋势性变动并不是波动。一个变量在特定时点上的实际变化一般要偏离其长期趋势,实际变化与趋势完全一致仅是偶然的巧合。

波动不同于趋势,这是因为我们观察问题的时间尺度不同,而且趋势与波动的形成机理也完全不一样(见表 3-1)。

表 3-1   波动与趋势的辨析

项　目	波动	趋势
形成机理	主要因素的影响	所有主要因素的综合影响
时间尺度	短期	长期
表　现	周期性	单一性

从波动的直观表象来看,波动还涉及波峰、波谷、波动幅度、波动系数和波位等概念。通过这些指标,就可以描述波动,从而将波动抽象化。

(1)波峰

波峰就是一个周期波动中的最大值。它表明特定时段内经济的扩张程度。波峰越高,对后期的影响也就越大。波峰的高度直接反映着经济增长力的强弱,同时也反映了一定时期内经济发展的稳定性。

（2）波谷

波谷就是波动的深度，是一个周期波动中的最小值。它表明特定时段内经济的收缩程度。波谷越低，说明经济增长越不稳定。

（3）波动幅度

波动幅度是指同一个周期内波峰与波谷的离差。它表明一个周期内经济增长高低起伏的剧烈程度。波动幅度越大，说明经济增长越不稳定。波动幅度的计算公式为：

$$W_i = Y(P_i) - Y(Q_i) \tag{3-1}$$

式中，W_i 为第 i 期的波动幅度；$Y(P_i)$ 为第 i 期的波峰；$Y(Q_i)$ 为第 i 期的波谷。

（4）波动系数

波动系数是指经济实际增长率围绕长期趋势上下波动的量值。它反映了实际增长率对历史增长趋势的偏离程度。波动系数的绝对值越小，表明经济增长偏离长期趋势的程度越小。波动系数的计算公式为：

$$\eta = \sigma / \overline{Y} \tag{3-2}$$

式中，η 为波动系数；σ 为标准差，$\sigma = \sqrt{\dfrac{1}{n} \sum_{i=1}^{n} (Y_i - \overline{Y})^2}$ ；Y_i 为第 i 期的实际经济增长率；$\overline{Y}$ 为 Y_i 的算术平均值，$\overline{Y} = \dfrac{1}{n} \sum_{i=1}^{n} Y_i$。

（5）波位

波位是指波动的平均位势，指每个周期内各年度平均的经济增长率。它表明每个周期经济增长的总体水平。波位的高低可以反映整个周期经济增长的水平，也可以从另一个角度反映经济增长的稳定性。其计算公式为：

$$\rho = \sqrt[n]{Y_n / Y_0} \tag{3-3}$$

式中，ρ 为波动的平均位势；Y_n 为报告期的实际经济增长率；Y_0 为基期的经济增长率。

3.1.1.2　周期与循环

自然科学中周期的表述一般应具有两个特征:等间隔性和重复性。但是任何经济周期都不可能是机械的、完全规则的形态,一般经济周期是指在平均的、概率的意义上的周期。即经济周期是指经济现象或经济变量在连续过程中重复出现涨落的情况。因此,经济周期强调的是再现性和重复性。

周期与循环是相互联系、相互依存的。循环可以指一个单一的过程,首尾相连完成一个循环;而周期则是在多个循环的条件下,相邻两个循环之间的间隔。根据经济发展的特点,每一个循环不具有重复性,因而其周期也就不具有等间隔性。马克思在《资本论》中也曾经写到:"直到现在,这种周期的延续时间是十年或十一年,但绝不应该把这个数字看做是固定不变。相反,根据我们以上阐述的资本主义生产的各个规律,必须得出这样的结论,这个数字是可变的:而且周期的时间将逐渐缩短。"[①]但为了研究的方便,西方经济学家们仍然人为地将经济周期按照周期长度划分为不同的波长,即基钦周期(40 个月)、尤格拉周期(9~10 年)、库兹涅茨周期(15~20 年)和康德拉捷夫周期(50~60 年)。

3.1.1.3　周期性波动

周期性波动是指经济发展或经济变量的实际变化与其长期趋势之间存在偏差,但这一偏差是围绕其长期趋势而发生的波动,并且这一波动是有规则的。广义上来看,经济周期就是指经济的周期性波动。因而经济周期与经济波动的意义可以认为是一致的,在不会引起误解的条件下二者可以通用。

在特定的时点上,经济或经济变量的实际增长并不一定与其增长趋势相吻合,它的波动幅度也不一定等于其实际增长率的变

----

① 　马克思:《资本论》(第 1 卷),人民出版社 1975 年版,第 695 页。

动,而且有时还会出现实际波动背离长期趋势的情况。但正是由于经济发展存在着长期、稳定的趋势,才使经济及其变量存在了预测的可能性;也正是经济发展客观地存在着波动,才为提前进行预警从而减缓波动、促进经济及其变量按照既定的趋势发展提供了机会和必要。

目前,在经济学界一般认为经济周期具有以下基本特征[149]:

① 经济周期是国家经济发展中的一种普遍现象,是市场经济的必然产物和基本特征之一。

② 经济发展的周期性表现为经济活动增长与明显的下降间隔性地出现。当然,经济活动增幅的升降的具体程度在每一个周期中不可能完全相同。

③ 经济周期的持续时间不定,但包括紧接着出现的经济复苏时期和经济萧条时期的长度不少于 1 年,这就排除了季节性波动。

④ 经济周期存在两个特殊转折点:一个是经济增长最高点,另一个是经济萧条最低点。由于这两个转折点,一个标准的周期可以划分为两个阶段、四个时期(见图 3-1)。

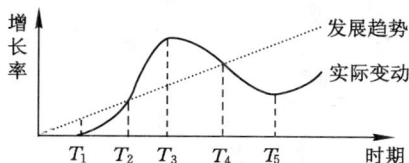

图 3-1   经济周期阶段分解图

在图 3-1 中的 T_1 至 T_5 一个标准的周期内,经济的实际运行是围绕其发展趋势上下波动的。其中 $T_1(T_5)$ 同 T_3 就是两个特殊的转折点,从 T_1 到 T_3 是经济的上升阶段,从 T_3 到 T_5 是经济的下降阶段。从 T_1 到 T_2 是经济复苏期,此时,经济增长幅度在趋势线以下增长,经济做低增长运行,前次经济周期的谷底成为当期复苏的转折点;从 T_2 到 T_3 是经济扩张期,在这段时间内,经济增长幅度在趋势线以上,表现为经济高速增长,到达 T_3 时,经济增长幅度达到最大,此后将降低,T_3 成为另一个转折点;从 T_3 到 T_4 是经济收缩期,在这段时间内,经济增长速度虽然仍很高,在趋势线以上,但增长幅度已经开始下降,表现为逐期递减;从 T_4 到 T_5 是经济萧条期,在这段时间内,经济运动回落到趋势线以下,甚至会出现负增长,一直持续到 T_5,经济又出现反弹势头,进入下一个周期,T_5 成为又一个转折点。

美国经济学家米切尔对经济周期的定义比较有代表性:"经济周期是以商业经济为主的国家总体经济活动的一种波动,一个周期是由很多经济活动的差不多同时扩张,继之以普遍的衰退、收缩和复苏所组成的,这种变动重复出现。"[①]

3.1.2 马克思主义经济周期理论和西方经济周期学说

3.1.2.1 马克思周期性经济危机理论

马克思对资本主义经济周期问题的论述主要突出在关于资本主义周期性经济危机的论述上。虽然马克思在 19 世纪 40 年代就已经考察过资本主义周期性的生产相对过剩的经济危机,但直到 19 世纪 60 年代以后,在《资本论》和《剩余价值论》中,周期性的资本主义经济危机理论才逐渐完成。马克思就资本主义周期性经济危机的形成原因、表现、结果、趋势以及周期性经济危机的实质、意义等都做了详细的论证。

马克思明确指出,经济危机是资本主义生产资料私有制和社会化大生产相矛盾的产物。资本主义经济危机是一种相对过剩的危机,是社会生产与消费失调的集中表现。马克思认为,危机是随

---

① 韦斯利·C.米切尔:《经济周期:问题及其背景》,加利福尼亚大学出版社 1913 年版,第 648 页;转引自卢建:《中国经济周期实证研究》,中国财政经济出版社 1992 年版,第 8 页。

着商品生产的发展而来的,简单商品生产仅为危机提供了必要条件,但到了发达的资本主义商品生产,同时又具备了充分条件。因此,在资本主义商品经济条件下,危机就从可能变成了必然。

（1）资本主义经济危机的形成原因

马克思认为,资本主义生产的高度社会化和生产资料私人占有制之间发生矛盾是其经济危机爆发的根本原因。在资本主义商品生产条件下,资本家所追求的是高额利润,每个企业都在为社会生产不断地生产产品,产品不是作为劳动产品而是作为资本产品来进行生产和交换。因此,产品可能会在短时间内大量地推向市场;但社会对该产品的需求量终究是有限的,当产品的供应量超过市场的需求时,就会导致产品的滞销,从而迫使企业减产,工人失业,经济低迷,陷入经济危机。

可见,正是由于资本主义生产资料的私人占有制,使企业都在为自身的利益而生产,并且为了利润而销售。在利益的驱动下,各企业都在竞相扩大产品产量而不顾市场和社会的需求。一旦社会和市场的需求饱和,企业又不愿意降低价格销售,就必然会出现经济危机。"资本主义生产竭力追求的只是攫取尽可能多的剩余劳动"、"在资本主义生产的本质中就包含着不顾市场的限制而生产"①。因此,资本主义的社会生产力得以迅速发展,商品经济更是高度发展;但是由于市场对经济的自发调节作用往往滞后,就必然会产生生产供应与消费需求的矛盾。这一矛盾要求高度集中的社会化大生产来解决。但是由于资本主义生产资料私人所有制,不可能进行社会化大生产。这样,矛盾得不到解决,而且越来越尖锐,只能通过对生产力造成极大破坏的经济危机来缓减。

（2）资本主义经济危机的表现

马克思在《哲学的贫困》中指出,由于资本主义的私有制,必然

---

① 　《马克思恩格斯全集》(第 26 卷 Ⅱ),人民出版社 1973 年版,第 596 页。

造成经济的激烈竞争和生产的无政府状态。"随着大工业的产生，这种正确的比例必然消失；由于自然规律的必然性，生产一定要经过繁荣、衰退、危机、停滞、新的繁荣等等周而复始的更替。"[①]

通过对资本主义经济危机的考察，我们不难发现，资本主义的经济危机具有相对性和周期性。经济危机的相对性是指资本主义经济危机时产品供应超过市场需求是相对的、暂时的供过于求，是产品的供应超过当期人们的购买力的相对过剩。在经济危机时期，由于市场上产品供过于求，导致大批企业减产、停产，甚至倒闭，大量工人失业，工人无力进行消费，而且资本家又绝不会廉价销售产品，因而使供需矛盾更加突出。因此，资本主义经济危机的产品过剩是相对过剩，是盲目生产与工人有限购买力失调导致的生产过剩。实际上在危机时期，工人的生活比平时更加艰苦，广大工人不是不需要各种产品，而是他们的购买力不足以支付各种消费。通过经济危机逐渐使失调的供需关系不断理顺，才能使社会经济正常发展。因此，经济危机是对资本主义生产关系和生产力发展矛盾的一种调节。经济危机的周期性是指资本主义的经济危机不可能是一次性的、偶然的，而是隔一个时期就要爆发一次。在资本主义生产方式下，社会化大生产要求和资本主义生产资料私人占有制之间的矛盾具体表现为生产力和生产关系之间的矛盾。这一矛盾在资本主义条件下不可能得到完全解决。经济危机在使这一矛盾暂时得到缓解的同时，又孕育了更大的矛盾，当矛盾达到不可调和时，新的危机就又会爆发。

马克思认为，资本主义社会的生产力和生产关系的矛盾是经济危机的根源。在资本主义条件下，生产的目的是为了攫取剩余价值，并通过剩余价值转化为资本后获取更多的剩余价值，因而资本家最终追求的是剩余价值的实现。如果产品卖不出去，或者商

---

①　《马克思恩格斯全集》(第4卷)，人民出版社1958年版，第109页。

品价格低廉,资本家就不能实现剩余价值,甚至还要损失其原始资本。追求无限剩余价值的欲望会使资本家盲目地不断扩大生产,却很少顾及受不同力量和规律支配的社会消费。"社会消费力既不是取决于绝对的生产力,也不是取决于绝对的消费力,而是取决于以对抗性的分配关系为基础的消费力;这种分配关系,使社会上大多数人的消费缩小到只能在相当狭小的界限以内变动的最低限度。其次,这个消费力还受到追求积累的欲望,扩大资本和扩大剩余价值生产规模的欲望的限制。"①资本主义社会虽然也在努力克服社会生产力和生产关系的矛盾,但不可能从根本上解决这一矛盾,也就无法克服经济危机,经济危机会随着经济的发展周期性地爆发。

马克思认为,进入 19 世纪以来,资本主义经济危机周期的平均长度为 5~7 年;并认为资本主义还存在着短期波动。"现代工业具有十年一次的周期,每次周期又有各个周期性的阶段,而且这些阶段在积累进程中被越来越频繁地相继发生的不规则的波动所打断。"②恩格斯也不止一次地阐述过经济危机的周期理论。他认为自从 1868 年以后,资本主义的经济危机又出现了新特点,危害大的经济危机的周期延长了,但经常性的萧条却持续不断。可见,马克思和恩格斯不仅提出了经济危机的周期性,而且对周期的长度也进行过认真考证。

(3)资本主义周期性经济危机的实质

资本主义的经济危机不只是具有周期性,而且是一种普遍性生产过剩的危机。但生产过剩并不就是经济危机。生产过剩只是经济危机的前提条件,只有因此而导致了社会经济活动出现紊乱之后,危机才真正来临。

---

① 《马克思恩格斯全集》(第 46 卷),人民出版社 2003 年版,第 273 页。

② 《马克思恩格斯全集》(第 44 卷),人民出版社 2001 年第 2 版,第 734 页。

经济危机的实质是由生产因素引起的社会再生产的破坏和中断。生产过剩只是经济危机的表现。正是因为社会再生产过程的破坏和中断，才使社会经济在危机时表现出不同的面貌。危机来临，由于生产相对过剩，社会再生产难以为继，更加剧了社会矛盾，社会再生产遭到破坏；社会发展客观上要求矛盾得到解决，因而随着矛盾的缓和，社会生产力逐渐恢复，社会生产逐渐扩大化，最终走出危机。可见，通过危机使社会再生产由中断又转入扩大，才暂时解决了社会生产相对过剩的矛盾。

马克思认为，经济危机时期"在货币市场上作为危机表现出来的，实际上不过是表现生产过程和再生产过程本身的失常"[①]。陷入经济危机后，一方面大量商品卖不出去，企业经济效益下降；另一方面工人失业，无力消费。市场上大量产品相对于市场需求严重过剩，必然迫使社会再生产不断压缩，甚至中断。只有随着供需矛盾的逐步解决，社会再生产才能得以继续，才能开始脱离经济危机。因此，周期性的经济危机实质上是以破坏社会经济的持续发展为条件来暂时解决资本主义社会生产关系和生产力之间的矛盾的。

马克思认为，资本主义周期性的经济危机是由其社会生产力和生产关系的根本矛盾所决定的。他批判了李嘉图否认资本主义存在普遍的生产过剩经济危机的可能性的观点，明确指出："任何时候都不应该忘记，在实行资本主义生产的条件下，问题并不直接在于使用价值，而在于交换价值，特别在于增加剩余价值。这是资本主义生产的动机。为了通过论证来否定资本主义生产的矛盾，就撇开资本主义生产的基础，把这种生产说成是以满足生产者的直接消费为目的的生产，这倒是一种绝妙的解释。"[②]同时，肯定了

---

① 《马克思恩格斯全集》(第45卷)，人民出版社2003年第2版，第352页。

② 《马克思恩格斯全集》(第26卷Ⅱ)，人民出版社1973年版，第564～565页。

西斯蒙第关于资本主义经济中生产力无限扩大和工人阶级生活必需消费相对萎缩之间的矛盾的观点。"在西斯蒙第看来,危机并不象李嘉图所认为的那样是偶然的,而是内在矛盾的广泛的定期的根本爆发。"[①]但马克思认为,西斯蒙第在对资本主义经济危机的进一步分析时,"他常常求救于过去;他成为'过去时代的赞颂者',或者也企图道过别的调节收入和资本、分配和生产之间的关系的办法来制服矛盾,而不理解分配关系只不过是从另一个角度来看的生产关系。他中肯地批判了资产阶级生产的矛盾,但他不理解这些矛盾,因此也不理解解决这些矛盾的过程"[②]。通过深入剖析资本主义社会生产力和生产关系的矛盾,马克思全面揭示了资本主义周期性经济危机的实质,并指明了资本主义经济危机周期不断缩短的趋势。

(4)马克思周期性经济危机理论的启示

由于处于特定的历史阶段,马克思只对资本主义的经济危机进行了深入分析。这种对资本主义周期性经济危机的分析是以市场经济为基础的。既然在社会主义市场经济条件下,仍旧存在市场经济,而且还需要大力发展市场经济,则经济发展的波动性就必然存在。

首先,社会主义市场经济条件孕育着经济发展的波动性。按照马克思的劳动价值理论,在商品经济中,买卖过程的时空分离产生了经济危机的一般可能性。毫无疑问,我国现在正在进行的中国特色社会主义市场经济建设也属于高度发达的商品经济,因此我国经济生活的方方面面、社会经济活动的各个环节,都需要借助于广泛的商品和信用关系。这种商品和信用关系可能在经济建设的某些环节中出现危机,并导致整个社会在投资、生产、分配、交

---

① 《马克思恩格斯全集》(第26卷Ⅲ),人民出版社1974年版,第55页。

② 《马克思恩格斯全集》(第26卷Ⅲ),人民出版社1974年版,55页。

换、消费等各个环节上发生波动,甚至停顿,从而类似资本主义经济危机的经济波动也会发生。只不过因为我们的商品经济和市场发育还不很成熟,其波动对整个经济的影响程度、影响范围不如资本主义经济危机那样严重。

其次,社会主义市场经济的波动也同样具有周期性。即便是在社会主义市场经济条件下,仍然存在着落后的社会生产力与人民日益增长的物质文化需求之间的矛盾。在这一基本矛盾的推动下,社会生产也会进入膨胀和收缩交替运动的状态,从而使社会经济发展表现出周期性的波动。同时,资本周转的周期、固定资产更新的周期,会促使一些相关因素产生"共振",再加上国家宏观调控具有滞后性的规律,也会使社会经济产生周期性波动。

另外,马克思已经认识到社会化大生产中各部门之间的有机联系和相互影响,意识到局部或部分经济部门的危机或波动可能会对整个经济发展产生严重的影响。他精辟地阐述了社会再生产正常进行所要求的社会两大部类的平衡问题,提出了在社会简单再生产和扩大再生产条件下社会两大部类之间不变资本、可变资本和剩余价值之间的关系。因而如果不能对社会两大部类的关系保持适当的比例,社会生产就会因结构比例失调和发展速度差异过大而产生较大的波动,影响社会经济的持续、稳定发展,甚至对社会经济造成一定的破坏。

马克思关于资本主义周期性经济危机的理论,是在资本主义经济条件下,对资本主义经济的周期性波动和危机内在规律的揭示。这种揭示是理论上的论证,对研究我国当前经济发展具有积极的意义。但随着时代的发展,也迫切需要根据经济发展的新动向,加强定量研究,对这些理论进行进一步的发展和完善。

3.1.2.2　西方经济周期学说

从19世纪初期开始,西方经济学者就开始关注社会经济发展的规律,关于经济周期性发展形成了许多不同的理论学派。

（1）经济周期的古典经济论述

古典经济学派中的一些代表性人物，如詹姆斯·穆勒、李嘉图、西斯蒙第和马尔萨斯等都对经济周期性有过论述。

詹姆斯·穆勒首先提出了社会生产中供求必然平衡。他认为卖者即买者，供求必然平衡。对于一切商品，从来不会缺少买者。无论谁拿出商品来卖，总希望把它换回另一个商品。因而，单单由于他是卖者这个事实，他就是买者了。因此，如果把一切商品的卖者和买者总起来看，由于一切形而上学的必然性，必然保持平衡。持这一观点的经济学家们也承认在一定的条件下，一些部门可能会出现生产过剩，但他们将一个生产部门的生产过剩归结为另一个生产部门的生产不足，认为只要让另一个生产部门扩大再生产，就会解决前一个生产部门生产过剩的问题。李嘉图也接受这一观点。很明显，这一观点不符合商品经济的实际，尤其是在资本主义经济发展到一定阶段以后。

19世纪初，频繁的局部危机开始向普遍的生产过剩过渡，供求必然平衡理论自然瓦解，开始承认经济危机的可能性和必然性。西斯蒙第首先肯定了在资本主义市场经济条件下经济危机的必然性。他认为生产决定收入，但生产本身不能立即转化为收入，只有将产品实现之后才能转化为收入，又由收入决定支出，进而决定消费。在资本主义条件下，由于消费的不足，致使产品不能顺利实现，最终导致生产过剩的危机。同样马尔萨斯也从商品的实现问题出发，论证了资本主义市场经济条件下，发生经济危机的可能性。他认为商品的价值不决定于生产商品时所耗费的必要劳动，而决定于它在市场上所能换取的劳动。当生产出来的商品不能全部销售，社会商品的总价值就不能实现，必然引起市场上商品普遍充斥的现象，就会出现经济危机。

这些早期的古典经济学家，虽然还没有提出完整的经济周期理论，但已经从相对的两个方面初步分析了在商品经济条件下，经济发展存在波动的可能性和必然性。

(2)传统的经济周期理论

随着工业化的发展,英国 1825 年爆发了世界上第一次经济危机,自此,经济周期问题更加引起西方学者的重视。哈伯勒在《繁荣与萧条》一书中,将 20 世纪 30 年代以前的传统经济周期理论做了一个系统的总结,归纳为五个方面的理论(见表 3-2)。

表 3-2   **传统的经济周期理论**

经济周期理论	经济周期理论的主要内容
纯货币理论	货币流动是经济周期发生的唯一的具有充分理由的原因。金融的低息扩张信用,使产业资本家增加借款,扩大生产,引起收入与消费的增加,价格上升,进而引发更多的借款,经济迅速发展;金融为了防止信用风险,急剧提高利率,使信用扩张终止甚至萎缩,影响生产,导致经济累积降落。
投资过度论	投资波动是经济周期的原因。投资的波动引起消费者收入的波动,而不是消费者收入的波动引起投资的波动。在经济周期波动的扩张阶段,利率降低,信用扩张,投资者过度发展;生产要素脱离消费品工业而向生产资料工业倾斜;但投资者毕竟是有限的,当投资者不愿意进一步扩张信用时,前期的过度发展就会变为资金不足,资金的无效占用使经济由繁荣趋于崩溃。
近代消费不足论	随着人口的增加,新发明的出现,工具和其他生产手段的改进,生产量会有一个长期增长的趋势,这就要求有相应的消费能力来消化生产的增长;但由于实际购买力的限制,或由于其他原因使人们的消费能力下降,出现消费不足,必然导致经济萧条。
气候与农业收成论	从农业收成的丰歉变动出发,进而从气候以及宇宙变化等外生因素去寻找经济周期波动的原因,反映了当时农业在国民经济中占有相当重要的地位。
心理论	在经济周期的扩张阶段,人们比较乐观,助长了投资;但到了经济危机的收缩阶段,人们比较悲观,造成投资的减退。心理论并不认为心理因素是一个独立的因素,但在解释形成经济周期波动时,强调心理因素的推波助澜作用。

(3)现代经济周期理论

凯恩斯从宏观上来研究经济,开创了宏观经济学的先河。他的国民收入决定论为以后的经济周期理论研究奠定了基础。凯恩斯认为经济周期是非常复杂的现象,其中资本边际效率的变动是最主要的原因。在经济繁荣后期,人们对资本的未来收益往往持乐观的态度,但这时生产成本不断上升,利率或许已经提高;然而乐观态度会掩盖这些实质,投资者更为关心的并不是对资本的未来收益做理性的估计,而是对市场情绪的近期变化进行预测。一旦市场上的幻想破灭,危机就会爆发,造成经济危机。因此,他主张用资本边际效率的崩溃来解释危机,以资本边际效应的崩溃作为从扩张到紧缩的转折点。另外,他认为剩余存货的存储成本也是影响经济萧条时期长短的重要因素。经过一定时期的经济萧条以后,资本、剩余存货和流动资本的减少,又会导致其稀缺性逐渐恢复,因而资本的边际效应提高,促使投资逐渐增加,使产量、就业和居民的收入快速增长,经济开始复苏,直至达到繁荣阶段,再重复前述过程,形成经济周期性发展。

按照凯恩斯的经济周期理论,在经济萧条阶段降低利率有助于经济复苏,而提高利率同时会使消费倾向降低,阻碍投资。因此,通过积极的财政政策,实行收入再分配,提高消费倾向才是增长经济活力的主要措施。在凯恩斯看来,只有将影响和决定国民收入分配的各种因素都假定下来以后,对资本边际效应的研究才具有价值。但很明显,经济周期是一个动态的过程,用静态和比较静态的方法进行分析显然是不合适的。因此,这种方法具有较大的局限性。

在此基础上,另有一批经济学者从不同的角度对凯恩斯的理论进行了批判和丰富,提出了他们自己的经济周期理论。

① 萨缪尔森线性乘数—加速数动态周期模型

1939 年萨缪尔森发表了《乘数分析和加速数原理的相互作用》,将收入或消费变动对投资的加速作用引进对经济周期的影响。他建立了一个线性的乘数—加速数数学模型,验证了在特定的参数范围内,经济体系将呈现持续性周期波动。

萨缪尔森说明了经济发展的脆弱性,经济体系即便是受到一个小的扰动,也可能会发生较大经济周期波动。因此,经济周期不会像古典均衡理论说的那样。

② 卡尔多非线性动态增长周期模型

卡尔多在《一个经济周期模型》中建立了动态的非线性投资函数和非线性储蓄函数。非线性投资函数呈 S 形曲线,非线性储蓄函数则呈镜像 S 形曲线。两条曲线在不同的收入水平下,当商品市场不均衡时,做相反方向的运动,并能够产生周期性振荡。因此,经济体系在没有任何初始外力的冲击下,也可以自我产生周期性波动。

非线性模型不同于包含加速数的线性模型,不必对参数值做任何限制性假设,就可以使非线性模型产生出持续的、内在性的周期性振荡。

③ 希克斯非线性乘数—加速数动态增长周期模型

希克斯主要是从投资的角度分析经济周期的。希克斯认为投资包括引致投资和自发投资,引致投资是指由于收入变动或消费变动所引致的投资,自发投资指固定资产折旧的投资和外生的政府投资等。希克斯模型认为自发投资不是常数,而是以外生给定的增长率呈指数型增长,而且在经济周期波动的不同阶段,投资加速数是不同的。

当自发投资增加时,就会引起收入增加;收入的增加通过加速原理,使引致投资发散性放大,从而导致连锁反应,使收入在现有资源得到充分利用的情况下达到最大。而一旦收入的增长率受到资源能力的限制,便会使引致投资逐渐回落。因此,自发投资的增长是诱导经济体系重新扩张的重要外在刺激因素。

④ 斯卢茨基和卡莱茨基的随机经济周期模型

斯卢茨基于 1937 年发表的《作为周期过程来源的随机起因综述》对经济周期行为的外生随机原因进行了统计研究。他利用任意的、纯随机的时间序列,描述了实际观察到的经济周期。

卡莱茨基于1952年出版了《动态经济理论》一书,其中他建立了一个具有投资时滞的经济周期模型。通过研究投资决策与新固定资本安置之间的时滞,以及过去的投资决策与其利润的实现之间的时滞,利用含有随机项的估计式的动态特征,很好地拟合了美国1866~1914年的实际经济周期。

⑤ 供给学派的经济周期理论

以拉弗、蒙德尔和万尼斯基等为代表的供给学派认为,供给是需求得以维持的唯一源泉,没有供给就没有需求。供给和需求的矛盾必然引发经济发展的波动。由于对需求的刺激,将导致消费膨胀,储蓄下降,经济增长缓慢。因此,应通过减税刺激劳动与资本的供给,增加产出,促进经济增长。

⑥ 理性预期学派的经济周期理论

以1985年诺贝尔经济学奖获得者卢卡斯和萨金特、华莱士、巴罗等为首形成了理性预期学派。他们认为,新古典经济学的理论分析是建立在两个前提上的,一是个体寻求最优化,一是市场趋向供求均衡。这与他们所依据的资源始终能够得到充分利用、不会有持续的大量的短缺和失业相矛盾。理性预期学派在对资本主义周期性经济波动进行分析时,一方面继承了新古典经济学的理性原则,另一方面则在具体分析经济周期问题时,提出两个假说①。卢卡斯在其《对经济周期的理解》和《失业政策》等文章中比较系统地阐述了他对经济周期的看法。他认为,资本主义长期以来各个经济周期过程中出现的一些共同特点是解释经济周期原因

①　两个假说是:(1)理性预期,即经济主体都是有理性的,在信息充分的条件下,他们未来经济活动和经济事件的主观预期和经济理论的预期是一致的;(2)短暂替代假说,认为产品和劳动的供应者应该根据相对价格或相对工资的变化情况,进行即刻的产品生产的替代和劳动时间与闲暇时间的替代。引自刘恒:《当代中国经济周期波动及形成机理研究》,西南财经大学出版社2003年版,第42页。

和建立经济周期理论模型的基本出发点。

卢卡斯总结得出,资本主义经济周期的共同特点主要表现在:一是各部门产量的波动具有很高的同步性;二是耐久资本品和耐久消费品的波动幅度大于非耐久资本品和非耐久消费品的波动幅度;三是农产品和自然资源的产量与价格的波动具有较高的一致性;四是与其他经济变量相比,企业利润率表现出较高的一致性;五是价格显示为超前循环波动;六是短期利息率是超前循环波动,而长期利息率则不太明显;七是货币总量和货币流通速度也是超前循环波动。既然价格和货币总量的波动都超前于总体经济波动,那么经济周期性波动就应当从价格和货币总量的波动方面去寻找原因。在市场经济条件下,由于信息的不完全性,经济主体在市场活动中很难将一般性的价格变动与相对价格变动区分开来,因而一般性的物价水平上升也可能给生产者造成错觉,导致增加投资、扩大生产规模,使经济进入繁荣时期;但当生产者掌握了真正的信息,发现预期错误时,就会调整投资,结果使经济走向萧条,并可能爆发经济危机。可见,卢卡斯认为价格和货币因素对经济周期的影响非常大。

⑦ 实际经济周期学派

实际经济周期学派的代表人物有基得兰德、普雷斯科登、朗和普洛泽等。他们认为经济波动的首要原因是对经济的实际冲击,而且将大多数宏观经济波动归咎于技术冲击的动态影响。

实际经济周期学派将一般被视为具有影响平滑性、确定性的技术冲击作为不确定的、随机变化的因素。他们认为:当一个能提高劳动生产率的技术进步正冲击出现时,必然导致产量增加,并由此而引起收入增加、消费增加、投资增加等一系列增加;如果没有进一步的技术冲击,生产者就会发现他们的资本存量超过了保持稳定增长所必须的资本存量,就会导致投资减少,经济增长减缓甚至停滞。

⑧ 政治经济周期理论

政治经济周期理论学派认为正是由于政府的干预,导致了经济的周期波动。政府行为不是逆周期的,在资本主义国家,政府实施一系列的政策是为了使其继续获选的机会最大,因而经济周期大体上与政策制定者的执政期相一致。在大选之前,政府会动用其所有的力量来刺激经济,以争取重新获选的资本。而选举结束一年左右,刺激经济的消极作用开始显现,要求政策进行转变。

诺德豪斯基于政治经济周期建立了一个具有菲利普斯曲线关系的模型,用来对经济以通货膨胀和失业率之间的权衡为特征进行描述。如果以失业率为控制变量,作为一个最优规划问题,就会得到这样的结论:如果一届政府在开始执政时使失业率升高,而在执政期内使失业率逐步降低,则将获得最多的选票。因而,政府可能会使一个非波动的经济产生周期波动。

⑨ 混沌周期理论及突变周期理论

以斯图泽、本哈比和戴为代表的学者在 20 世纪 80 年代以当代动态系统理论的混沌模型研究经济波动。混沌是指一种波动状态。混沌理论在经济周期波动理论中的研究表明,对于一个非线性、非随机的确定性的动态经济系统,在一定初始值下,当参数在一定的范围内连续变化时,该系统就可以从稳定状态进入周期波动状态,并再进入更高级的周期波动状态,最后进入不规则的波动状态。混沌理论研究了有规则的周期波动与不规则波动之间的转化及其条件,揭示了复杂条件下经济周期性波动的规律性。

突变周期理论则是以现代突变论为基础,揭示了一个确定性模型中所能产生的最高的动态复杂性。对于一些特定的数学函数,如果对相应的参数进行变化,其几何图形会呈现出折叠、尖点、燕尾、蝴蝶、椭圆型脐点等形状,这些都是突变。分析经济变动可以发现,经济波动中也存在突变现象,而且与折叠和尖点两种形状比较相近。因此,利用现代突变理论来研究经济的剧烈波动是一种新的思考方式[149~151]。

3.1.3　我国关于经济周期的相关研究

以马克思理论为基础,我国对资本主义的经济周期,尤其是经济危机进行了广泛的研究,认为经济的周期性波动是资本主义市场经济固有的顽症。尽管建国以后我国的国民经济几度起落,但基本上无人对社会主义的经济波动进行认真研究。从可查阅的资料来看,刘国光在 1961 年曾尝试对社会主义经济的波浪式增长进行研究,但由于种种原因未能延续。20 世纪 80 年代中期,随着我国经济管理体制的改变、社会发展资料的积累和思想的不断解放,一些中青年学者开始联系实际对社会主义经济周期问题进行研究。1983 年 8 月 22 日,《经济周报》第 6 版发表了姜国楹的署名文章《要展开对社会主义经济周期的研究》,提出了对社会经济周期性波动研究的必要性和现实性;1985 年乌家培和刘树成将“社会主义经济增长有没有周期波动”作为一个重要研究课题提了出来,进一步推动了社会经济周期的研究;其后许多学者借鉴西方经济学家的研究成果,对我国的经济周期性波动进行了不同角度的研究[152~160]。

但是,由于对社会主义市场经济的认识存在差异,理论界对社会主义经济周期的争论也比较多(见表 3-3)。但随着我国社会主义市场经济体系的完善和发展,人们一致认为,根据社会经济的发展规律,加强对社会经济和影响社会经济发展的相关因素进行及时、准确的预报和预警是非常必要的,而且这方面的工作也已经取得了很大的进展。国家统计局已经建立了“中国宏观经济预警系统”,中国社会科学院经济研究所和其他一些研究机构每年年初都要对上一年的经济形势和经济景气进行分析,同时对新一年的经济发展进行预测,并从 1999 年开始发布《中国经济前景分析》(俗称“经济蓝皮书”)。随着人们认识的统一,分析技术手段的改进和相关数据积累、收集,对社会经济发展的动态性研究会不断深入。本书则是在我国社会经济周期性波动的基础上进一步对与社会经济息息相关的能源供需波动的规律进行探讨,寻求能源供需的周期性波动规律,为能源供需预警提供依据。

表 3-3   我国理论界对社会经济周期性波动的态度

序号	态度	主要观点
1	彻底否定的态度	以马克思经典著作作为依据,不承认社会主义存在经济周期波动现象。认为作为资本主义经济特征集中表现的经济周期波动与经济危机,决不可能与社会主义的经济同日而语,社会主义经济与资本主义经济是截然不同、水火不相容的。
2	承认经济波动,但否认经济波动的周期性	承认社会主义经济增长的波动,按照马克思理论认为波浪式前进、螺旋式上升是我国国民经济发展的表现,也是社会主义扩大再生产的一个重要特征。产生波动的原因是各种客观经济因素不均衡变化的结果。不承认经济波动的周期性。
3	认为社会主义经济周期性波动	根据我国社会主义经济反复波动的实际,以经验事实为依据,从周期性波动的现象中,归纳总结社会主义经济周期性波动规律。目前从理论和实践上都已经对此进行了认真研究,并建立起一套宏观经济预警系统,服务于社会经济发展。

3.1.3.1 我国经济的周期波动

新中国成立 50 多年来,我国社会经济取得了长足发展,尤其是改革开放以来,社会经济发展的速度和质量都大大提升。根据我国从 1953 年开始实施第一个"五年计划",全面进入社会主义建设的实际和相关资料,对我国社会经济波动的考察也从 1953 年开始(见表 3-4、表 3-5)。

表 3-4   1953~2003 年我国 *GDP* 及其增长率情况表

年份	GDP[①] （亿元）	GDP[②] （亿元）	环比增长速度[③] （%）	名义增长率[④] （%）	实际增长率[⑤] （%）
1952	679. 0	2 497. 6			
1953	824. 0	2 887. 2	115. 6	21. 35	15. 6
1954	859. 0	3 008. 4	104. 2	4. 25	4. 2
1955	910. 0	3 213. 0	106. 8	5. 94	6. 8
1956	1 028. 0	3 695. 0	115. 0	12. 97	15
1957	1 068. 0	3 883. 4	105. 1	3. 89	5. 1
1958	1 307. 0	4 710. 6	121. 3	22. 38	21. 3
1959	1 439. 0	5 125. 1	108. 8	10. 10	8. 8
1960	1 457. 0	5 109. 7	99. 7	1. 25	−0. 3
1961	1 220. 0	3 714. 8	72. 7	−16. 27	−27. 3
1962	1 149. 3	3 506. 7	94. 4	−5. 80	−5. 6
1963	1 233. 3	3 864. 4	110. 2	7. 31	10. 2
1964	1 454. 0	4 571. 6	118. 3	17. 90	18. 3
1965	1 716. 1	5 348. 8	117. 0	18. 03	17
1966	1 868. 0	5 921. 1	110. 7	8. 85	10. 7
1967	1 773. 9	5 583. 6	94. 3	−5. 04	−5. 7
1968	1 723. 1	5 354. 7	95. 9	−2. 86	−4. 1
1969	1 937. 9	6 259. 6	116. 9	12. 47	16. 9
1970	2 252. 7	7 474. 0	119. 4	16. 24	19. 4
1971	2 426. 4	7 997. 2	107. 0	7. 71	7
1972	2 518. 1	8 301. 1	103. 8	3. 78	3. 8
1973	2 720. 9	8 956. 8	107. 9	8. 05	7. 9
1974	2 789. 9	9 162. 8	102. 3	2. 54	2. 3
1975	2 997. 3	9 960. 0	108. 7	7. 43	8. 7

年份	GDP① (亿元)	GDP② (亿元)	环比增长速度③ (%)	名义增长率④ (%)	实际增长率⑤ (%)
1976	2 943.7	9 800.6	98.4	−1.79	−1.6
1977	3 201.9	10 545.5	107.6	8.77	7.6
1978	3 624.1	11 779.3	111.7	13.19	11.7
1979	4 038.2	12 674.5	107.6	11.43	7.6
1980	4 517.8	13 663.2	107.8	11.88	7.8
1981	4 862.4	14 373.6	105.2	7.63	5.2
1982	5 294.7	15 681.7	109.1	8.89	9.1
1983	5 934.5	17 390.9	110.9	12.08	10.9
1984	7 171.0	20 034.4	115.2	20.84	15.2
1985	8 964.4	22 739.0	113.5	25.01	13.5
1986	10 202.2	24 740.0	108.8	13.81	8.8
1987	11 962.5	27 609.9	111.6	17.25	11.6
1988	14 928.3	30 729.8	111.3	24.79	11.3
1989	16 909.2	31 989.7	104.1	13.27	4.1
1990	18 547.9	33 205.3	103.8	9.69	3.8
1991	21 617.8	36 260.2	109.2	16.55	9.2
1992	26 638.1	41 409.2	114.2	23.22	14.2
1993	34 634.4	46 999.4	113.5	30.02	13.5
1994	46 759.4	52 921.4	112.6	35.01	12.6
1995	58 478.1	58 478.1	110.5	25.06	10.5
1996	67 884.6	64 092.0	109.6	16.09	9.6
1997	74 462.6	69 732.1	108.8	9.69	8.8
1998	78 345.0	75 171.2	107.8	5.21	7.8
1999	82 067.5	80 508.4	107.1	4.75	7.1

续表 3-4

年份	GDP① (亿元)	GDP② (亿元)	环比增长速度③ (%)	名义增长率④ (%)	实际增长率⑤ (%)
2000	89 468.1	86 949.0	108.0	9.02	8
2001	97 314.8	93 470.2	107.5	8.77	7.5
2002	104 790.6	100 947.8	108.0	7.68	8.34
2003	117 251.9	110 335.9	109.3	11.89	9.3

数据来源：Lawrence Berkeley National Laboratory. *China Energy Databook*（《中国能源数据手册》）. Table 10B. 1. Gross National Product and Gross Domestic Product，June 2004；2004 年版《中国统计年鉴》第 53、279 页。

注：① 按当年价格计算的国内生产总值（GDP）；

② 按 1995 年不变价计算的国内生产总值（GDP）；

③ 按不变价计算的国内生产总值环比增长速度；

④ 按不变价计算的 2002 年国内生产总值增长率，相关数据来源于 2004 年版《中国统计年鉴》第 279 页；

⑤ 2003 年相关数来源于 2004 年版《中国统计年鉴》第 53、279 页。

表 3-5　　1953～2003 年我国全社会固定资产投资额及增长率情况

年份	固定资产投资额 (亿元)	固定资产投资增长率① (%)	固定资产投资增长率② (%)	年份	固定资产投资额 (亿元)	固定资产投资增长率① (%)	固定资产投资增长率② (%)
1953	91.59	12.11	12.06	1965	216.9	17.47	19.47
1954	102.68	2.49	3.33	1966	254.8	−26.33	−26.84
1955	105.24	52.83	55.58	1967	187.72	−19.26	−20.29
1956	160.84	−5.97	−4.88	1968	151.57	62.91	69.33
9157	151.23	84.53	82.90	1969	246.92	49.07	53.12

年份	固定资产投资额（亿元）	固定资产投资增长率① (%)	固定资产投资增长率② (%)	年份	固定资产投资额（亿元）	固定资产投资增长率① (%)	固定资产投资增长率② (%)
1958	279.06	31.38	30.32	1970	368.08	13.37	12.63
1959	368.02	13.19	11.46	1971	417.31	−1.08	−1.06
1960	416.58	−62.54	−67.47	1972	412.81	6.13	5.98
1961	156.06	−44.07	−43.96	1973	438.12	5.72	5.48
1962	87.28	33.56	37.26	1974	463.19	17.65	19.04
1963	116.66	42.20	42.69	1975	544.94	−3.85	−3.67
1964	165.89	30.75	29.61	1976	523.94	4.65	3.52
1977	548.3	12.11	12.06	1991	5 594.5	23.85	16.04
1978	668.72	21.96	20.36	1992	8 080.1	44.43	33.85
1979	699.36	4.58	0.99	1993	13 072.3	61.78	41.23
1980	910.9	30.25	25.50	1994	17 042.1	30.37	8.73
1981	961	5.50	3.12	1995	20 019.3	17.47	3.79
1982	1 230.4	28.03	28.28	1996	22 913.5	14.46	8.06
1983	1 430.1	16.23	15.00	1997	24 941.1	8.85	7.97
1984	1 832.9	28.17	22.19	1998	28 406.2	13.89	16.69
1985	2 543.2	38.75	25.98	1999	29 854.7	5.10	7.46
1986	3 120.6	22.70	17.30	2000	32 917.7	10.26	9.23
1987	3 791.7	21.51	15.65	2001	37 213.5	13.05	11.73
1988	4 753.8	25.37	11.82	2002	43 499.9	16.89	17.24

年份	固定资产投资额（亿元）	固定资产投资增长率①（%）	固定资产投资增长率②（%）	年份	固定资产投资额（亿元）	固定资产投资增长率①（%）	固定资产投资增长率②（%）
1989	4 410.4	−7.22	−14.73	2003	55 566.6	27.74	24.86
1990	4 517.0	2.42	−3.08				

数据来源：Lawrence Berkeley National Laboratory. *China Energy Databook*（《中国能源数据手册》）. Table 10B. 1. Gross National Product and Gross Domestic Product，June 2004；1991 年版《中国统计年鉴》第 147 页，1994 年版《中国统计年鉴》第 145 页，1996 年版《中国统计年鉴》第 143 页，2003 年版《中国统计年鉴》第 186 页，2004 年版《中国统计年鉴》第 187 页。

注：上述数据中，1980 年以前的固定资产投资数额是指全民所有制单位的固定资产投资，1991～2003 年的固定资产投资数额是指全社会固定资产投资总额。由于在 1980 年以前，全民所有制经济占绝大部分，因此不影响对固定资产投资的分析。

① 按当年价格计算的固定资产投资增长率；

② 按 1995 年不变价计算的固定资产投资增长率。

对我国 50 多年经济发展的状况进行分析，可以发现我国社会经济实力在不断增长，尤其是从 20 世纪 80 年代中期开始，经济迅速发展；同时固定资产投资额度也迅速增加（见图 3-2）。但是，进一步考察社会经济的增长速度，可以发现社会经济的发展也不是

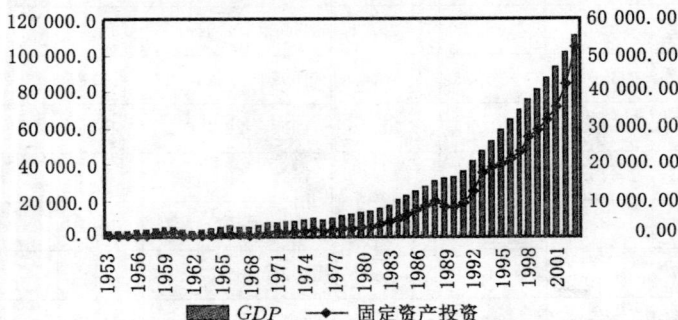

图 3-2　1953 年以来我国国民经济和固定资产投资增长情况图

绝对线性的,期间也存在着波动,而且波动具有一定的规律性,即具有周期性(见图3-3)。

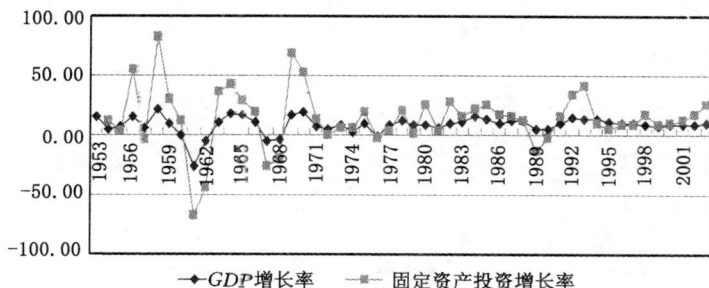

图 3-3 1953 年以来我国国民经济和固定资产投资增长率波动情况

不难看出,1953 年以来,我国国民经济增长的波动与固定资产投资增长的波动基本上是吻合的,基本代表了我国社会经济发展的总体状况。很明显,我国 1953 年以来的社会经济发展存在波动性。为研究的方便,对周期性波动的研究选用我国经济增长率的波动为主要考察对象来进行。一般来讲,确定一个完整的经济波动周期,可以相邻波峰或波谷的间隔,也可以波动中相邻一致状态的间隔。对我国社会经济波动周期,可以采用"波谷—波谷"的模式来划分。按照基钦周期理论,可以直观上将我国 1953 年以来的社会经济发展划分为十个周期(见表3-6)。

考虑到我国经济体制改革的实际,可以将 1953 年以来的经济发展划分为两个阶段进行分析,即 1953~1977 为一个阶段,1978~2003 年为一个阶段。第一个阶段我国经济经历了 5 个完整的周期,平均周期长度为 5 年,而且周期特性明显;第二个阶段经历了 4 个完整的周期,目前正处在第 5 个发展阶段,4 个完整的周期平均周期长度为 5.4 年。与第一阶段相比,第二阶段经济波动周期表现出一些新的特点。1978 年以来,随着我国经济体制和政治体制改革的深入,社会经济运行机制发生了深刻的变化。引起经

表 3-6   我国经济波动周期划分

周期序号	年　　份	周期长度（年）	周期序号	年　　份	周期长度（年）
1	1953～1957	5	6	1978～1981	4
2	1958～1962	5	7	1982～1986	5
3	1963～1968	6	8	1987～1990	4
4	1969～1972	4	9	1991～1999	9
5	1973～1977	5	10	2000 年开始，还没有结束	

济周期波动的主要原因逐渐转向经济运行本身所特有的规律和经济发展的内外环境，非经济的因素和影响逐渐减少，经济波动进入了理性发展阶段，即周期性经济波动的幅度逐渐减小，震荡程度逐渐减缓。

3.1.3.2　我国关于经济周期的研究

"经济周期理论构造要走从实证到理论的研究道路，就需要对早期的生产背景有准确的把握和深入的剖析。"[①]事实上，我国经济周期的研究也正是走过了从实证到理论的历程。

（1）我国经济周期性波动的实证研究

对我国经济周期性波动的研究，源于对国民经济增长率的抽象描述。虽然我国社会经济的发展总趋势是确定的，但是社会经济发展总是表现出一定的阶段性，深入分析这些阶段的特点，对于促进社会经济的健康发展非常必要。因而有必要以国民生产总值为考察对象，研究其增长规律（如表 3-7）。

---

　　① 　毕大川、刘树成主编：《经济周期与预警系统》，科学出版社 1990 年版，第 7～8 页。

表 3-7   我国国民生产总值的波动规律

周期序号	波峰		波谷		波动幅度（%）	波动系数	平均位势（%）
	年份	峰值(%)	年份	谷值(%)			
1	1953	15.6	1957	5.1	10.5	0.53	9.20
2	1958	21.3	1961	−27.3	48.6	20.85	−2.00
3	1964	18.3	1967	−5.7	24.0	1.22	7.30
4	1970	19.4	1972	3.8	15.6	0.55	11.60
5	1975	8.7	1976	−1.6	10.3	0.97	4.20
6	1978	11.7	1981	5.2	6.5	0.26	8.00
7	1984	15.2	1986	8.8	6.4	0.22	11.50
8	1987	11.6	1990	3.8	7.8	0.49	7.60
9	1992	14.2	1999	7.1	7.1	0.24	9.80

注：根据表 3-4 的资料计算。

进一步对我国已经经历过的 9 个完整经济周期的时间长度进行分析，可以发现我国经济周期长度基本上属于中期波动，波动周期不超过 10 年，频率分布如图 3-4 所示。

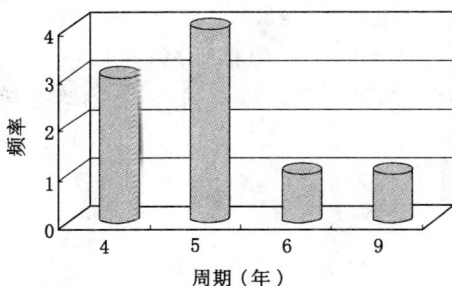

图 3-4   我国经济周期的频率分布

（2）我国经济周期性波动的特点

　　从我国社会经济发展的历程来看,改革以前我国经济表现为经济波动振幅大,扩张时间相对较短;而改革以后,经济波动振幅减小,整体位势提高,扩张时间拉长。这说明我国经济的增长力和经济增长的稳定性都在增强[50]。

　　① 我国经济波动周期的特点。

　　从我国经历过的经济波动周期来看,周期长度不规则,发生频率较高。我国经济周期长度平均为 5.2 年,既不同于大多数国家的 9～10 年的尤格拉周期,也不同于标准的基钦周期。而且世界经济的几次大的波动对我国经济的冲击不是很大。1974～1975、1980～1982 两次世界性的经济危机和 1997～1998 间的亚洲金融危机,波及众多国家,而对我国的影响相对较小。这一方面说明我国在资源和市场方面的自我调节能力较强,受世界经济的影响较小,有利于稳定发展;但同时也说明我国的市场经济不很发达,还没有融入世界经济发展的大潮中,因而也不能从世界经济分工中获得更多的比较利益和竞争利益。

　　② 我国经济波动幅度逐渐减小。

　　建国初期,我国的经济波动在幅度上是"大起大落",经济的上升期和回落期是"短起短落",经济增长期持续时间短,经济周期的落差大。表现为每次大起时峰位都很高,而且在短时间内就迅速增长起来,但经济高增长的持续性不强,回落的落差却比较大。在9 个完整的经济周期中,1953、1958、1964、1970、1978、1984、1987和 1992 年这 8 个年份 GDP 的增长率分别高达 15.6%、21.3%、18.3%、19.4%、11.7%、15.2%、11.6% 和 14.2%,而 1961 年 GDP 回落了 27.3%,造成经济发展的巨大波动,严重影响了国民经济健康发展。同时,由于政策性影响,社会积累率畸形发展,一方面挤占了消费,另一方面造成了严重浪费。1958 年施工限额以上的项目共 1 639 个,连同上年结转项目在内,年底建成投入生产仅 28 个项目。每百元积累所创造的国民收入从"一五"期间的平均 35 元,下降到 1959 年的 19 元,1960 年更降为－0.4 元。改革开放以后,随着经济体制的改革,我国经济波动的幅度逐渐减小,而且表现为增长型波动,但经济波动仍旧存在。如 20 世纪 70 年代末的"洋跃进",使我国不得不进入 3 年的调整期;20 世纪 80 年代中期经济过度增长.到 1988 年底被迫进入全面紧缩;1992～1993 年全国性的开发区热、房地产热,使全国通货膨胀率高达两位数,接着又实施"软着陆"的经济大调整。可见,我国经济的整个发展过程都存在波动,可喜的是随着市场机制和体系的完善,经济波动的幅度逐渐减小,由强幅型转为中低幅型。

③ 经济波动的扩张期间不断延长。

改革之前,经济波动中衰退持续时间较长,经济重新恢复比较困难。回顾历史,1958 年的"大跃进"到 1960 年就开始了调整;1960～1962 年,我国三年严重困难时期,经济的大萧条直到 1962 年底才出现了好转迹象;1962 年 9 月中央再次作出了再用 3 年进行经济调整的决定。3 年的"跃进"换来了 5 年的调整。经济体制改革以后,经济波动的形态发生了变化,但经济衰退时间依然很长。1978 年的"洋跃进",实际上是基建规模和投资额度超出了国力的范围。1978 年国家固定资产投资总额为 668.72 亿元,其中基建投资为 479.3 亿元,比上年增长 31%。在建的大中型项目增加 300 余个,达到 1 700 个,大大超过了国家当时财力、物力所能承受的界限。到 1978 年底,我国的物资、信贷、财政和外汇出现了较严重的不平衡,导致经济失控。1 年"洋跃进"也付出 3 年调整代价。为了解决 1992～1993 年间的通货膨胀,国家实行了经济调整,结果使物价指数连年走低,市场有效需求不足,工厂效益差,大量工人下岗。从 1996 年开始,国家开始用积极的财政政策和货币政策启动经济,直到 2003 年经济才开始出现回暖,并局部性地恢复了经济的高速增长。在期间我们采取的一系列措施是循序渐进的,因而保证了社会经济的稳定、持续增长,有效地防止了经济波动的"大起大落"。从总的趋势上看,经济波动周期逐渐增加,而且扩张期越来越长。说明我国经济持续扩张的力量加强了,经济增长的稳定性也增强了。

④ 我国经济的高增长一定程度上掩盖了资源的大投入,经济运行质量不高。

不论是建国初期的经济发展,还是当前的经济发展,都是以各种资源的高投入为基础的。我国经济学家舒元和李京文在 1993 年用各自的核算方法对中国经济增长进行了分析:舒元的研究表明,1952~1990 年我国国民收入年平均增长率为 6.74%,但净产出增长的 99% 来源于要素收入的增长,全要素生产率(或技术进步)的增长率为 0.02%,仅占总增长的 0.3%;李京文的研究则表明,改革开放前(1953~1978 年)生产率对经济增长的贡献是负数,改革开放后的 12 年(1979~1990 年)生产率对经济增长的贡献为 30.3%,综合起来,1953~1990 年资本投入、劳动投入对经济增长的贡献分别为 75.07% 和 19.47%,两者的总贡献达到 94.54%,而生产率增长对经济增长的影响仅占 5.46%。虽然这两项研究成果数字稍有差异,但结论却是惊人地一致:中国物质生产净值的增长主要是依赖高投入。这表明,我国的生产方式始终没有摆脱粗放型的模式。一方面,重复投资,浪费相当严重;另一方面,劳动生产率和产品的科技含量不高。另据统计资料显示,我国 GDP 的能源消耗为美国的 3 倍,钢材消耗为日本的 2.7 倍、美国的 5.8 倍。大量能源的浪费和不合理使用使社会经济的科学发展日益受到挑战。2004 年以来能源的全面紧张就证明,能源将成为影响我国社会经济科学发展的最主要因素。

⑤ 我国的经济波动会引发其他经济问题。

一般而言,经济增长过程往往伴随着较高的通货膨胀,而经济衰退过程又伴随较严重的通货紧缩。两者总是交替进行,且表现突出。资本主义国家的通货膨胀和失业是一种交替关系,但在我国失业与通货膨胀则相互强化。失业迫使货币当局扩大货币投放,以增加就业。而低效率水平下就业的扩大,必然会导致总产出能力的萎缩,使有效供给低于总需求,从而形成供给缺口,推动价格上升;价格上升又引致企业成本增长和工资成本上升,劳动力吸收能力下降,进一步加大就业的缺口。我国"大跃进"期间,国民经济严重衰退。为解决粮食和就业问题,政府3年间强制性向农村回迁3 200万人,由于计划管制价格条件下的抑制型通货膨胀,并没有影响当时的商品零售价格,属于一种隐性滞胀。到1985、1988和1993年,我国又以较高的货币投入拉动经济的高增长,结果诱发了严重的通货膨胀。1985、1988、1993年物价上升幅度分别达到9.01%、18.5%、13.2%,到1994年物价上升达21.7%。这说明,在我国经济波动具有强烈的连带作用,经济波动会通过社会生活中的表象及时地表现出来,并对社会经济的科学发展产生深远的影响。

3.1.3.3 我国经济周期性波动理论的形成

对我国经济周期性波动的机理和成因进行深入分析,总结出我国经济波动的周期性规律,并提出应对我国经济周期性波动的对策,标志着我国经济周期性波动理论的形成。

纵观我国的经济发展历程,可以发现社会经济其实一直处于扩张与收缩交替发展的循环之中。在高度集中的计划经济管理体制下,经济的周期波动不仅没有得到有效的节制,相反经济波动的程度比同期资本主义国家还要强烈;经济体制改革以后,随着经济关系的理顺,经济波动的程度相对趋于平缓,周期时间也进一步延长。这说明社会制度不是经济波动的根本原因。经济发展的周期性波动有其深刻的原因。

(1) 我国经济周期性波动的机理

社会经济波动是一系列相关因素综合影响的结果。如果将经济发展看成一个动态的系统,那么这些因素一部分是从系统内部

造成社会经济的波动,其余的部分则从系统的外部引起社会经济
的波动。我们将系统内部的诸因素及其作用机制称为内部传导机
制,系统外部的诸因素及其作用机制称为外部传导机制。

内部传导机制是经济周期性波动的"内在性",而外部传导机
制是外部变量的变化,外部传导机制通过影响内部传导机制而影
响经济波动。事实证明,外部冲击是引起经济波动的初始原因,而
内部传导机制是外部影响力的响应和调整。"理论研究表明,外在
冲击力和内部传导机制对经济波动的影响是不同的。内部传导机
制,即经济体系的结构和参数决定着经济波动的周期性和经济周
期的持续性,决定着经济周期的波幅、波峰、波谷、波位、波长、波动
性质等基本形态;而外在冲击力并不能决定波动的周期性和持续
性,只是通过内部传导机制对每一个具体周期波动的波幅、波峰、
波谷、波位、波长、波动性质等产生叠加影响,从而使波发生变形。
另外,周期波动发生过程中的转折点,主要是由占主导地位的外在
冲击因素决定。"[1]

由于外部传导机制必须通过内部传导机制起作用,因而经济
波动的表象往往要滞后于影响经济发展的直观现象。因此,经济
波动周期内各阶段是相互影响的。在经济收缩时期正孕育着经济
的复苏,在经济扩张时期也隐含着经济衰退的阴影。

影响我国经济周期性波动的内部传导机制和外部传导机制比
较复杂(见表 3-8),在实际经济生活中,二者对经济的冲击是综合
的。由于内部传导机制与外部传导机制本身的复杂性和不确定
性,使经济波动的周期也具有了不均衡性。

在这些内部和外部传导机制中,普遍认为供求关系是引起经
济波动的主要因素。由于供求在社会经济生活中广泛存在,形成

[1] 刘恒:《当代中国经济周期波动及形成机理研究》,西南财经大学出版社 2003
年版,第 150~151 页。

表 3-8   影响我国经济周期性波动的内部传导机制和外部传导机制

传导机制	主要内容	作用机理
内部传导机制	乘数—加速数机制	反映构成总需求的投资和消费之间的作用和反作用过程,以及对总产出的影响。主要起调节作用
	产业关联机制	反映国民经济各产业之间相互的连锁效应
	区域经济协调机制	反映构成宏观经济的区域经济之间的协调、转移作用
	经济增长潜力制约机制	反映经济波动的制约机制,使经济既不能无限扩张,也不能无限收缩
外部传导机制	社会供求机制	社会总需求和总供给的滞后效应是引起经济波动的基本动因。需求促进供应,供应又带来新的需求。需求的矛盾与解决推动经济周期性波动发展
	金融市场机制	反映金融市场上货币的供需及国家财政政策对经济波动的影响
	体制变动	反映经济体制的变动对经济发展的影响
	分配激励机制	社会产品的分配形式和分配比例,对经济波动的波峰和波谷起着推波助澜的作用
	国际政治、经济动态	一个国家和地区作为全球经济的一部分,不可能脱离国际政治、经济的大环境,国际政治、经济动态对经济波动的影响越来越大

了影响经济波动的一系列因果链。如需求变动会引发生产变动,导致收入、支出变动,需求的暂时满足又会形成新的需求,就是一个典型的因果链。在经济活动中,由于需求的复杂性和多样性,使这些因果链具有连锁性,结果会结成一个环节相互连锁的空间网状系统,任何因果关系的变动,都可能会引起经济系统的不平衡,导致经济发展的波动。

同时,因果链还具有自我积累性和突变性。根据乘数—加速数原理,投资需求的扩张会引起生产的加倍增长;生产的增长,将引起收入、支出的增长,进一步引起投资需求新的加速扩张。这样就会产生更多的因果链,使内部传导机制更加复杂,也增加了外部传导机制的影响范围。如果加速扩张的新的需求得不到满足,就可能引发因果链的断裂、重组,使因果链自身结构发生变化;或者新的需求由于相对稳定的生产潜力线而受到制约,也会使因果链发生变动,从而引起经济的波动。

另外,经济发展的外部环境对其内部的因果链也会产生影响。而且外部的冲击具有不确定性、不规则性和突变性,因而对内部因果链的影响程度也各不相同。表现在具体的经济波动周期内,就会使经济波动产生畸变。

因此,由于核心因果链的作用,内部传导机制将发生周期性的波动,从而引发经济周期性波动;由于外部传导机制的不确定性和突变性,以及外部传动机制的作用的不可避免性,经济在周期性波动的总趋势下,又表现出各个不同周期内的特殊性。

(2) 我国经济周期性波动的原因

导致经济周期性波动的因素非常复杂,同时各个因素对经济波动的作用不仅不同,而且在不同的周期其作用也不同。概括起来,这些因素按其自身的社会属性可以分为 8 大类[150],即经济因素、政策因素、政治因素、心理因素、技术因素、自然因素、人口因素和国际因素。

① 经济因素方面的原因。

经济因素主要包括需求、生产、收入和支出这 4 个基本因素,以及资源供给因素和体制、组织制度因素。其中需求、生产、收入和支出 4 个基本经济因素构成核心因果链(见图 3-5)。以需求为首的核心因果链的运行,形成经济周期性波动的内在的、基本的核心波,在乘数—加速数机制作用下,要求生产加速进行,但由于资源供给以及体制、组织制度因素的影响,使生产结构和供求关系处

于失调→加强调节→协调→再失调的状态,表现为经济的周期性
波动。

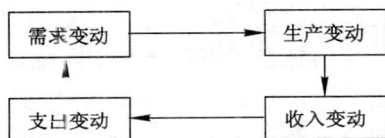

图 3-5 核心因果链结构图

目前普遍认为,投资的波动是导致经济波动的直接原因,是最
主要的内部传导机制。由于我国的实际情况,不仅投资责任不明,
而且投资的自我约束机制也比较薄弱,在"功利作用"的驱使下,便
周期性地形成"投资饥渴",导致投资无限扩张。投资的同步性、同
质性导致大量投资的重复性,这又与资源的有限性形成矛盾,受制
于资源的"瓶颈"作用,一方面形成经济的周期波动,同时另一方面
也形成资源供需的周期波动。

另外,产业结构的不合理也是形成和加强我国经济波动的主
要因素。长期以来,我国产业结构演进的特点可概括为:第一产业
超负荷运转,第二产业发展"瓶颈"突出,第三产业严重滞后。由此
形成国民经济比例失调、结构恶化的局面。在我国,农业处于国民
经济中的基础地位,并且在经济总量中占有较大比重。但农业基
础脆弱,后劲不足,再加上近70%的农业人口,使农业生产的波动
成为经济周期波动的基础。同时,工业结构向加工业倾斜,基础工
业的发展缓慢,造成能源供应紧张、原材料短缺而生产能力大量闲
置的现象。此外,运输、邮电、商业服务业和金融保险业的发展还
不能满足经济增长和人民生活水平不断提高的需要。因此,产业
结构与社会需求结构不相适应的矛盾必然表现为产业结构对国民
经济增长的影响。

② 政策与政治因素方面的原因。

　　政策因素和政治因素主要包括国家的财政政策、货币政策、工资政策、价格政策、产业政策、经济体制和制度的改革等。经济体制、经济决策、社会政治状况等都对经济增长具有深刻的影响,这也是我国经济周期与国外经济周期具有不同特点的重要原因。但这些因素并不是形成经济周期的根本原因,它们属于外部传导机制。它们不创造或消灭经济周期,却能够导致经济波动提前或迟缓、弱化或强化,即对经济周期性波动的具体形式如周期的振幅、波型、长度等具有很大影响。

　　商品经济条件下,经济运行中始终存在着与经济周期波动相关的两种力量:其一是由投资的无责任制所产生的"投资饥渴"或"投资扩张";其二是由分配上的"大锅饭"及管理上的僵化所形成的生产活力的丧失和经济效益的低下。在这种体制下,即使政府决策不出现失误,也会在经济运行中内在地产生出投资需求无限扩张的冲击力量。而在我国,政府运用政权力量来管理经济职能,这与资本主义国家有本质上的区别。因此,经济决策和政治需要在经济周期性波动实现的过程中,起着重要的影响作用。在传统的计划经济体制下,经济发展服从于政治目标的追求,政治目标以及政治运动引起的狂热常常支配经济机制以不符合规律的方式发展,并最终导致经济动荡。改革开放以来,我国逐步从计划经济体制向社会主义市场经济体制转变,生产决策权和投资权趋于多元化。企业以市场动态、投资活动的趋势等来预测经济周期的发展前景,"景气循环"的可预期性显著提高,市场信号逐渐成为引导投资决策的基本依据。因此,政策的变动是影响经济波动的重要原因之一。

　　③ 心理因素、技术因素、自然因素和人口因素方面的原因。

　　大量研究表明,人的心理对决策影响非常大。不同的人对待同一个问题可能采取完全不同的措施。在对待经济问题时,主要有两种心态:乐观情绪和悲观情绪。人们往往在经济扩张阶段持乐观态度,从而推动经济进一步发展;而在经济收缩阶段,大部分人都持悲观态度,使经济波动雪上加霜。可见,大部分人的心理状况是与经济波动的阶段相一致的。当然也有一部分人会冷静地分析经济形势,再加上人的心理也在不断变化,客观上会推动经济不断地向下一个阶段发展。

"科学技术是第一生产力"的论断深刻揭示了技术的力量。技术进步会从根本上改变产业结构、经济结构等。因此,技术对经济的影响非常巨大。但是科学技术的研究周期比较长,而且技术具有相关性,因此技术对经济的影响往往是长远的,新技术的发明和应用会推动经济的发展,使社会经济呈不断发展的总趋势;然而随着时间的推移,新技术在应用中会产生新的问题,影响经济的快速发展,需要相关技术的另外突破,否则会使经济发展速度减缓甚至停滞。因此,技术进步也会影响经济的波动,甚至可能成为导致经济波动的主要原因。

自然资源是社会经济发展的基础,但自然资源的承载力是有限的。一旦破坏了自然界的平衡,就容易引起频繁的自然灾害。而自然灾害对经济的冲击是非常巨大的,可能使社会经济从高速发展的阶段一下子滑落,造成经济的剧烈波动。因此,自然问题、环境问题已日益引起人们的重视;可持续发展理论的提出和可持续发展战略的实施已成为全球的共同战略问题。

人口因素对经济的影响是双方面的,首先人口增加会扩大需求,从而拉动生产,使经济快速发展;但同时由于人口增加,会相应地增加社会负担,并可能会影响生产的效率,进而可能引起分配矛盾,导致经济发展的不平衡,引起经济波动。在我国,人口问题是影响经济快速发展的主要因素,但同时也对经济的剧烈波动起着一种缓冲作用。

④ 国际因素。

随着经济全球化速度的加快,任何一个国家的发展都不可能脱离国际大市场。随着我国正式成为 WTO 的成员,国际环境对我国经济发展的影响日益加强。其中,国际性的供需冲击、国际性的金融冲击以及国际性的战争等都会影响到我国的经济发展。由于国际市场需求的扩大,必然会拉动国内的生产规模扩张,带动经济的快速发展;相反如果国际市场饱和,生产自然就会受到影响,经济就会转入低迷。当然国际性的战争对经济发展的影响就更大了。同时,经济周期还具有国际传递性。全球整体性的经济发展也会给我国的经济发展增加空间,而全球性的经济衰退也必然会影响我国的经济发展。

(3) 应对我国经济周期性波动的对策

毫无疑问,经济发展的剧烈波动对经济发展是非常不利的。因此,努力克服经济发展中的"大起大落"、避免剧烈波动是现代经济发展中的重要内容。为了能够促进我国经济的长久繁荣与稳定,根据我国经济波动的周期性规律,采取积极的应对措施是非常必要的。

首先,应加强宏观经济发展战略的制定和执行,切实解决结构性失调问题。前已叙及,需求与供给的矛盾是引发经济波动的基本原因,而保证社会供需基本平衡离不开国家的宏观经济政策。由于我国区域经济发展的不平衡,造成了经济结构、产业结构、人力资源结构等的不平衡,因而根据实际,制定切实可行的产业政策、区域经济发展战略、合理的财政政策等中长期政策,对于促进国民经济的高效稳定发展非常重要。当然,战略、政策的制定是一个方面,坚定的执行则更重要。没有强有力的监督机制,不能保证战略、政策的贯彻执行,再科学合理的政策也是无用的。同时,实际情况是动态的,战略的制定是相对静止的,因此实际执行中必须根据实际情况的变化,对政策进行及时修正,才能保证政策的科学合理,才能真正解决问题,才能保证政策对经济稳定发展的积极作用。

其次,应建立行之有效的经济政策调控体系。影响社会经济发展的因素很复杂,而且这些因素很容易激发矛盾,这就需要国家通过宏观政策来引导和调控。在既定战略的基础上,保证经济政策(税收政策、货币政策、资源利用政策等)的相对稳定性,可以使投资者、生产者和消费者增强信心,促进经济的稳定发展。当然,随着经济的发展,对已经不适应经济发展的相关政策,应当及时完善和修正;对出现的新问题、新情况,应及时制定相应的政策,保证政策的科学性和协调性,从而逐步实现收入水平、城乡结构、区域结构的合理调整。

另外,要加强对我国宏观经济的监测和预警。准确、及时的信息是正确决策的基础,因此应加强对我国宏观经济的监测。经济波动的周期性是通过一系列的经济现象综合反映在 GDP 上的,纷繁复杂的经济现象和经济指标,只有加强对经济基础数据信息的收集、整理和分析,通过大量的去粗取精、去伪存真的工作,才能保证基础数据的真实可靠性,才能真实地反映社会经济的发展状况。但是社会经济的波动是不可能完全避免的,为了避免经济的剧烈波动,需要在经济波动的前续阶段就做好调整工作,因此,以宏观经济增长的波动为监测对象,建立预警系统非常必要。通过对宏观经济总量的增长波动、部门和产业的经济波动以及不同地区的经济波动进行监测和预警,建立起我国完整的经济波动预警系统,以科学、适时地评价宏观经济的运行状况,准确反映当期经济形势的冷热程度,并合理预测未来经济可能发生的变化。在经济可能发生重大转折时,及时提供信息进行超前预警,保证社会经济稳定发展。

同时,应建立适应和调节国际经济波动的机制。随着我国国际化进程的加快,我国经济对世界经济的影响和世界经济对我国经济的影响都在不断加强,通过贸易、投资等国际合作,他国的经济波动也会对我国产生相应的影响。因此,应该对世界经济的发展和相关国家的经济发展同样进行必要的监测,并建立相应的调节机制,从而把损失减少到最低程度。

3.2　我国经济周期波动与能源供需波动的关系分析

对于我国经济的周期性波动,经过大量的实证研究已经形成了比较一致的共识。但是,影响经济周期性波动的原因却在不断复杂化,而且经济的波动发展也要对影响经济发展的因素产生影响,有时甚至是很严重的影响,并造成这些因素的发展也呈现出波动性。

在我国,由于产业经济结构的原因,能源始终是制约经济发展的"瓶颈"。能源在国民经济发展中的基础地位在我国体现得更为突出。因此,经济发展与能源的供需具有密切的关系。一方面,经济发展的快速驱动会增加对能源的需求,短时间内会出现能源的供不应求;于是就会出现能源生产投资的不断追加,迅速提高能源的产量以满足经济建设之需。另一方面,经济发展减缓之后,对能源的需求也会减速,能源生产就会表现出相对过剩,出现暂时的供过于求;于是就会出现能源生产的追加投资减少,能源生产能力不能有效发挥。由此,随着经济的周期性波动,我国能源的供需也会出现周期性的波动。

3.2.1　经济的周期性波动与能源供需波动

能源对社会经济发展的重要性使得现代社会都高度重视能源的生产和消费。建国以来,我国对能源的重视程度在不断提高,对能源建设的投资总量也在不断增加。第一个五年计划以来,随着我国社会经济的发展,能源产业发生了巨大的变化,能源的生产和消费都在迅速增加(见表3-9)。

表 3-9　　　　1953 年以来我国的能源生产和消费情况表

年份	能源生产总量（万 tce）	占能源生产总量（%）				能源生产环比增长率（%）	能源消费总量（万 tce）	占能源消费总量（%）				能源消费环比增长率（%）
		原煤	石油	天然气	水电			煤炭	石油	天然气	水电	
1953	5 192	96.3	1.7		2.0		5 411	94.3	3.8		1.8	15.21
1954	6 262	95.8	1.8		2.4	20.61	6 234	93.5	4.3		2.2	11.77
1955	7 295	95.9	1.9		2.2	16.50	6 968	92.9	4.9		2.1	26.29
1956	8 242	95.3	2.0		2.7	12.98	8 800	92.7	4.8		2.4	9.59
1957	9 861	94.9	2.1	0.1	2.9	19.64	9 644	92.3	4.6	0.1	3.0	82.49
1958	19 845	97.1	1.6	0.1	1.2	101.25	17 599	94.6	3.9	0.1	1.4	35.95
1959	27 161	97.0	2.0	0.1	0.9	36.87	23 926	94.7	4.1	0.1	1.1	26.17
1960	29 637	95.6	2.5	0.5	1.4	9.12	30 188	93.9	4.1	0.5	1.5	−32.46
1961	21 224	93.5	3.6	0.9	2.0	−28.39	20 390	91.3	5.5	0.9	2.3	−18.88
1962	17 185	91.4	4.8	0.9	2.9	−19.03	16 540	89.2	6.6	0.9	3.2	−5.88
1963	7 009	91.1	5.4	0.3	2.7	−1.02	15 567	88.9	7.2	0.8	3.1	6.87
1964	17 232	89.1	7.0	0.3	3.1	1.31	16 637	88.0	8.0	0.7	3.3	13.61
1965	18 824	88.0	8.6	0.3	2.6	9.24	18 901	86.5	10.3	0.9	2.7	7.24
1966	20 833	86.4	10.0	0.8	2.8	10.67	20 269	86.2	10.2	0.7	2.9	−9.58
1967	17 494	84.1	11.3	1.1	3.5	−16.03	18 328	84.8	10.9	0.8	3.5	0.42
1968	18 715	83.9	12.2	1.0	2.9	6.98	18 405	83.8	12.1	0.8	3.4	23.50
1969	23 104	82.2	13.5	1.1	3.2	23.45	22 730	81.9	13.8	0.8	3.5	28.86
1970	30 990	81.6	14.1	1.2	3.1	34.13	29 291	80.9	14.7	0.9	3.5	17.77
1971	35 289	79.3	16.0	1.4	3.3	13.87	34 496	79.2	16.0	1.4	3.4	8.05
1972	37 785	77.5	17.3	1.7	3.5	7.07	37 273	77.5	17.2	1.7	3.6	4.93
1973	40 013	74.4	19.2	2.0	4.4	5.90	39 109	74.8	18.6	2.0	4.6	2.65
1974	41 626	70.8	22.3	2.4	4.5	4.03	40 144	72.1	20.7	2.5	4.7	13.16

年份	能源生产总量（万tce）	占能源生产总量（%）				能源生产环比增长率（%）	能源消费总量（万tce）	占能源消费总量（%）				能源消费环比增长率（%）
		原煤	石油	天然气	水电			煤炭	石油	天然气	水电	
1975	48 754	70.6	22.6	2.4	4.4	17.12	45 425	71.9	21.1	2.5	4.6	5.30
1976	50 340	68.5	24.7	2.7	4.1	3.25	47 831	69.9	23.0	2.8	4.3	9.46
1977	56 396	69.6	23.7	2.9	3.8	12.03	52 354	70.3	22.6	3.1	4.1	9.15
1978	62 770	70.3	23.7	2.9	3.1	11.30	57 144	70.7	22.7	3.2	3.4	2.53
1979	64 562	70.2	23.5	3.0	3.3	2.85	58 588	71.3	21.8	3.3	3.6	2.88
1980	63 735	69.4	23.8	3.0	3.8	−1.28	60 275	72.2	20.7	3.1	4.0	−1.37
1981	63 227	70.2	22.9	2.7	4.2	−0.80	59 447	72.7	20.0	2.8	4.5	4.41
1982	66 778	71.3	21.8	2.4	4.5	5.62	62 067	73.7	18.9	2.5	4.9	6.40
1983	71 270	71.6	21.3	2.3	4.8	6.73	66 040	74.2	18.1	2.4	5.3	7.37
1984	77 855	72.4	21.0	2.1	4.5	9.24	70 904	75.3	17.4	2.4	4.9	8.15
1985	85 546	72.8	20.9	2.0	4.3	9.88	76 682	75.8	17.1	2.2	4.9	5.44
1986	8 124	72.4	21.2	2.1	4.3	3.01	80 850	75.8	17.2	2.3	4.7	7.15
1987	91 266	72.6	21.0	2.0	4.4	3.57	86 632	76.2	17.0	2.1	4.7	7.35
1988	95 801	73.1	20.4	2.0	4.5	4.97	92 997	76.2	17.0	2.1	4.7	4.23
1989	101 639	74.1	19.3	2.0	4.6	6.09	96 934	76.0	17.1	2.0	4.9	1.82
1990	103 922	74.2	19.0	2.0	4.8	2.25	98 703	76.2	16.6	2.1	5.1	5.15
1991	104 844	74.1	19.2	2.0	4.7	0.89	103 783	76.0	17.0	2.0	5.0	5.19
1992	107 256	74.3	18.9	2.0	4.8	2.30	109 170	75.7	17.5	1.9	4.9	6.25
1993	111 059	74.0	18.7	2.0	5.3	3.55	115 993	74.7	18.2	1.9	5.2	5.81
1994	118 729	74.6	17.6	1.9	5.9	6.91	122 737	75.0	17.4	1.9	5.7	6.88
1995	129 034	75.3	16.6	1.9	6.2	8.68	131 176	74.6	17.5	1.8	6.1	5.92
1996	132 616	75.2	17.0	2.0	5.8	2.78	138 948	74.7	18.0	1.8	5.5	−0.83

年份	能源生产总量(万 tce)	占能源生产总量(%)				能源生产环比增长率(%)	能源消费总量(万 tce)	占能源消费总量(%)				能源消费环比增长率(%)
		原煤	石油	天然气	水电			煤炭	石油	天然气	水电	
1997	132 410	74.1	17.3	2.1	6.5	−0.16	137 798	71.7	20.4	1.7	6.2	−4.05
1998	124 250	71.9	18.5	2.5	7.1	−6.16	132 214	69.6	21.5	2.2	6.7	−1.58
1999	109 126	68.3	21.0	3.1	7.6	−12.17	130 119	68.0	23.2	2.2	6.6	0.14
2000	106 988	66.6	21.8	3.4	8.2	−1.96	130 297	66.1	24.6	2.5	6.8	3.54
2001	120 900	68.6	19.4	3.3	8.7	13.00	134 914	65.3	24.3	2.7	7.7	9.86
2002	138 369	71.2	17.3	3.1	8.4	14.45	148 222	65.6	24.0	2.6	7.8	13.21
2003	160 300	74.2	15.2	2.9	7.7	15.85	167 800	67.1	22.7	2.8	7.4	15.21

数据来源:《中国统计年鉴》(1992,2004),中国统计出版社。

从统计资料可以看出,我国能源生产和能源消费的绝对数增长都非常大。如果以 1978 年为界,将 1953～2003 年划分为两个阶段,则 1978 年能源的生产总量为 1953 年的 12.0 倍,能源的消费总量为 1953 年的 10.6 倍;2003 年能源的生产总量为 1953 年的 30.9 倍,能源消费总量为 1953 的 31.0 倍。但是,能源生产和消费的增长也不是绝对线性的,存在着波动(见图 3-6)。长期来看,我国能源生产和消费的变动趋势是一致的,而且表现出与我国经济发展基本相同的波动规律,即我国能源生产和消费的波动也存在周期性。因而,寻求我国能源生产和消费的波动规律,对制定合理的能源发展战略,保证社会经济的健康、稳定发展具有积极的意义。

3.2.1.1 我国经济周期性波动与能源消费的波动

一般认为,能源对社会经济的发展具有"瓶颈"作用,但是往往忽略了经济发展对能源生产和消费的影响。实际上,能源消费在影响经济发展的同时,也受到经济发展的影响。能源与经济是相

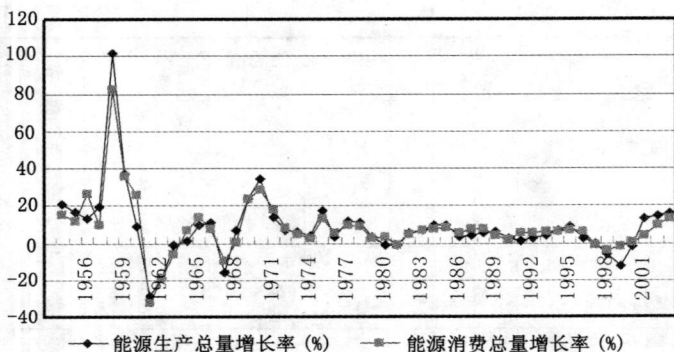

图 3-6　我国能源生产和消费变动情况

互影响、相互促进的。在能源消费密度变化不大的情况下，能源消费的快速增长实际上就预示着经济的快速增长；而当经济发展速度减缓后，能源消费的增长率也会有所降低。因此，经济发展与能源消费二者之间的相互影响非常显著。

　　在不考虑其他条件影响的情况下，能源消费的增长会促进经济的扩张。在现代经济条件下，由于科学技术的进步和人类对能源认识的深入，能源的利用效率在不断提高。如果能源消费的绝对数快速增加，就预示着经济的高速发展阶段很快就会到来，因为经济的发展速度与能源消费的增长速度存在着高度的相关性。

　　根据我国 1953～2003 年的经济发展和能源消费情况，分析它们的相关性，计算公式如下：

$$\gamma = \frac{\delta_{xy}}{\delta_x \cdot \delta_y} \qquad (3-4)$$

式中　γ——相关系数；

　　　δ_{xy}——GDP 数列与能源消费总量数列的协方差；

　　　δ_x——GDP 数列的标准差；

　　　δ_y——能源消费总量数列的标准差。

将 1953～2003 年的 GDP 和能源消费总量利用 SPSS 进行计算,相关系数为 0.869,说明经济发展与能源消费是强相关的。但是,如果进一步将 GDP 按照前述的波动周期进行划分,同样将能源消费也划分成相应的阶段,再进行相关性分析,如表 3-10 所示。可以发现,按照经济周期性波动分阶段考查,GDP 与能源消费总量的相关性更强了:在第一个经济周期阶段内,GDP 与能源消费总量的相关系数达到 0.998,即便是在相关系数最低的第二个经济周期阶段内,相关系数也达到 0.840。这说明,对 GDP 与能源消费的关系按照经济周期分阶段进行考查更准确,更主要的是说明了能源消费总量同经济发展的一致性,具有基本相同的波动周期。在经济发展之初,是能源消费带动经济快速发展;而当经济启动进入扩张阶段以后,就给能源消费提供了更加广阔的需求空间,使能源的需求更加快速增长;而当经济发展出现转折以后,能源的需求也会逐渐减缓,经济发展支柱产业的衰退必然使能源消费相对较少,从而使能源消费总量也随着经济的收缩而降低增长的速度。

表 3-10　　1953 年以来我国 GDP 与能源消费总量相关系数情况表

阶段	相关系数	阶段	相关系数	阶段	相关系数
1953 ～ 2003 年	0.869	1953～1962 年	0.957	1953～1957 年	0.998
				1958～1962 年	0.840
		1963～1972 年	0.952	1963～1968 年	0.960
				1968～1972 年	0.995
		1973～1981 年	0.895	1973～1977 年	0.962
				1978～1981 年	0.859
		1982～1990 年	0.987	1982～1986 年	0.995
				1987～1990 年	0.993
		1991～2003 年	0.905	1991～1999 年	0.916
				2000～2003 年	0.986

　　可见,经济的发展与能源的消费存在着密切的关系。一方面,
我国经济的发展规律表明我国经济的快速发展是以高投入为基础
的,能源消费尤其如此。据统计,2003 年我国的单位产值能耗为
1.43 万 tce/亿元,虽然比 1953 年下降了 23.23%,比改革开始的
1978 年更是下降了 218.98%,但与世界发达国家相比,能源利用
率仍有相当大的差距。1999 年我国的单位产值能耗是日本的 9.4
倍,是世界平均水平的 3.4 倍。若从 20 世纪 90 年代中期来看,我
国的能耗分别是瑞士、日本、法国、德国、美国、加拿大的 14.4 倍、
10.6 倍、8.8 倍、8.3 倍、4.6 倍和 4.2 倍[①]。经济发展对能源的依
赖性越强,经济的波动自然对能源消费的影响也就越强。我国是
典型的经济—能源相互影响型发展模式(见图 3-7),经济发展与
能源消费总量存在着基本一致的波动规律。因此,在我国目前的
情况下,研究经济发展必须充分考虑能源的影响,考虑能源的发展
规划则必须参照经济的波动情况。

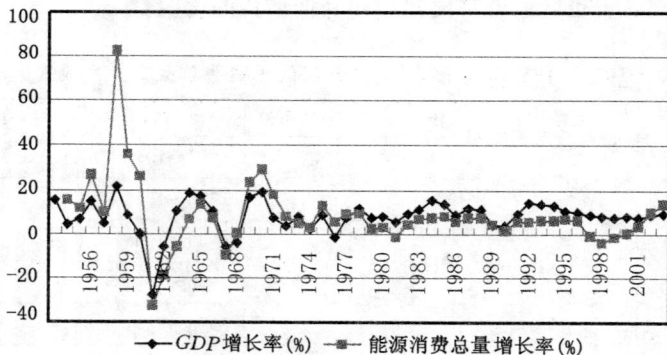

图 3-7　我国 GDP 与能源消费总量增长率关系图

　　① 马舒曼,吕永波,韩晓雪:《我国能源消费与经济发展》,《能源研究与信息》,
2004 年第 1 期,第 6～10 页。

3.2.1.2　我国经济周期性波动与能源生产的波动

经济的快速发展使相关产业增加了能源的消费,在短时间内就会出现暂时的能源供不应求,这就要求能源扩大生产来提供更多的能源,以满足经济发展的需要。但是,如果经济收缩,对能源的需求就会逐渐减缓,能源再扩大生产势必导致能源的相对供过于求,因此能源生产受市场价值规律和能源政策的影响,也会随着经济的收缩而压缩。因此,经济发展不仅与能源供应总量存在密切的关系,而且与能源生产也存在着密切的关系。如果说能源消费总量的扩大预示着经济的快速发展(在其他条件不变的情况下),那么经济的快速发展就要求能源扩大生产;如果说社会经济的收缩将减少能源消费的速度,那么经济收缩、能源需求的减缓使对能源生产的投资也会随之减少,能源生产产量增长速度减缓,甚至降低能源生产的产量,以保持能源供需的基本平衡。

根据我国 1953～2003 年的 *GDP* 和能源生产总量数据,分析它们的相关性如表 3-11 所示。通过对我国 *GDP* 与能源生产总量

表 3-11　1953 年以来我国 *GDP* 与能源生产总量相关系数情况表

阶段	相关系数	阶段	相关系数	阶段	相关系数
1953 ～ 2003 年	0.813	1953～1962 年	0.973	1953～1957 年	0.970
				1958～1962 年	0.936
		1963～1972 年	0.934	1963～1968 年	0.746
				1968～1972 年	0.999
		1973～1981 年	0.860	1973～1977 年	0.977
				1978～1981 年	0.100
		1982～1990 年	0.972	1982～1986 年	0.988
				1987～1990 年	0.990
		1991～2003 年	0.660	1991～1999 年	0.632
				2000～2003 年	0.999

的相关性考查,可以发现 GDP 与能源生产同样具有高度的相关关系。从 1953~2003 年的总体情况来看,二者的相关系数达到0.813,虽然没有 GDP 与能源消费总量的相关系数高,但也能够说明二者是密切相关的。

但进一步按照 GDP 的波动周期来分析,可以发现二者在同一周期阶段内的相关关系更加密切(第 6 个周期阶段除外),在第4 个周期和第 10 个未完的周期内,二者的相关系数高达 0.999。这说明我国能源生产同 GDP 的发展存在密切的关系,二者的影响也是相互的,尤其在同一个波动周期内影响更直接。

从我国能源生产的产量增长率来看,能源生产总量在不断增加的同时,也表现出明显的周期性,而且与 GDP 具有基本一致的周期性(见图 3-8)。但是在 1997 年以前,能源生产的波动性比GDP 更大,"大起大落"的现象更为严重,这主要是与当时的政策影响有关。

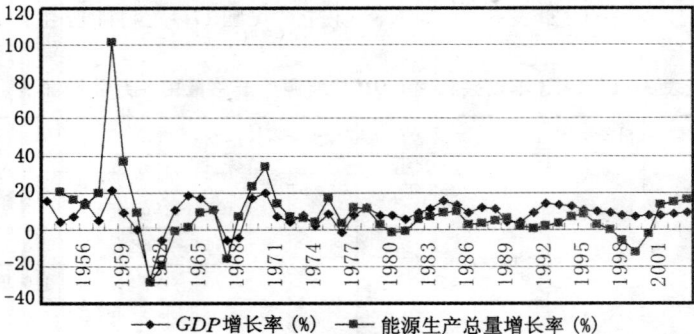

图 3-8 我国 GDP 与能源生产总量增长率关系图

经济体制改革以后,尤其是 20 世纪 80 年代后期和 90 年代初期,能源生产的波动逐渐变缓。90 年代中期以后,由于能源发展的累积效应和经济发展不相适应,造成能源相对过剩的局面。于是便出现了对能源生产的限制,尤其是我国的主导能源煤炭,由于市场的原因和人们对环境治理的日益重视,一段时期内全行业实行了"限产压库"的措施,限制了能源的总产量。从 2002 年开始,我国经济强劲增长,对能源的需求大幅度增长,导致现有能源生产能力严重不足,能源总量和结构都出现供不应求,因此,能源生产又呈现快速发展的局面。总之,能源生产与经济的发展也是相互影响、相互促进的,因此不论是制定能源总体发展战略,还是确定能源的生产规模,都要认真考虑经济发展的波动状况。

3.2.1.3 我国经济周期性波动与能源可供量的波动

随着经济的发展,我国对能源的需求越来越大。由于能源赋存的客观地域性和有限性,我国能源供需的缺口不断扩大。为了满足社会经济建设的需求,我国从战略的高度制定了"两种能源,两个市场"的战略。从 20 世纪 90 年代中开始我国从能源净出口国转变为能源净进口国,目前已经成为世界第二大能源消费国。因此,我国的能源可供量除了国内生产的以外,还包括从国外进口的能源。近年来,我国能源可供量也在随着国内能源产量的增加和 GDP 增长对能源需求的不断增加而增加(见表 3-12)。

表 3-12　　　　　1985 年以来我国能源可供量的情况

年份	能源可供量 (万 tce)	环比增长率 (%)	净进口量 (万 tce)	与 GDP 的 相关程度	
1985	77 603		−7 943		
1986	81 856	5.48	−6 268		
1987	87 145	6.46	−4 121	0.973	0.881
1988	93 235	6.99	−2 566		
1989	96 040	3.01	−5 599		
1990	96 138	0.10	−7 784		

年份	能源可供量 (万 tce)	环比增长率 (%)	净进口量 (万 tce)	与 GDP 的 相关程度	
1991	100 195	4.22	−4 649		
1992	104 880	4.68	−2 376		
1993	111 620	6.43	561		
1994	117 967	5.69	−762		
1995	129 535	9.81	501	0.796	
1996	134 433	3.78	1 817		0.881
1997	133 724	−0.53	1 314		
1998	128 368	−4.01	4 118		
1999	115 829	−9.77	6 703		
2000	115 150	−0.59	8 162		
2001	125 310	8.82	4 410	—	
2002	144 319	15.17	5 950		

可以看出,我国近年来能源可供量与 GDP 的相关系数达到 0.881,二者也是高度相关的。社会经济的发展需要能源作保证,而能源的来源可以是国内生产,也可以是国外进口。但两种来源的能源对国民经济的影响各不相同。因此,我国制定能源发展战略时,在充分考虑国内能源生产的同时,还应该考虑合理利用国外能源,使可供能源的总量与国民经济的发展相协调,从而保证国民经济的稳定发展,避免因能源而引起国民经济的大起大落。

3.2.2　我国经济周期性波动与能源供需波动的比较分析

我国能源的消费和生产波动虽然与宏观经济的周期性波动基本一致,但也表现出一定的差异性。

首先,能源消费和生产的波动幅度强于经济波动幅度的变动。不论是能源消费,还是能源生产,在经济体制改革以前,增长率的波动都很大。尤其是在"大跃进"时期,能源的消费和生产都成倍增长,但宏观经济并没有相应地大幅度增长。这表明当时能源的浪费非常严重。但改革开放以后,能源消费和生产波动的幅度大大减缓,一段时期内我国能源的消费和生产增长率的变动低于宏观经济的波动幅度。进入 21 世纪,随着我国经济的全面复苏,能源供应开始出现结构性紧张,表现出较强的波动。因此可以说,我国能源消费和生产的波动表现出剧烈—平缓—增强的状况。

其次,能源消费和生产的波动周期在拉长。与 GDP 的波动周期相比,能源消费和生产的波动周期呈延长的趋势。这种趋势在改革开放以后逐渐表现出来,主要是由于受到了能源结构调整和科学技术进步的影响(已在前一章进行了分析)。

另外,能源消费与能源供应的波动表现出一定的不一致性。在市场条件下,能源消费和生产的波动主要是由需求的变动引起的,而能源的需求动力来自于经济的发展。经济的发展需要有充足的能源保障,因此,伴随着经济的周期性波动,能源消费和生产的波动存在一个时间差。开始时随着经济的复苏,相关产业开始扩大生产,对能源的需求迅速增长,能源消费总量不断增加,即能源消费的增长为经济的迅速增长奠定了基础;此时,能源的生产仍受困于上一个波动周期的经济收缩,尚不能扩大生产。由于能源需求的增长,加上经济发展后对能源生产投资的增加,使能源生产不断扩大,能源生产总量也就不断增加。当经济发展到达顶峰,开始发生转折时,对能源的需求开始下滑,能源消费量不再以前一阶段的速度增长;但此时,能源的扩大生产才开始见效,能源生产能力剧增,当能源的供应超过社会经济发展的需求时,才开始限制能源生产。因此,能源的消费波动与能源的生产波动是不完全一致的,二者以经济波动为纽带,存在一定时差。

最后,能源消费和生产波动与经济波动所反映的经济实质不同。*GDP* 是一个国家或地区综合实力的体现,*GDP* 的波动综合反映了我国的经济发展态势。而能源消费和生产则反映了经济建设的保障基础,能源消费和生产的波动可以反映影响经济建设的主要因素和国家宏观投资和调控的重点。因此,在掌握我国能源消费和生产波动规律的基础上,加强能源消费和生产的预警和规划,对促进国民经济的健康稳定发展具有重要的战略意义。

3.3 我国能源供需周期波动理论

我国是一个能源生产和消费大国,能源已经成为国民经济的基础支柱。目前我国的能源生产量仅次于美国和俄罗斯,居世界第三位;基本能源消费占世界消费总量的 10% 左右,仅次于美国,居世界第二位。能源问题已经成为我国实现由农业型社会向工业型社会转化的核心问题之一,因而日益引起人们的关注。实践证明,只有保持能源供需的基本平衡,并与社会经济发展相适应,才能保证社会经济的科学发展。

然而,能源的生产和消费在随着经济的发展不断增长的同时,也表现出增长的特殊性,即增长的波动性、周期性以及生产和消费的不协调性。建国以来,随着经济的波浪式周期性发展,能源生产和消费也经历了多次的发展高潮,能源生产和消费的快速增长,有力地促进了国民经济不断攀上台阶。但是,能源生产和消费的增长也几度步入低潮,导致社会经济的衰退并造成严重的浪费。因而,深入分析能源消费和供应的周期性波动规律,减缓能源生产和消费周期性波动的幅度,对于保证社会经济持续、快速、稳定地发展非常必要。

3.3.1 我国能源生产和消费周期性波动的直观分析

3.3.1.1 我国能源生产和消费波动的直观描述

从图 3-6、图 3-7、图 3-8,可以清楚地看出,我国能源生产和消费从 1953 年至 2003 年的增长率呈周期性波动。同时,为了修匀剧烈增长波动的影响,分别采取三期平均数的方法对能源生产和消费增长进行对比分析(见图 3-9、图 3-10)。可以发现,经过三期平均修匀后,基本克服了能源生产和消费在改革开放前的"大起大落",而对改革开放以后的波动则影响不大,二者反映的基本波动信息没有变化。

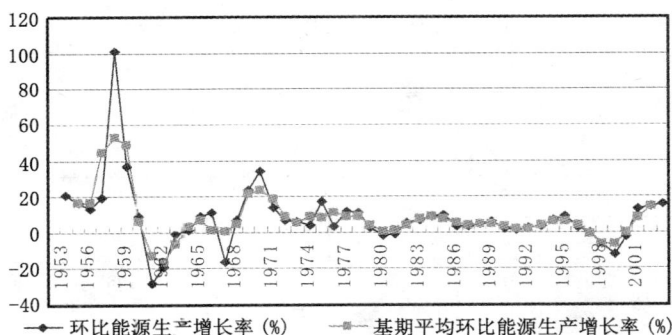

图 3-9 我国能源生产增长波动对比图

根据能源生产和消费增长率的情况,同样按照"谷—谷"法进行划分,可以将能源生产和消费 50 多年来的变动划分为 10 个周期和 9 个周期(见表 3-13)。很明显,能源消费的波动周期比能源生产的波动周期少一个周期,即能源生产的第七、八两个周期段内能源消费完成了一个完整的波动周期。除此而外,能源的消费波动周期与生产波动周期完全一致。

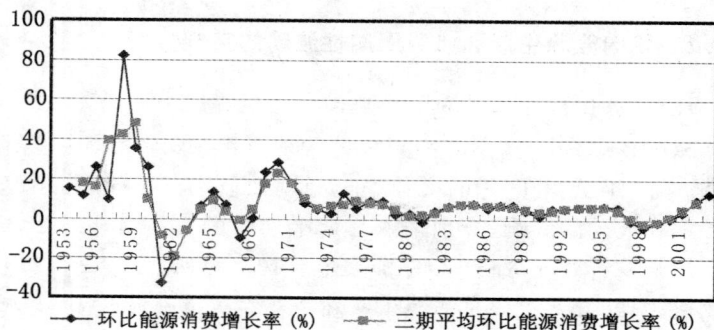

图 3-10　我国能源消费增长波动对比图

表 3-13　　　　　　　我国能源生产和消费波动周期划分

能源生产增长波动周期划分			能源消费增长波动周期划分		
周期序号	年　　份	周期长度（年）	周期序号	年　　份	周期长度（年）
1	1953～1957	5	1	1953～1957	5
2	1958～1961	4	2	1958～1961	4
3	1962～1967	5	3	1962～1967	5
4	1968～1973	6	4	1968～1973	6
5	1974～1976	3	5	1974～1976	3
6	1977～1981	5	6	1977～1981	5
7	1982～1986	5	7	1982～1990	9
8	1987～1990	4	8	1991～1999	9
9	1991～1999	9	9	2000 年开始，现在还未结束	
10	2000 年开始，现在还未结束				

3.3.1.2 我国能源生产的波动规律

随着社会经济和科学技术的发展,我国能源生产总量发生着巨大的变化。50 多年来,能源生产增长率表现出从"大起大落",转为平稳增长,又到变化幅度较大的趋势。我国能源生产的周期性波动规律如表 3-14 所示。

表 3-14　　　　我国能源生产总量波动规律

周期序号	波　峰		波　谷		波动幅度(%)	波动系数
	年份	峰值(%)	年份	谷值(%)		
1	1954	20.61	1956	12.98	7.63	0.17
2	1958	101.25	1961	−28.39	129.64	1.59
3	1966	10.67	1962	−19.03	29.70	4.62
4	1970	34.13	1968	6.98	27.15	0.68
5	1974	3.25	1975	17.12	13.93	0.78
6	1977	12.03	1980	−1.28	13.31	1.20
7	1985	9.88	1986	3.01	6.87	0.36
8	1989	6.09	1990	2.25	3.84	0.34
9	1995	8.68	1999	−12.17	20.85	5.82

可以看出,我国能源生产总量的增长呈现出以下的特点:

① 我国能源生产总量增长呈明显的周期性波动,而且能源生产总量增长的波动与国民经济增长的波动具有一致性。很明显,能源生产的总量在波浪式地增长,波动周期平均为 5.22 年,波动系数在第九个周期达到最大 5.82,波动幅度平均达到 23.61%。这说明我国能源生产总量的增长波动明显存在,而且从直观上来看能源生产总量的波动周期与我国国民经济的波动周期是一致的。

② 我国能源生产总量的波动幅度具有显著的转折。同我国经济发展的周期性波动相一致,能源生产总量的增长波动也可以从改革前后两个阶段来考查。在经济体制改革以前,能源生产的

波动幅度比较大,尤其是在第二个周期阶段,波动幅度变动高达129.64%。这与当时的经济发展和宏观政策是一致的。改革开放以后,由于经济发展逐渐摆脱了人为因素的重大影响,能源生产结构也不断趋于合理,能源生产保持了稳定发展。但是由于受市场调节的影响,进入20世纪90年代以后,能源生产的波动又表现出新的特点,即能源生产增长的波动呈现出波动幅度减小、周期长度增加的趋势。

③ 我国能源生产总量受能源基本建设投资变动的影响比较大。一方面,能源生产的特殊性决定了能源生产的初期投资比较大,而且建设周期比较长,即便是从投资项目完成到形成生产能力也需要较长的时间。这就形成投资产生效率的时间滞后性,导致快速提高能源产量对现有生产能力的巨大压力。另一方面,一旦能源生产能力形成,就会因为投资的巨大而很难退出,必然导致市场相对饱和情况下的无序竞争,形成生产能力的浪费。我国历年能源基本建设投资情况见图3-11。

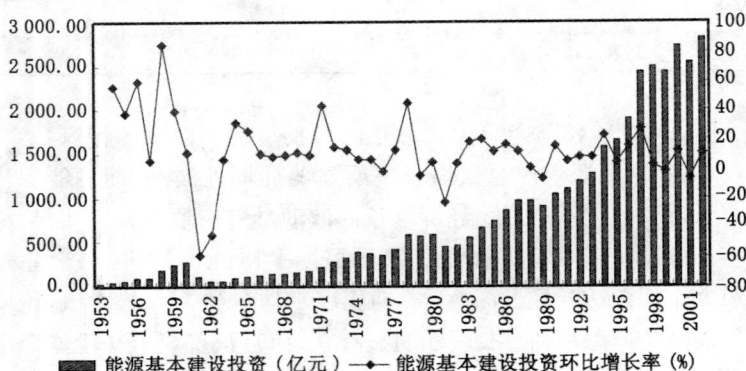

图 3-11　我国能源基本建设投资情况

资料来源:Lawrence Berkeley National Laboratory. *China Energy Databook*（《中国能源数据手册》）. Table 3B. 3 Gross National Product and Gross Domestic Product,June 2004。

可见,我国能源基本建设投资总体上在随着国民经济的迅速增长而不断增加,但从增长的幅度来看,则表现出明显的周期性。如果按照"谷—谷"标准来划分,能源基本建设投资的增长也可以划分为 9 个周期。投资增长的波动与能源生产总量的波动基本吻合。但能源基本建设投资的周期性增长在 20 世纪 90 年代以后波动比较频繁,这与我国当时市场逐步完善、能源投资主体逐步多元化存在很大的关系。

④ 我国能源生产的结构趋于合理,能源的结构化增长对能源生产总量的增长波动也产生一定的影响。我国的一次能源主要包括原煤、石油、天然气和水力发电,其中煤炭始终是我国最主要的能源,占绝对比例。但能源结构的单一化很容易引起能源的安全供应问题。为此,我国在大力发展煤炭能源生产的同时,也加强了石油、天然气和水电的发展,使能源生产结构不断趋于合理(见图3-12)。

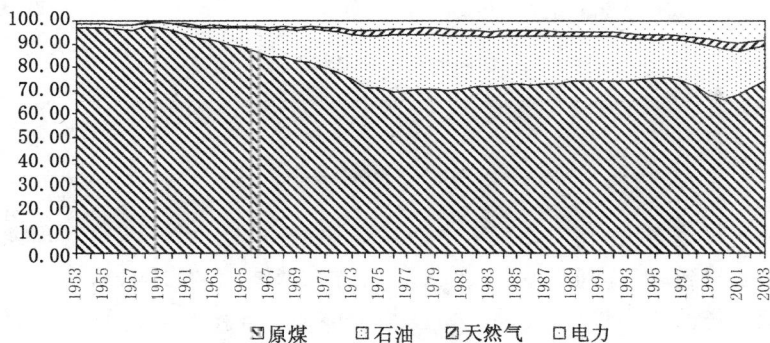

图 3-12 我国能源生产结构图

资料来源 Lawrence Berkeley National Laboratory. *China Energy Databook*(《中国能源数据手册》). Table 2A. 1. 3 Gross National Product and Gross Domestic Product, June 2004;2004 年版《中国统计年鉴》,第 275 页。

目前煤炭生产虽然在能源生产中仍占主要地位（2003 年达到73.87％），但石油、天然气和电力的比重在不断增加。可以发现，20 世纪 80 年代起能源生产结构的改善，是我国能源生产波动趋于缓和的主要原因。我国能源生产结构性增长情况如图 3-13 所示。

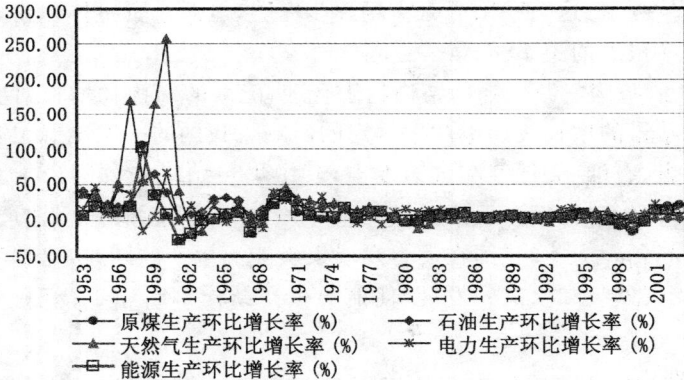

图 3-13　我国能源生产结构性增长情况

资料来源：Lawrence Berkeley National Laboratory. *China Energy Databook*（《中国能源数据手册》）. Table 2A. 1. 3 Gross National Product and Gross Domestic Product，June 2004；2004 年版《中国统计年鉴》，第 275 页。

可以看出，我国能源生产的波动周期与煤炭生产的波动周期基本一致，但受到石油、天然气和电力生产波动的影响，从而使能源生产的波动趋于平缓。因此，加强能源生产结构，调整，保持合理的能源生产结构，是促进我国能源生产稳定增长的有效措施。

3.3.1.3　我国能源消费的波动规律

能源是经济发展的基础，具体表现为能源对经济发展的保证作用。社会经济的高速发展，对能源的消耗量越来越大；但同时，随着科学技术的进步，在增加能源消费的同时也在积极寻求节省能源和发展新能源的途径。每一项科学技术的推广使用都要求增加能源的保障,节能措施的推广又在一定程度上缓解了能源的"瓶颈"。考查我国社会经济发展的历程,可以发现1953年以来,我国能源的消费总量在不断增加的同时,由于科学技术的突飞猛进、人们对环境保护和可持续发展的认识不断深入,能源消费增长也存在波动性。我国能源消费增长的周期性波动规律如表3-15所示。

表 3-15　　　　　　我国能源消费总量波动规律

周期	波　　峰		波　　谷		波动幅度	波动系数
序号	年份	峰值(%)	年份	谷值(%)	(%)	
1	1956	26.29	1957	9.59	16.70	0.41
2	1958	82.49	1961	−32.46	114.95	1.46
3	1965	13.61	1962	−18.88	32.49	10.20
4	1969	23.50	1968	0.42	23.08	0.73
5	1975	13.16	1974	2.65	10.51	0.63
6	1977	9.46	1981	−1.37	10.83	0.92
7	1985	8.15	1990	1.82	6.33	0.33
8	1995	6.88	1998	−4.05	10.93	0.17

由此可以分析我国能源消费的波动特点:

① 我国能源消费增长存在明显的周期性波动,而且能源消费增长的波动规律与国民经济和能源生产增长的波动规律基本一致。2003年我国能源的消费总量达到167 800万tce,是1953年能源消费量的31倍,是1980年能源消费量的2.78倍。可见我国经济快速发展的背后是能源的大量消耗。从直观上看,我国能源消费的高速增长表现出周期波动性,平均波动周期为5.87年,期间平均波动幅度为28.23%。与我国经济周期性波动的特点相比,能源消费的波动周期略有提前,但波动周期基本一致,反映了能源对经济发展保障作用和经济发展对能源需求的拉动作用。

② 我国能源消费总量的波动总体上逐渐趋于平缓。考查我国能源消费的增长波动，可以很容易地将能源消费的增长波动情况分为两个阶段：1953～1976 年为一个阶段，在这个阶段内能源消费的增长波动较大，1958 年比 1957 年能源消费增长了82.49%，能源消费"大起大落"比较严重；1977～2003 年为另一个阶段，在这个阶段内，能源消费增长的波动幅度明显减缓，即便是在我国经济全面恢复的 2002 年，能源消费的增长率也仅达到9.86%，虽创下了这一阶段的新高，但与第一阶段的波动相比，平均波动幅度已经减少了很多。这一方面是由于经济体制改革以后，市场对能源的有效配置作用逐渐增强；另一方面也与科学技术的进步、对能源和可持续发展认识的不断提高分不开。而且随着科学发展观的确立、循环经济的全面启动，对能源的消费更要讲求效率，能源消费的增长将会得到有效的控制，虽然保持能源消费总量水平不变不太现实，但能源消费增长的波动无疑会更加平缓。

③ 我国能源消费总量的波动与人口增长波动密切相关。我国人口占世界总人口的 20% 以上，虽然从绝对总量上看我国能源的生产和消费都比较高，但受人口的影响非常严重。随着人口的增长和人民生活水平的提高，对能源消费的需求增长也非常快。而居民收入的增长与人均 GDP 的增长密切相关。因此，对能源消费的影响可以从人口变动和 GDP 的变动相结合来考查。1953年以来我国人均 GDP 的增长情况如图 3-14 所示。

50 多年来，随着我国人口总量的高速增长，人均 GDP 增长了64 倍，综合国力大幅度提升。但是人均 GDP 的增长不是完全直线的，从增长率的变动来看也存在着明显的波动，而且其波动周期与能源消费的增长幅度表现出相同的特点。尤其是在改革开放以前，人均 GDP 的增长变动趋势与能源消费的增长变动基本上是一致的。在 1975 年以后，人均 GDP 表现为低幅度的频繁波动，是由于当时我国的人口增长波动较大所致。因此，随着人口总量

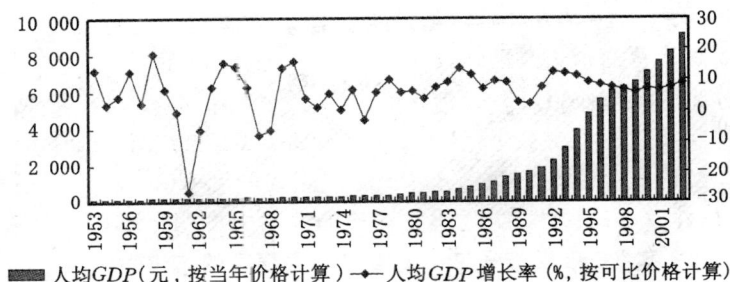

图 3-14   我国人均 GDP 变动情况

资料来源:2000 年版《中国统计年鉴》第 53 页,2001 年版《中国统计年鉴》第 51 页,2004 年版《中国统计年鉴》第 53、55 页。

的不断增长和人民生活质量的不断改善,以及科学技术的不断发展和人类认识的不断提高,我国能源消费的增长表现出明显的周期性波动。

④ 我国能源消费结构优化对能源消费增长波动的影响日益增强。我国是一个煤炭生产和消费的大国,煤炭始终是我国最主要的一次性能源。长期以来煤炭能源在我国的能源消费中占有绝对优势,而且在可预见的未来,煤炭作为主要能源消费的结构不可能发生根本的改变。但是煤炭能源的消耗在创造社会价值的同时,也带来了越来越多的环境问题。随着人类认识的不断提高和科学技术的发展,能源消费的结构会更加趋于完善。我国 1953 年以来的能源消费结构变化如图 3-15 所示。

1953 年我国能源消费总量中 94.6% 是煤炭能源,一直到现在,煤炭仍然是最主要的能源。能源消费结构单一化使我国的国民经济发展受到严重制约,而且直接影响着国家的能源安全。因此,国家已从宏观上开始积极改善能源的消费结构。随着汽车工业的发展,石油消费量迅速增长;同时随着家庭电器化的发展,人们对天然气和电力的消费也迅速增加。不难发现,能源消费结构

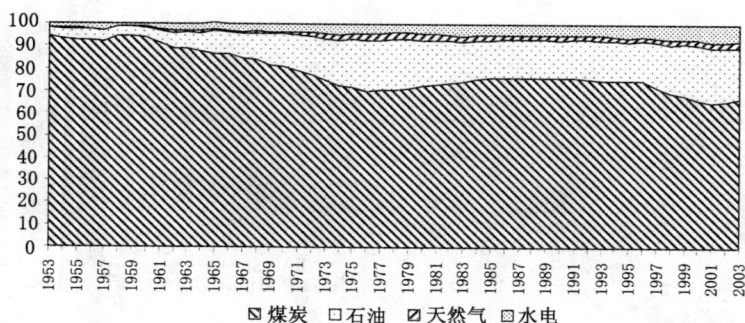

图 3-15　我国能源消费结构图

资料来源：1991 年版《中国统计年鉴》第 453 页，2004 年版《中国统计年鉴》第 175 页。

的改善对平抑能源消费波动具有积极的作用（见图 3-16）。随着能源消费结构的改善，各种能源的消费增长的波动可能相互抵消，从而避免了能源消费总量增长的剧烈波动；而且由于能源的代替性，合理的能源消费结构也可以减少国家的能源安全危机，保障社会经济的稳定发展。因此，根据我国能源赋存的特点，不断改善能源消费结构是克服能源消费增长大幅度波动的有效措施之一。

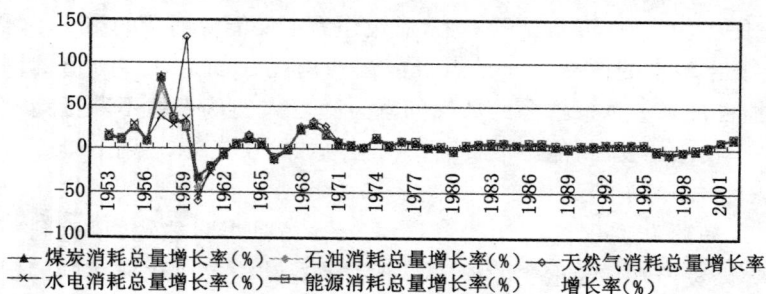

图 3-16　我国能源消费结构性增长情况图

资料来源：根据 1991 年版《中国统计年鉴》第 453 页和 2004 年版《中国统计年鉴》175 页计算。

3.3.1.4 我国能源生产和消费差额的波动规律

社会经济的发展，一方面会拉动能源的需求，进而刺激着能源的生产；另一方面也可以为能源的生产投入更多的资金，促进能源的生产，从而保证经济的持续发展。但在社会经济发展中，能源的大量消耗与能源生产以及能源赋存的有限性客观上存在着矛盾，而且社会经济的发展本身又存在着波动性，再加上科学技术发展的阶段性和新技术突破的偶然性，必然导致能源需求的波动性，并因而造成能源生产的阶段性和波动性。我国 1953 年以来能源的生产消费缺口及 1985 年以来能源供需差额波动情况如图 3-17 所示。

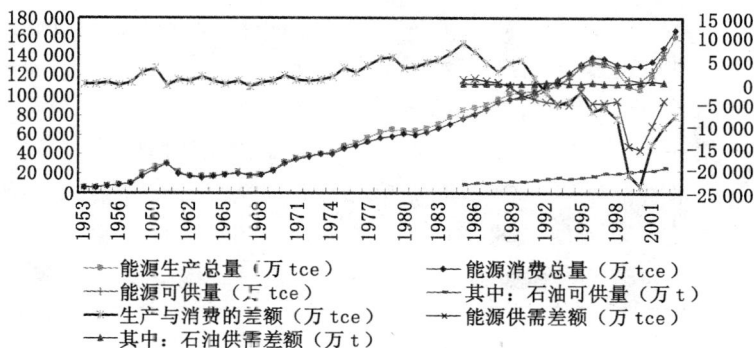

图 3-17　我国能源生产量、可供量与消费量的差额对比图
资料来源：1990～2004 年版《中国统计年鉴》。

很明显，随着能源消费总量的增长，能源生产总量和能源的可供总量都在不断增加。但能源的供需仍存在着差额，而且供需差额也在不断变化。从直观上来看，能源供需差额的变动趋势正好与能源生产和消费的波动规律相反：在 1985 年以前，能源生产和消费的差额比较稳定，这与当时计划经济条件下组织生产是密不可分的；随着市场经济的建立和发展，1985 年以后能源生产和消费的差额出现了放大的趋势，尤其是 1999 年和 2000 年，能源生产

和消费的差额超过 2 亿 tce。巨大的能源产需缺口使我国的能源
供应开始大量进口,尤其是石油产品。这样,一方面导致我国经济
发展受限于能源供应,另一方面也增大了我国的能源供应安全风
险。因此,深入分析能源生产、消费的数量和时间差距,并根据我
国社会经济发展状况,对能源生产和消费加强预测、预警,不断扩
大能源生产,进一步改善能源消费结构,是现阶段和未来一段时间
内我国社会经济稳定发展的重要措施。

　　进一步考查能源生产与消费差额的变动情况,可以发现,随着
能源生产总量和消费总量的增加,二者的差额也不断增加,而且总
体上表现为周期性波动,生产量不足以满足消费的需求。而从差
额的变动幅度来看,生产与消费的差额波动表现为三个阶段,即从
1953 年至 1977 年、从 1978 年至 1991 年以及从 1992 年至今。其
中在第一和第三阶段,能源生产和消费差额的波动幅度较大,能源
生产与消费的矛盾比较突出;在第二阶段,能源生产和消费差额的
波动比较平缓,如果不考虑能源生产和消费的结构性问题,它们的
关系比较协调。具体如图 3-18 所示。

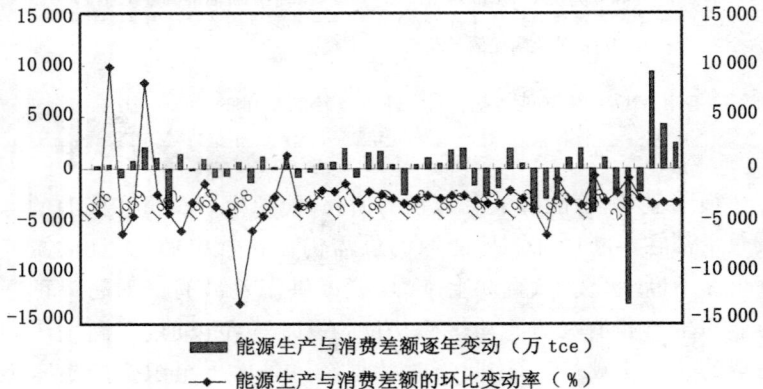

图 3-18　我国能源生产和消费差额波动情况

资料来源:根据图 3-17 中的数据计算。

很明显,受能源生产和消费各自的波动性及其波动时间不完全一致性的影响,能源生产和消费的差额也表现出周期性的波动。如果按照"谷—谷"划分原则,可以将能源生产与消费差额的波动分为 10 个周期(见表 3-16)。同能源生产增长的波动周期相比,差额波动周期的长度缩短,但波动幅度加大。

表 3-16　　　　我国能源生产与消费差额波动情况表

周期序号	年　　　份	周期长度	波　峰		波　谷		波动幅度(%)	波动系数
			年份	峰值(%)	年份	谷值(%)		
1	1953~1956	4	1955	1 067.86	1956	−270.64	1 338.50	2.62
2	1957~1961	5	1958	935.02	1961	−251.36	1 186.38	4.17
3	1962~1966	5	1963	123.57	1966	−832.47	956.04	−1.86
4	1967~1971	5	1970	354.28	1967	−247.87	602.15	−16.08
5	1972~1976	5	1975	124.63	1972	−35.43	160.06	1.50
6	1977~1988	12	1977	64.10	1988	−39.49	103.59	5.08
7	1989~1992	4	1989	67.80	1992	−280.40	348.20	−1.88
8	1993~1995	3	1993	157.78	1995	−46.56	204.34	2.94
9	1996~1997	2	1996	195.61	1997	−14.91	210.52	1.17
10	1998~2001	4	1999	163.60	2001	−39.88	203.48	1.64
11	2002 年开始							

不论能源的生产还是能源的消费,都要受到一系列因素的影响,这些因素都要对能源生产和消费的差额波动产生影响,因而,能源生产与消费的差额波动就表现出更加复杂的特点。

(1)能源生产和消费差额的波动性更加明显

首先,能源生产和消费差额波动的阶段性更加突出;其次,差额波动的幅度进一步加大;另外,波动周期的长度与波动的剧烈程度表现出明显的相关性,波动越剧烈,波动周期越短。

（2）能源生产和消费差额的波动以这二者的波动为基础

能源生产总量和能源消费总量的增长并不完全一致，这一方面可能导致能源生产、消费差额会随二者的背离而增大，另一方面也可能打破它们各自的波动周期规律。但是，能源生产和消费本身的周期性波动是能源生产和消费产生差额并使差额发生周期性波动的根本原因。

（3）能源生产和消费差额会影响我国能源供应和消费结构

社会经济的发展需要以能源为基础，而且随着社会经济的高速发展，对能源的需求在不断增加，但是能源赋存和生产很难保持同步，这就会造成能源生产与消费需求的巨大差额。为此，依靠国际能源市场就成为我国当前解决能源供需矛盾的手段之一。而进口能源需要考虑国际能源市场的供应品种和价格，替代能源的比例就会增加，从而改变能源的消费结构。

（4）能源生产和消费需求的矛盾对新技术的发展具有积极的促进作用

由于能源生产的限制，在经济建设快速发展的条件下，能源的价格就会不断上升。这就为节能和新能源技术的研制开发提供了前提。随着科学技术的发展，会使能源生产和消费的矛盾得到暂时的缓解，但由于科学技术创新具有阶段性，同时又为下一个能源生产和消费矛盾周期的到来埋下了更大的伏笔。

3.3.2　我国能源生产和消费周期性波动的定量分析

虽然直观上能源生产和消费存在着周期性的波动，但探寻它们波动的周期性规律对于能源生产和消费的预测、预警意义更大。

根据前面对我国能源生产和消费的直观分析可以看出，不论是能源生产还是能源消费，其增长都表现出周期性波动。因此，可以利用周期性函数来定量分析能源生产和消费增长波动的周期性；可以采用目前比较成熟的频谱分析方法，通过快速傅立叶变换（FFT）

进行分析。但正如美国普林斯顿大学的格朗言尔教授在《经济时间序列的频谱分析》和我国学者毕大川等在《经济周期与预警系统》中所言："经济数据的样本量较少,而且采样间隔受统计工作的限制,不能够随意改变;经济数据的平稳性较差,并且大多数经济数据包含随时间增长的趋势成分,致使频率点选择较难。"[①]因此,对能源生产和消费的波动分析,需要与直观分析相互验证。

一般地,对周期性变化的描述可以通过三角函数这一典型的周期函数。不失一般性,这里也采用三角函数对能源生产和消费的增长波动进行拟合分析。因此可以将一定时期内能源生产和消费的波动周期表示成一个周期函数和随机扰动的组合[11]。

(1)周期性波动的分析原理

对我国能源生产和消费的周期性波动可以采用周期图函数的分析原理。

设:剔除趋势后,我国能源生产和消费增长波动的蕴含周期为

$$T = \frac{2\pi}{\omega}$$

则有

$$y = a \cdot \cos \omega x + b \cdot \sin \omega x \qquad (3\text{-}5)$$

式中　y——能源生产(消费)增长幅度;

　　　ω——角频率;

　　　a,b——待定系数。

这是一个标准的简谐振动波的表示。令

$$I = \sqrt{a^2 + b^2}$$

$$\theta = \arcsin \frac{a}{\sqrt{a^2 + b^2}} = \arccos \frac{b}{\sqrt{a^2 + b^2}}$$

则

---

① 毕大川,刘树成主编:《经济周期与预警系统》,科学出版社 1990 年版,第 100 页。

$$y = I(\sin\theta\cos\omega x + \cos\theta\sin\omega x) = I\sin(\omega x + \theta) \quad (3\text{-}6)$$

能源生产（消费）增长幅度的波动就可以通过拟合的三角周期函数来定量表示，其中 θ 为初相。通过历史数据进行回归求解，就可以利用 ω 来确定波动的周期。但造成和影响能源生产和消费周期性波动增长的因素非常复杂，因而能源生产和消费增长所表现出来的波动必然是一系列简谐波组成的合成波。根据简谐波的特点，如果组成合成波的各个波形相差悬殊，则合成波的波形由振幅最大的简谐波决定，即

$$y_i = I_i\sin(\omega_i x + \theta_i) \quad (i = 1,2,3,\cdots) \tag{3-7}$$

若 $I_n \gg I_m (n,m = 1,2,3,\cdots,n \neq m)$，则合成波 $Y = \sum y_i$ 的波形与 y_n 的波形基本上是相似的，y_n 是合成波的主要周期波。由此，可以采用逼近算法求出设定三角函数的主要周期波，从而确定我国能源生产和消费增长波动的周期。

（2）我国能源生产和消费周期波动的定量分析

运用我国 1953～2003 年的能源生产（消费）的时间序列 $X(t)$ 来分析我国能源生产和消费的周期。为了减少资料的偏态性和便于数学处理，我们对 $\{X(t)\}$ 进行适当的变换。令

$$Y(t) = h(t) - \overline{h} \quad (t = 0,1,2,\cdots,50) \tag{3-8}$$

其中：

$$h(t-1) = \ln\frac{x(t)}{x(t-1)} \quad (t = 1,2,\cdots,51)$$

$$\overline{h} = \frac{1}{51}\sum_{t=0}^{50} h(t)$$

如果不考虑总量函数的余差，$Y(t)$ 的周期图函数就可以表示为：

$$I = \left\{\left[\frac{2}{n}\sum_{t=0}^{n-1} Y(t)\cos\omega t\right]^2 + \left[\frac{2}{n}\sum_{t=0}^{n-1} Y(t)\sin\omega t\right]^2\right\}^{\frac{1}{2}} \tag{3-9}$$

（3）利用逼近运算，求得主要周期波的周期

　　按照 $\Delta\omega$ 的步长可以逼近计算 I，当 $\omega \to \omega_u$ 时，I 呈现极值，由此根据主峰在 ω 轴上宽度为余峰宽度的 2 倍这一性质来识别真假周期，判断确定波动周期。其中步长 $\Delta\omega$ 可以根据统计数据的多少来确定：

$$\Delta\omega = \frac{2\pi}{nu} \tag{3-10}$$

式中　n——统计数据的个数；

　　　u——根据情况适当给定的正整数。

　　在实际进行周期分析前我们要考察时间序列 $\{Y(t)\}$ 是否存在趋势。如果存在趋势，首先要剔除其趋势。经过单位根检验，时间序列 $\{Y(t)\}$ 是平稳的，不存在趋势，因此可以对 $\{Y(t)\}$ 进行周期分析。首先，对 $\{Y(t)\}$ 进行有限傅立叶变换如下：

$$\begin{cases} a_0 = \dfrac{1}{n}\sum_{t=0}^{n-1} Y(t) \\[2mm] a_r = \dfrac{2}{n}\sum_{t=0}^{n-1} Y(t)\cos\dfrac{2\pi}{nu}rt \quad (r=1,2,3,\cdots,nu-1) \\[2mm] b_r = \dfrac{2}{n}\sum_{t=0}^{n-1} Y(t)\sin\dfrac{2\pi}{nu}rt \end{cases}$$

$$\tag{3-11}$$

式中　n——统计资料的期限数；

　　　u——根据实际情况取定的正整数，一般取 3～7。

　　令

$$I^2(r) = a_r^2 + b_r^2 \quad (r=1,2,3,\cdots,nu-1) \tag{3-12}$$

　　根据简谐波原理，计算确定 I 的极大值所对应的 $\dfrac{nu}{r}$ 为主要周期的基础，在此基础上再进行微调、对比便可确定波动的周期。依据我国能源生产和消费的历史数据，对我国能源生产和消费增长的波动周期计算如表 3-17 所示。

表 3-17   我国能源生产和消费增长波动周期计算表

我国能源生产波动周期计算				我国能源消费波动周期计算			
r_i	a_r	b_r	T	r_i	a_r	b_r	T
40.1	−0.047 992 198	−0.079 281 177	6.23	40.4	−0.025 322 4	−0.071 146 466	6.19
15.0	0.068 625 792	0.047 786 156	16.67	14.9	0.061 144 72	0.043 420 375	16.87
19.8	0.019 828 765	0.065 001 223	12.63	230.6	0.024 139 08	−0.060 151 566	1.08
204.7	0.023 326 269	0.057 368 41	1.22	44.6	0.025 507 50	−0.059 331 628	5.61

由此计算我国能源生产增长波动具有以下的主要周期：

$$T_1 = \frac{250}{40.1} = 6.23(年)$$

$$T_2 = \frac{250}{15.0} = 16.67(年)$$

$$T_3 = \frac{250}{19.5} = 12.63(年)$$

$$T_4 = \frac{250}{204.7} = 1.22(年)$$

可见，我国能源生产增长的波动周期由 6.23 年、16.67 年、12.63 年和 1.22 年组成，其中最主要的周期波是 6.23 年。前面的实证分析说明我国能源生产增长的波动周期平均为 5.22 年，考虑到还有两个较长的影响波，二者是基本一致的，即我国能源生产增长的波动周期在 5～6 年之间。

据此计算我国能源消费增长波动具有以下的主要周期：

$$T_1 = \frac{250}{40.4} = 6.19(年)$$

$$T_2 = \frac{250}{14.9} = 16.78(年)$$

$$T_3 = \frac{250}{230.6} = 1.08(年)$$

$$\overline{T}_4 = \frac{250}{44.6} = 5.61(年)$$

可见,我国能源消费增长的波动周期由 6.19 年、16.78 年、1.08 年和 5.61 年组成,其中最主要的周期波是 6.19 年,虽然还有一个较长和较短周期的影响,但对波动趋势影响不大。前面的实证分析也说明我国能源消费增长的波动周期平均为 5.87 年,因此二者基本是一致,并且能源消费增长的波动与能源生产增长的波动也基本吻合,因而可以认为我国能源消费增长的波动周期在 6 年左右。

3.3.3 我国能源生产和消费增长周期性波动的机理分析

影响我国能源生产和消费的因素非常复杂(第 2 章已做具体讨论),而且这些因素都在不断变化,因此能源生产和消费的增长波动实际上是相关因素的综合作用所致,这些因素的影响方式和影响程度,就体现了我国能源生产和消费增长周期性波动的机理。根据英国经济学家庇古早在 1927 年就提出的经济影响理论,引起经济波动的原因可以分为内部条件和外部冲击。我国能源生产和消费增长波动的原因也可以归结为两大类,即内部根本原因和外部影响原因。

分析我国的产业关联状况,可以发现由于我国现代工业发展起步较晚,而且受经济体制的影响非常严重,因此产业关联比较紧密。虽然产业结构有待于进一步完善,但行业内部和产业内部的联系比较紧密。能源作为基础产业,尽管目前我国将其并入第二产业进行统计核算,但实际上它属于前端产业,尤其是采掘性能源,是其他产业的基础。因此,其他产业的启动需要能源的剧烈增长,从而拉动能源的需求;其他产业发展速度的减缓也会使能源的消费水平不断下降。同时,受能源消费需求变化的影响,能源生产也随着能源消费的增长而增长,随能源消费的降低而降低。当然能源生产的波动要比能源消费的波动滞后一定阶段。

因此,我国能源生产和消费增长波动符合系统传导机制。其中影响波动的内部根本原因就是内部传导机制的主体,它们是引起能源生产和消费增长波动的源动力,决定着波动的周期性和周期的持续性;外部影响原因则是外部冲击机制的主体,这些外部影响因素最终要通过内部传导机制来起作用,虽然不决定波动的周期性及周期特征,但会对波动产生影响,综合各因素的影响会产生波动叠加效应,使波动发生变形。

目前,构成内部传导机制的主要因素包括能源资源的储存和可开采情况、国民经济发展及波动状况、科学技术发展和应用、产业关联度以及人类对能源、社会、经济协调发展的认识等。这些因素受乘数—加速数机制的影响,使能源生产和消费的变动呈现明显的波动性。能源的可采储量制约着能源的生产,人类对可持续发展的认识深入影响着能源的生产和消费;但国民经济发展和波动以及产业关联状况则对能源提出波动性的需求,而波动性的需求与能源有效供应的矛盾一方面需要能源生产的适应性调整,另一方面对科学技术也提出了改进节能技术和开发新能源的要求;科学技术的发展一方面会促进能源的生产,另一方面也不断发现缓解能源"瓶颈"的措施,同时又会发明许多提高人们生活水平,但必须耗能的机械设备。在这些矛盾的综合作用下,再加上人类对生活质量不断提高的要求,必然使能源的生产和消费不断增长,更主要的是增长会呈现明显的周期性波动。

构成能源生产和消费外部冲击机制的主要因素包括能源生产和消费弹性系数、能源密度变化、人口增长幅度、人民生活水平提高速度、能源政策、国家宏观经济体制、国际政治经济形势等。这些因素虽然不直接导致能源生产和消费增长的波动周期,但是它们在不同的时期对能源的生产和消费产生会产生不同程度的影响。这些因素会通过内部传导机制影响能源的生产和消费,并改变能源生产和消费增长的波动趋势。

可见,能源生产和消费的周期性波动是其内部传导机制和外部冲击机制共同作用的结果。

但在能源生产和消费变动的波动中,内部传导机制在使能源生产和消费发生周期性波动的同时,也在积极维护这种波动;但外部冲击机制则是不断地改变波动的程度。当然,具体到使能源生产和消费产生周期性波动的内部传导机制和外部冲击机制也不是完全固定不变的。随着社会经济的发展,以及在一些不可预见的突发事件中,一些外部冲击因素可能成为决定能源生产和消费增长波动的内部因素,而一些内部因素也可能退出内部传导机制。

3.3.3.1 造成能源生产和消费周期性波动的内部传导机制

内部影响因素对能源生产和消费的增长波动起决定作用。但即便是内部影响因素,在不同时期所起的作用也并不完全相同,其中国民经济的发展综合了其他相关因素,与能源生产和消费相互影响,构成能源生产和消费周期波动的核心因果链(见图 3-19)。

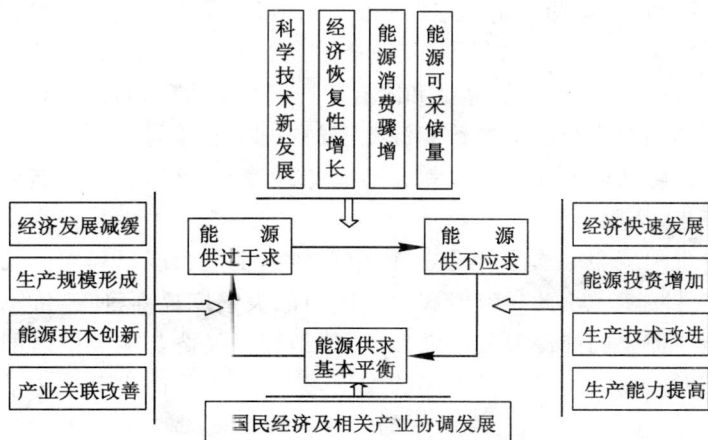

图 3-19 能源生产和消费周期波动的核心因果链示意图

可见,在相关因素的影响下,能源的生产和消费在能源供求平衡与不平衡(包括供不应求和供过于求)之间循环运动、不断发展。而且引起能源供求失调的主要原因就是国民经济的周期性波动。在科学技术、社会消费和社会需求的作用下,国民经济呈周期性波浪式发展,并作用和影响着能源的生产和消费。因而,以国民经济波动为核心构成了能源生产和消费的核心因果链。这个核心因果链在不停地运动,而且运动客观地存在着连锁性、自我积累性和自我转折性,从而推动能源生产和消费在发展的进程中表现出增长的周期性波动。

在这个核心因果链中,能源供求的基本平衡是相对的、暂时的平衡,既是我们追求的目标,也是新的运动的起点。在能源生产和消费基本平衡的状态下,随着产业关联关系的改善、节能新技术的推广,以及社会需求的逐渐饱和导致国民经济发展速度的减缓,再加上经济发展高潮后人们对可持续发展认识的进一步提高,都会使能源消费总量得到有效控制。但能源的生产此时却已形成规模,受行业特点的限制不容易退出,从而导致能源的供过于求。随着新一轮经济增长的复苏,工业生产迅速扩大,对能源的需求骤增,但能源生产受客观储量和既有生产能力的限制,再加上经济低迷时期能源供过于求导致能源投资的减少,能源的生产总量不可能立刻随之而提高。这样就会形成能源需求缺口,表现为能源供不应求,从而逐渐成为制约经济发展的"瓶颈"。为此,已经启动的经济发展就会增加能源的投资,包括能源生产和能源利用以及能源产业技术。由此导致能源生产能力的大幅度提高,使经济迅速发展所需要的能源得到有效保证,达到国民经济与能源供需的新的相对平衡。经过一个周期的发展,这一新的平衡比上一个平衡更先进,无疑会克服掉系统中的一些不协调关系。但是,新的平衡也绝非系统运动的终点,因果链中相关因素的发展变化必然会引起新一轮的周期波动。

实证表明,核心医果链的运行还遵循乘数—加速数机制。乘数—加速数机制最早是由萨缪尔森于 1939 提出的,通过建立数学模型来解释经济周期。乘数原理认为投资需求的扩张将引起生产(或收入、支出)的加倍增长;加速数原理则认为生产(或收入、支出)的增长,又将引起投资需求新的加速扩张。在能源生产和消费周期性波动核心因果链中,乘数—加速数机制同样起作用。社会经济的快速发展对能源的需求不断增加,根据核心因果链的连锁性,就会要求增加能源投资,从而保证能源的供应;能源生产的扩大使经济发展所需能源得到有效保证,从而推动经济的加速发展,进而引起新的能源需求。因此,能源生产和消费的因果链运行中具有强烈的自我积累性。因果链无论向上还是向下,都会自动产生一个积累过程,由此而使能源生产和消费的波动具有越来越强的内部动力。我国能源基本建设投资的成倍增长,以及能源生产和消费关系的日益紧密关联就说明了这一点。

当然,核心因果链在运动中也存在着转折性。因为能源生产和消费波动影响因素的作用力并不完全固定,在实际中呈现出不确定性,这就使能源生产和消费的增长不能以固定的加速度变化。当核心因果链的自我积累扩张到一定程度时,就会内生、外生出一系列阻碍进一步扩张的力量,原来的主要矛盾可能转化为次要矛盾。如在经济快速发展时期,能源的"瓶颈"作用是主要矛盾,因此核心因果链就会促使能源生产不断加快;但当经济发展达到一定程度,人们的生活水平得到切实提高后,能源、环境和经济的可持续发展问题就成了主要矛盾,核心因果链就会转化为限制资源性能源的生产,进而促进能源的节约上来。当然,系统在不断收缩的过程中,核心因果链也会产生同样的转折,让能源生产和消费转而扩大。这种转折便是能源生产和消费波动的原因。由于在系统发展过程中,核心因果链自身结构的不断优化,再加上社会经济增长的潜力限制,以及能源本身的客观储存和可开发利用状况,核心因果链的转折可以说是不可避免的。

3.3.3.2 影响能源生产消费的外部冲击机制

虽然内部传导机制决定着能源生产和消费的波动特征,但外部相关因素对周期和波动的冲击也是非常重要的,甚至有些因素会转化为主要因素,对波动产生重大影响。

一般来讲,外部影响因素不直接造成能源生产和消费增长的波动,它们对波动和周期的影响要通过内部传导机制起作用。实际经济生活中,影响能源生产和消费的因素非常复杂,而且不是某一个因素或某几个因素的单独影响,往往表现为相关因素的综合影响。另外,随着科学技术的发展,相关的影响因素还在不断增加。因此,分析外部冲击机制也只能抓住主要的因素来分析。

在影响能源生产和消费波动的外部冲击因素中,可以按照其作用不同分为四类因素:增加能源消费的因素,减少能源消费的因素;提高能源生产的因素,降低能源生产的因素(见表 3-18)。

表 3-18   影响能源生产和消费的主要外部冲击因素

影响能源消费的主要外部因素		影响能源生产的主要外部因素	
增加能源消费的因素	减少能源消费的因素	提高能源生产的因素	降低能源生产的因素
能源密度,人口增长幅度,人民生活水平提高速度,能源消费弹性系数等。	价格水平,能源政策,环保政策,能源密度,运输条件等。	能源价格,能源政策,国际政治经济形势等。	能源生产弹性系数,国家宏观经济体制,生产资料市场状况,追加投资等。

这些外部冲击因素,基本都具有双重作用,根据其积极和消极的表现,通过内部传导机制分别对能源消费和生产的增加起推动

和制约作用。在能源生产和消费基本平衡阶段,相关因素的影响力也处于基本平衡的状态。在能源供不应求时,提高能源生产和减少能源消费的因素的作用就会加强;而在能源供过于求时,降低能源生产和增加能源消费的因素就会增强。因此,外部冲击机制表现出主观性、重复性和不规则性。

相对于内部传导机制的客观性,能源生产和消费增长周期性波动的外部影响因素具有很大主观性。可以说是为了促进能源生产和消费的协调一致,这些因素大多是人为因素,通过这些因素对能源生产和消费进行适当的调整,以缓解能源生产和消费中存在的矛盾。因此可以说,这些因素的作用就是影响波动的内部传导机制,从而使波动的波幅、波峰、波谷、波长等发生变化。

影响能源生产和消费的外部冲击因素可以重复出现,只不过在不同的时期其影响力不同而已。在能源生产和消费的不同状态下,促进能源生产和消费趋于平衡的影响力总是最主要的影响力,起主要作用,但并不排斥其他影响因素同样也起作用。而且在不同的周期阶段内,这些因素都会起作用。因此,这些外部影响因素在一定程度上又加强了能源生产和消费的波动性。

同时,这些因素本身的复杂性,再加上影响力的前后不一致性和国际政治经济关系的突变性,必然使外部冲击力表现为不规则性。相关因素的影响力在形成合力时,并不是简单的加减运算,而是复杂的向量运算。结果可能不会因为某些因素的加强而改变,也可能会由于一些因素的减弱而发生根本变化。因此在一定时期内,相关影响因素对能源生产和消费的影响合力是稳定的,反映在能源生产和消费增长上,必然会影响其发展的状态。

3.3.3.3 能源生产和消费增长周期性波动机理的数量分析

从理论上讲,能源生产和消费周期性波动增长是在内部传导机制和外部冲击机制的共同作用下表现出来的。为了进一步说明,对内部传导机制和外部冲击机制利用数学模型进行数量分析。

通过简化的向量自回归模型法,利用二阶线性差分方程来测度由内部传导机制决定的能源生产和消费增长率,反映能源生产和消费增长波动中由内生变量和乘数—加速数机制所决定的内部演化过程。同时,利用二阶线性差分方程的残差来测度外部冲击机制的影响。由此,选用1953～2003年能源生产和消费的有关统计数据,进行二阶线性自回归计算(见表3-19)。

由二阶线性自回归方程可以发现:我国能源不论是生产还是消费,其周期性波动都内在地存在着逐渐衰减的趋势。计算表明,滞后2期的回归系数小于滞后1期的回归系数,并且均为负值,这说明能源生产和消费的周期波动要受到系统内的加速力和减速力共同作用。其中滞后1期的回归系数的绝对值要大于滞后2期的回归系数,表明周期波动的振幅是逐渐减小了。1978年以后系数的差距变得更为明显,说明波动更平缓了,这与前面的实证研究是一致的。

表 3-19   能源生产和消费及影响因素的二阶线性自回归计算表

对象	样本区间	回归方程	相关参数	
			R^2	F
能源生产	1953～2003年	$SCZZ=0.052\ 8+0.526\ 2SCZZ(-1)-$ $(2.02)\qquad(3.60)$ $0.1979SCZZ(-2)$ (-1.36)	0.22	6.51
	1953～1977年	$SCZZ=0.089\ 6+0.476\ 1SCZZ(-1)-$ $(1.51)\qquad(2.12)$ $0.212\ 1SCZZ(-2)$ $(-0:94)$	0.19	2.26
	1978～2003年	$SCZZ=0.025\ 3+1.074\ 6SCZZ(-1)-$ $(2.58)\qquad(6.17)$ $0.676\ 0SCZZ(-2)$ (-3.56)	0.66	19.05

对象	样本区间	回归方程	相关参数	
			R^2	F
能源消费	1953～2003 年	$XFZZ=0.047\ 6+0.405\ 4XFZZ(-1)-$ $(1.93) \qquad (2.72)$ $0.011\ 0XFZZ(-2)$ (-0.07)	0.16	4.31
	1953～1977 年	$XFZZ=0.076\ 5+0.369\ 9XFZZ(-1)-$ $(1.36) \qquad (1.61)$ $0.030\ 7XFZZ(-2)$ (-0.13)	0.13	1.41
	1978～2003 年	$XFZZ=0.022\ 6+1.029\ 6XFZZ(-1)-$ $(2.30) \qquad (4.85)$ $0.500\ 1XFZZ(-2) \qquad (-2.22)$	0.55	12.61

表中:SCZZ 表示能源生产增长,XFZZ 表示能源消费增长;SCZZ(i)表示 SCZZ 的滞后变量,XFZZ(i)表示 XFZZ 的滞后变量;i 为滞后期数。

同时,回归计算的相关系数检验值表明能源生产(消费)滞后分布与能源生产(消费)增长率的复相关系数。这一数值反映了内部传导机制和外部冲击机制对能源生产(消费)周期性波动的影响程度。对能源消费而言,总体系数为 0.16,表明总体上内部传导机制对能源消费增长波动的作用约占 16%,而外部冲击机制的贡献达到了 84%。但这一比例在 1978 年以后得到改观,内部传导机制的作用达到 55%。对能源生产而言,总体系数为 0.22,表明总体上内部传导机制对能源生产增长波动的作用约占 22%,而外部冲击机制的贡献达到 78%。同样 1978 年以后内部传导机制的作用也进一步加强,高达 66%。可见,内部传导机制和外部冲击机制的作用并不是固定不变的,改革开放以后随着市场经济体制的建立和完善,能源生产和消费逐步由指令性计划让位于市场的自主配置,从而使能源的供需状况得到有效改善。

因此,能源生产和消费周期性波动的根源仍在于系统的内部

矛盾。在内部传导机制的作用下，推动周期性波动的自我积累力
不断增强，使波动趋于剧烈；同时系统内的自我转折性不断加强，
在阻碍波动的进一步增强的基础上，使波动的方向发生转折，从而
使能源生产和消费总体上呈现周期性波动增长。期间系统的外部
冲击机制会对系统产生影响，有时甚至是重大的影响，但这种外部
的冲击力要通过内部传导机制起作用。只要这种外部的冲击力不
能改变系统的结构，能源生产和消费就仍然会沿着它固有的周期
进行波动，外在冲击力也仅能对能源生产和消费的周期性波动在
程度上给予影响。

3.3.4 我国能源生产和消费周期性波动的趋势及对策建议

3.3.4.1 我国能源生产和消费周期性波动的趋势

纵观我国能源生产和消费增长的周期性波动历程，可以发现
我国能源生产和消费的周期性波动与国民经济的发展是紧密相关
的，其波动状况与国民经济的波动基本一致。尽管从影响力作用
的滞后性来讲，它们的波动应具有一定的滞后期，受统计资料的限
制，还无法准确确定滞后期，但从实证分析来看，这一滞后期不超
过一年。因此，从长期来讲，可以认为二者是一致波动的。根据我
国社会经济发展的趋势和特点，也可以对我国能源生产和消费的
增长趋势进行总体预测。

（1）能源生产和消费增长周期性波动的长度不断增加

随着市场经济体制的完善，市场优化配置能源的职能日益加
强，从而导致能源生产和消费系统内部的作用机理不断增强，周期
性波动的固有规律体现得会更明显；政策性因素等外部冲击力的
影响逐渐减弱。因此，能源生产和消费的波动周期会逐渐由中、短
期向中、长期发展。但是，在一个完整的波动周期中，由于市场经
济条件下自我积累力的及时传导，调节性的小波动会频繁出现。

（2）能源生产和消费增长周期性波动的幅度将逐渐减小

受经济稳定发展的影响,能源生产和消费的增长也不会出现"大起大落"式的波动。同时,人们对环境的日益关注使得新能源的研究不断取得突破,能源生产和消费结构在不断改善;我国的人口数量得到了有效控制,国际政治经济关系向多极化发展,能源的国际市场也日益开放。因此,不论从内部传导因素,还是从外部冲击因素,都有利于能源生产和消费的平衡发展。而且能源生产和消费的平衡发展也推动着社会经济的稳定发展。

(3)能源生产和消费的扩张期和收缩期趋于模糊

随着周期性波动的周期长度的增加和波动幅度的降低,能源生产和消费实际上趋于一个动态的平衡状态,虽然还存在着供需差距,但差距的调整更加及时。由于系统内造成波动的自我积累力的及时释放,系统的扩张和收缩都不会太明显,能源生产和消费增长的扩张和收缩逐渐模糊化,在扩张中有收缩,在收缩中亦有扩张。

(4)能源生产和消费的增长层次不断提高

随着社会经济和科学技术的发展,以及人们可持续发展观念的深入,能源的生产和消费更强调清洁化;新能源、可再生能源使能源的生产和消费结构日趋多样化;新的节能技术将使能源的无效使用得到有效的控制。最终使能源生产和消费与国民经济逐渐形成一个良性的循环,推动人类社会科学发展。

3.3.4.2 应对我国能源生产和消费周期性波动的对策建议

我国能源生产和消费的周期性波动是客观存在的。我们可以通过加强系统外部影响因素的调整来改善周期性波动,却无法回避能源生产和消费的矛盾。尽管改革开放以来,随着社会经济的发展,能源供需的主要矛盾由原来的能源"瓶颈"逐渐转化为能源供需的不协调,但能源对经济发展的影响仍不可忽视。进入21世纪以来,能源与经济发展的矛盾有所加强,能源生产和消费的问题再次引起了人们的关注。为了保证国民经济的稳定、健康发展,应从如下几个方面协调能源供需关系。

(1) 不断改善能源的生产和消费结构

科学技术的发展在提高能源的生产能力,增加能源生产总量的同时,也积极开发更多的新能源。因此,充分利用科学技术、积极发展新型能源是改善能源供需矛盾的有效措施。同时,科学技术也改进了能源的利用:一方面可以提高能源的利用效率,另一方面则发展了大量的节能技术。所以,在扩大能源生产品种,改善能源生产结构的同时,努力改善能源的消费结构也是解决能源供需矛盾的有效措施。

(2) 保持宏观政策的连续性和稳定性

在市场经济条件下,国家宏观政策虽不能完全决定能源的生产和消费,但对能源生产和消费的增长具有重要的影响作用。因此,根据能源建设的周期特点,为避免发生重大的政策性能源供需失调,国家制定的与能源生产和消费相关的宏观政策应保持相对的稳定性,并根据经济和科技的发展不断提出新的指导意见,促进能源生产和消费的稳定发展,从而保证国民经济的健康发展。

(3) 加强能源生产和消费的预测和预警,防止能源生产和消费及其与经济发展的失调

能源生产和消费的平衡是相对的、暂时的,能源生产和消费与经济发展也不可能保持绝对的平衡。它们的不平衡是客观的,也正是这些不平衡向平衡的转化,才有力地推动着经济的发展。但是,它们的不平衡从空间上不能太大,从时间上不能太久,提前进行能源生产和消费以及经济发展的预测和预警,并根据实际发展情况进行必要的、及时的调整,才有利于保证社会经济的协调、稳定发展。

3.4 本章小结

（1）全面阐述了经济周期波动理论，为能源生产和消费周期性波动理论的提出做了充分的铺垫。回顾了经济周期波动理论的产生和发展，根据当前的经济周期波动理论分析了我国的经济周期性波动状况。

（2）全面分析了我国经济发展与能源生产和消费的关系，实证研究了我国经济发展与能源生产和消费的相关性，并参照我国经济发展的周期性波动引出我国能源生产和消费的周期性波动。根据统计资料对我国经济周期性波动与能源生产和消费周期性波动进行了分析比较。

（3）提出我国能源生产和消费的周期性波动理论。首先从实证的角度，利用统计资料对我国能源生产和消费的周期性波动状况进行了全面分析；在此基础上定量地分析了我国能源生产和消费的周期性波动规律，计算出我国能源生产的波动周期为 5～6 年，能源消费的波动周期为 6 年左右。以上述分析为基础，进一步分析了我国能源生产和消费周期性波动的机理；形成较完整的我国能源生产和消费周期性波动理论；并分析了我国能源生产和消费周期波动的趋势，提出了应对这种周期性波动的对策建议。

（4）确立了以所建立的能源生产和消费周期性波动理论为基础进行能源供求关系预警研究的基本研究框架。

4 我国能源供需矛盾预警体系

当前,我国经济正处于工业化发展阶段,对能源的需求不断增长。尽管影响我国能源供需的因素非常复杂,但随着我国国民经济的周期性波动,能源的供需总体上也表现出规律性的周期性波动,这就使进行能源供需预警具有了可能性。同时,为了避免因能源供需波动的"大起大落"而影响我国国民经济的稳定发展,进行能源供需预警非常必要。建立合理的能源预警指标体系是进行能源供需预警的前提。

4.1 我国能源供需矛盾预警及影响能源供需的主要因素

4.1.1 能源供需矛盾预警的含义

"预警"(early warning)一词最早源于军事,是指通过预警飞机、预警雷达、预警卫星等工具来提前发现、分析和判断敌人的进攻信号,并把这种进攻信号的威胁程度报告给指挥部门,以提前采取应对措施[25]。

此后,随着世界军事冲突的缓和以及全球经济的迅速发展,预警逐渐在社会政治、宏观经济管理与环境保护等各个领域得到广泛应用。20世纪30年代,美国经济统计学家穆尔采用多指标综合方法——扩散指数(Diffusion Index, DI)来构建美国宏观经济预警系统,使预警在宏观经济管理中得到初步应用。这种将经济指标分为先行、一致、滞后三种类型来反映宏观经济状态的监测预警思想,成为后来一系列预警系统建立的基础。

黄小原、肖四汉则认为,预警是度量某种状态偏离预警线的强弱程度、发出预警信号的过程[27]。应用在经济上,预警基本是指对于某一经济系统未来的演化趋势进行预期性评价,以提前发现特定系统未来运行可能出现的问题及其成因,为提前进行某些决策、实施某些防范和化解措施提供依据[161]。

一般认为,预警是在承认评价和预测的基础上,利用先行指标和发展趋势来预测未来的发展状况、度量未来的风险强弱程度,并报告决策者及时采取应对措施以规避风险、减少损失。

虽然预警理论应用于经济管理已经取得了一系列成果,但预警理论应用于宏观能源管理的还不多见。从检索到的资料来看,对石油的预警研究比较丰富,这与石油的重要战略地位相一致。我国石油资源短缺,进口依存度不断提高,进行石油供需预警非常必要。但是石油仅是能源的一种,在我国能源结构中还包括煤炭和天然气,而且主导能源是煤炭。因此,从保证社会经济稳定、持续发展的角度来看,需要从能源整体上来研究能源的供需预警。由于目前我国的可再生能源和新能源在能源结构中所占比重还微乎其微,因此仍以煤炭、石油、天然气等一次性能源为主对能源供需预警进行研究。

能源供需矛盾预警研究是以保障国民经济科学发展为基本出发点,研究在市场经济条件下能源供应与需求的动态变化,及时测度、预测当前和未来能源的供需形势和发展趋势,对能源的短缺程度和可能造成的影响及时地发出警报,使决策层采取相应的应对措施,以减少损失的活动。

能源供需矛盾预警不同于能源供需的预测和评价。预测是根据历史统计资料,假设宏观经济发展的持续性,运用时间序列分析、线性回归分析等统计方法来判定预测对象的未来发展趋势。

评价则是根据评价对象的历史资料和当前发展态势,按照特定的标准作出定性或定量的分级判断,以表明其发展状况的过程。可见,预测、评价是预警的基础,科学的预测是预警中判断未来发展趋势的直接依据;合理的评价是制定预警标准的依据。预测和评价都是经济管理必不可少的内容。但预警不同于预测和评价,预警要在预测和评价的基础上,进一步测度风险的强弱程度,并给出相应级别的警报,使决策层可以及时采取相应的措施。因此,可以说预警是预测和评价的进一步延伸。

能源供需矛盾预警包括对能源供应的预警、对能源需求的预警和能源供需矛盾的预警。影响能源供应和需求的因素不尽相同,因此,可以根据对能源供应和能源需求的不同影响因素分别建立指标体系;在此基础上,再对能源的供需进行预警。因此,构建相应的指标体系,以全面反映能源的供需影响,是进行能源供需预警的前提。

4.1.2　我国能源供需矛盾预警指标体系建立的原则

对我国能源供需进行预警要通过一系列指标来完成。选择不同的指标体系会产生不同的预警结果,所以预警指标体系建立得是否科学、合理、全面是建立预警系统的关键。能源供应和需求的波动是多种影响因素综合作用的结果,如果将所有的影响因素都包括在指标体系中,这样的指标体系必然存在数目众多、指标独立性差、数据获取困难以及计算困难等问题。为了克服这些困难,需要从众多的影响指标中筛选出那些能够灵敏反映能源供需波动状况、便于量化且内涵丰富的指标纳入预警指标体系。因此,指标体系的建立必须遵循以下原则:

（1）科学性原则

科学性原则是构建指标体系的首要原则。指标的选取一定要具有科学性,建立的指标体系要能够客观、全面地反映能源供需状况,充分反映能源供需波动的内在机制。每一个指标都必须有明确的物理意义,并且具有科学的测算方法,能够获取准确的历史资料。这样才能保证以此为基础进行的预警具有意义,能够达到预警的目的。

(2)系统性原则

能源的供应与需求是受多种因素综合影响的复杂的大系统。各因素的影响效果并不完全一致,因此可以将系统进一步划分为若干个子系统。在系统内,各个子系统之间的作用与联系非常密切,相关因素相互影响,可以形成多个高阶次的正负反馈回路。这样,即使是其中某个因素或某个子系统的微小变动,在正负反馈环的作用下也可能导致整个系统发生剧烈的波动。因此,指标的选择应遵循系统性原则,从系统的整体出发,选择能够全面、灵敏地反映系统发展动态的指标体系。

(3)可操作性原则

能源供需矛盾预警指标体系所涉及的指标必须具有可操作性。指标的设计要根据我国统计工作现状,考虑资料的可获得性,以及所获得资料的完整性。指标体系尽可能采用规范、通用的名称和概念,并尽量采用现有统计资料的数据和指标,从而使指标具有可测性和可比性,易于量化比较。

(4)相对独立性原则

采用合理的分类指标,尽量减少各类指标在概念上的重叠性和统计上的相关性。能源供需矛盾预警指标的选择,首先应在定性分析能源供需各影响因素的基础上,选择出能较全面反映能源供需状况的指标体系,然后运用多元统计分析方法,筛选出独立性强、代表性强和贡献性高的预警指标体系。

(5)敏感性原则

指标体系要全面、客观地反映能源的供需状态,因此所选指标体系的变化应能够及时、准确、科学地反映能源供需的波动状况与矛盾状况,敏感地预示和反映能源供应和需求的发展趋势,灵敏地体现能源供需关系状况。这样才能保证预警的准确性、及时性和前瞻性,从而为决策者提供及时、准确的信息,使决策层能够据此采取有效的措施尽量避免或减少能源供需矛盾对社会经济发展的不利影响。

（6）动态性原则

能源是为社会经济发展服务的,社会经济不断发展,能源的需求和消费也必然是不断变化的,因而能源的供需波动是一个动态发展过程,相应地能源供需矛盾预警也应是一种动态的分析过程,而不是静态的反映。能源供需矛盾预警应在分析过去能源供应与需求的基础上,合理评价能源与社会经济发展的关系,把握、预测未来的供需发展趋势,并对风险程度予以不同程度的警报。因此,指标体系的设计应能够反映出这种动态发展趋势。同时,动态性还体现在能源供需矛盾预警指标体系必须根据能源、经济的发展及社会环境的变化而不断地修正、补充,确保能源供需预警系统的科学性、指导性。

（7）地域性原则

能源的赋存、开发和利用都具有典型的空间特性。各国的自然资源赋存条件、社会经济发展状况、技术水平、环境状况等各不相同,因此在选择能源供需矛盾预警指标体系时必须考虑我国的实际情况,注意到地域间的差别,尤其是能源开发利用的空间特点导致的能源消费的结构性变化,做到具体问题具体分析。

4.1.3 我国能源供需的主要影响因素

影响能源供需的因素是指在一定的程度上、从特定的方面描述和反映能源供需状况的数量特征和具体数值。一定时期内影响能源供需状况的因素非常复杂,因而要全面、系统地描述和反映能源供需状况,需要一系列相互联系的因素变量。由反映、描述这些因素的变量所构成的整体,就是影响能源供需关系的变量体系。

根据上述建立指标体系的原则,充分考虑目前我国对能源供需状况及其相关信息的披露,构建影响能源供需的变量体系,如表4-1所列,并以此来分析我国能源供需关系,进一步确定警源、警兆和警情指标。

表 4-1   影响我国能源供需关系的变量体系

序号	指标	计算方法	备注
1	GDP 增长率	$\ln(x_t/x_{t-1})$	x_t 为第 t 年 GDP
2	全社会固定资产投资增长率	$\ln(x_t/x_{t-1})$	x_t 为第 t 年全社会固定资产投资
3	人口增长率	$\ln(x_t/x_{t-1})$	x_t 为第 t 年底人口数
4	能源价格指数	$(x_t-100)/100$	x_t 为燃料类零售价格指数
5	产业结构	$ecbz/scbz$	$ecbz$ 为二产比重,$scbz$ 为三产比重
6	能源密度	$nyxf/GDP$	$nyxf$ 为能源消费量
7	能源消费结构	$mtxfbz/syxfbz$	$mtxfbz$ 为煤炭消费比重,$syxfbz$ 为石油消费比重
8	能源生产结构	$mtscbz/syscbz$	$mtscbz$ 为煤炭生产比重,$syscbz$ 为石油生产比重
9	实际工资增长率	$(x_t-100)/100$	x_t 为职工平均实际工资指数
10	人均生活用能增长率	$\ln(x_t/x_{t-1})$	x_t 为每人年平均生活用能源量
11	更新改造投资增长率	$\ln(x_t/x_{t-1})$	x_t 为第 t 年全社会更新改造投资
12	就业人数增长率	$\ln(x_t/x_{t-1})$	x_t 为第 t 年年底就业人口数
13	CO_2 排放增长率	$\ln(x_t/x_{t-1})$	x_t 为第 t 年二氧化碳排放量

序号	指　标	计算方法	备　注
14	能源生产增长率	$\ln(x_t/x_{t-1})$	x_t 为第 t 年能源生产总量
15	能源消费增长率	$\ln(x_t/x_{t-1})$	x_t 为第 t 年能源消费总量
16	能源供应增长率	$\ln(x_t/x_{t-1})$	x_t 为第 t 年能源供应总量
17	能源进口增长率	$\ln(x_t/x_{t-1})$	x_t 为第 t 年能源进口量
18	能源出口增长率	$\ln(x_t/x_{t-1})$	x_t 为第 t 年能源出口量
19	R&D 投资增长率	$\ln(x_t/x_{t-1})$	x_t 为全社会 R&D 投资，(1990 年以前数据为用于科学研究的财政支出)
20	能源工业固定资产投资增长率	$\ln(x_t/x_{t-1})$	x_t 为第 t 年能源工业固定资产投资额
21	能源工业更新改造投资增长率	$\ln(x_t/x_{t-1})$	x_t 为第 t 年能源工业更新改造投资额
22	公路里程增长率	$\ln(x_t/x_{t-1})$	x_t 为第 t 年公路长度
23	铁路里程增长率	$\ln(x_t/x_{t-1})$	x_t 为第 t 年铁路营业里程
24	管道长度增长率	$\ln(x_t/x_{t-1})$	x_t 为第 t 年管道长度
25	地质勘察业基本建设投资增长率	$\ln(x_t/x_{t-1})$	x_t 为第 t 年地质勘察业基本建设投资
26	能源工业固定资产投资占全社会固定资产投资的比重	$nytz/shtz$	$nytz$ 为能源工业固定资产投资，$shtz$ 为全社会固定资产投资

4.2　我国能源供需矛盾预警分析

　　任何事物的发展都有一个过程,同样我国能源供需关系的失调也并非一蹴而就,而是有一个发展的过程。首先必然存在使能源供需失调的原因,并随着社会经济系统的发展而最终表现出来。

这里导致能源供需失调的原因就是警源,它是产生警情的根源;警情就是社会经济发展中能源供需出现紧张,表现为能源的供不应求或供过于求;而警兆是在警源的作用下,能源供需状况预先表现出的各种征兆。能源供需预警的过程就是通过分析各种警兆,提前判断警情,积极寻找警源,并提出相应的应对措施,以保证能源的协调供应,促进社会经济健康发展。

4.2.1 警源分析

警源是产生警情的根源,能源供需的警情主要表现为能源供需失衡,因此能源供需警源分析主要集中在导致能源供需失衡的原因上。从目前我国社会经济发展和经济全球化的发展态势来看,影响我国能源供需平衡的主要原因包括我国能源的客观赋存及探明程度、能源生产的增长速度、能源进口的增长速度与能源消费的增长速度等。这些因素可能会打破能源的正常供需关系,使能源供需出现警情。

进一步分析警源可以发现,影响能源供需状况的原因可以分为客观警源和主观警源。客观警源即外生警源,是社会经济发展系统中客观存在的、难以在短期内发生明显改观的警源,包括自然警源和国际能源市场等外部原因所形成的警源;主观警源即内生警源,指社会经济系统内部原因所形成的警源,包括内生生产警源和内生分配警源。

自然警源是由能源资源的自然禀赋状况产生的警源,即由能源资源的探明储量、可采储量、地理分布、资源结构、技术经济特性等所形成的。目前我国的能源生产和消费结构以不可再生的煤炭、石油和天然气为主,这些能源资源的总储量是有限的,已经探明的能源资源的可采储量决定着能源的产出量,而能源资源的赋存结构决定着能源供给的结构。因而国内能源的有效供给数量、质量、结构等都可能产生警情。同时,矿物能源的生产与消费都会生成大量的废弃物,这些废弃物已经影响到人类生存的环境。因而从可持续发展的观点来看,环境对污染物有限的吸收和消化能力也影响着能源供给的数量和结构。

国际能源市场等也是影响能源供需的重要外部环境。加入WTO对我国的能源供需产生了较大的影响,使我国的能源供需出现了"两种资源、两个市场"的局面,这既是一种机会也是一种威胁。一方面,可以通过国际市场获得我国短缺的能源,解决我国能源的结构性短缺问题;另一方面,大量的能源进口必然会使我国产生对国外能源的依赖,提高我国能源的对外依存度,从而使我国经济发展和能源供需容易受到国际能源市场波动的影响而产生警情。不过从长远来看,这种影响可以通过逐步完善我国能源战略储备系统来缓解。能源战略储备、能源进出口以及国际能源市场价格波动等都对能源的供需双方起作用。能源战略储备能在能源供应较宽松时期,作为能源的需求方将能源储备起来,而在能源供应紧张时期,作为能源的供应方将能源销售出去,从能源的供需两方面缓解能源供需的波动。同样,能源的进出口也是从能源的供需两方面缓解我国能源供需的波动。从价格的角度由于能源产品的特殊性和稳定性,短期的价格波动不会对矿业产生影响,但从长期来看是有影响的。当能源市场价格升高时,会刺激能源的生产供给而抑制其消费需求;当能源市场价格降低时,则会产生相反的作用。

内生警源是指经济系统内部影响能源供应和需求的因素,这些因素在一定的条件下可以通过制定相关的政策进行调整,因而是受主观影响的。产生内生警源的原因是多方面的,不同的社会经济发展时期以及不同的经济结构、产业结构、科学发展水平等都会对能源的供需产生决定性的影响。概括地讲,产生这类警源的根本原因是由于经济增长的波动所引起的能源需求的变化与能源的供应不协调所引起的。能源资源作为物质形态是现实存在的,但对能源资源的勘察、开发和利用并不能脱离社会经济的发展而存在。能源资源的开发利用,需要有人、财、物的保证,需要与国民经济和同期的地区经济发展水平以及能源消费需求相适应。国民经济的发展既为能源提供了市场,又为其发展提供人力、物力和财力保障。从这个意义上来讲,国民经济的发展是使能源产业良好发展的基础保障;但从另一方面看,国民经济的发展也是引起能源供需失衡的主要原因。这主要体现在以下几个方面:

(1)经济增长的周期性波动对能源供需的影响

我国正处于工业化中期阶段,经济发展对能源的依赖程度较高,经济增长的实现程度在一定程度上取决于能源需求的满足程度。而经济增长率的变化必然会引起能源供需关系的变化,即经济增长率的变化首先引起能源消费需求的变化,从而引起供需关系的变化,进而引起市场上能源价格的变化。在短期内,能源供给由于受到资源赋存、生产能力、生产建设周期等因素的影响,其价格弹性系数相对比较小,而能源消费需求的价格弹性系数比较大。由于能源供需弹性的不同,当能源市场价格上升时,能源消费的减少将大于能源供给的减少,从而导致供过于求;而当能源价格下降时,能源消费的增长将大于能源供给的增长,从而导致供不应求。因此,经济的周期波动必然引起能源供需关系的周期性变化。

(2)社会经济发展的不同时期对能源供需的影响

不同社会经济发展时期对能源需求的变化可以从能源消费的数量上和结构变化上反映出来。从能源消费需求的总量上看,随着社会经济的发展,虽然能源的相对消费量呈逐渐下降的趋势,但消费总量呈增长的趋势。我国能源消费量由 1953 年的 5 411 万 tce 增加到 2003 年的 167 800 万 tce,2003 年的消费量为 1953 年的 31 倍。社会经济发展在对能源总量需求增长的同时,其结能源产品结构的需求也日益扩张。能源产品经历了从薪柴到煤炭,又从煤炭到石油、天然气的发展,而且品种数量日益扩大。随着工业化进程的加快,经济结构、产业结构不断变化,同时,人们的环境意识也在不断增强,能源消费结构在不断优质化。污染较重的煤炭能源在消费结构中的比重有所下降,石油、天然气等洁净能源的比重有所增加。

（3）能源工业的投资力度影响和制约着能源的有效供给

由于能源资源的勘查和矿山建设等具有周期长、风险高、资金需求大的特点,国民经济发展为能源工业所提供的人、财、物状况,即对能源工业的投资影响和制约着能源开发利用的规模和水平,是影响能源供给的重要因素。

（4）科学技术的发展对能源供需的影响

能源资源被开发出来并加以利用,必须具备一定的物质技术手段。从能源生产技术上看,随着生产力的发展,采、选、冶技术的进步,能源资源的开发范围和领域在不断扩大,以往的地质条件差、矿产品位低、技术不经济的能源资源,随着技术的不断进步,逐渐能够开采利用,从而增加了能源资源的可采储量,直接影响能源的生产和供应。从国民经济其他部门生产技术的发展上看,一方面扩大了能源产品的应用领域,使原来由于品位低而不能应用的资源也变为可利用的能源,相当于节约了常规能源;另一方面,随着节能技术的发展,能源消费密度在不断降低,从而相对地减少能源的消费需求。因此,生产技术的发展也从供应和需求两方面影响能源的供需平衡。

（5）宏观政策对能源供需的影响

国家的宏观政策对能源的供应和需求有着直接和间接的影响。如能源资源开发利用政策、地勘费投入、能源进出口政策、能源的战略储备等都对能源的供需有直接的影响,尤其是能源的开发利用政策对能源的生产和消费的影响尤为突出。例如,我国煤炭产业在 20 世纪 80 年代中期受"有水快流"、"国家、乡镇、个体煤矿一起上"方针政策的影响,地方煤矿迅速发展,煤炭产量急剧增长,这在一定程度上满足了当时社会经济迅速发展对煤炭能源的大量需求,但也给煤炭能源的供需失调埋下了伏笔。到90年代中后期,煤炭产量相对过剩,再加上严峻的安全生产形势,国家出台了关闭小煤窑的政策·结果使煤炭的产量明显下降,与进入21世纪我国经济的新一轮增长相悖,导致了能源的又一轮紧张。因此,国家的产业政策、国民经济计划与规划以及区域发展战略等都会对能源的供需产生影响。

4.2.2　警情和警兆分析

4.2.2.1　警情分析

警情是系统运行的不正常状态。我国能源供需矛盾的警情是指能源供需严重失衡的状态。能源供需失衡既包括总量失衡也包括结构失衡。在影响能源供需平衡的各类警源的相互作用下,能源的供需形势不断发生变化。由于影响警情的作用方向各异,其作用的结果可以是朝着有序的方向发展,也可能是向着恶化的方向发展,反映在社会经济生活中的能源供需发展状况上,就表现为警情。

能源供需矛盾警情是指对经济发展和人民生活造成严重影响的不正常的能源供需失衡的状况。它包括两层含义:一是能源的供不应求(相对不足),即能源的总量或某一种能源的供应在一定时期内不能满足国民经济发展和人民生活对能源的需求,严重制约经济的发展,成为经济发展的"瓶颈";二是能源的供过于求(相对过剩),即能源总量或某一种能源的供应在一定的时期内超过国民经济发展和人民生活的需求,因而引起能源价格的暂时下跌,使能源工业的发展受到影响。可见无论哪种情况出现,都会直接或间接地影响到社会经济的发展:能源供不应求,直接影响到社会经济的发展,并由于能源需求的压力可能导致能源产业的畸形发展;能源供过于求,短时期内能源工业会由于价格的下降而降低盈利能力,导致能源发展资金转移,给能源的下一轮紧张埋下了伏笔,同时也会由于能源价格的下降而促进高耗能产业的发展,形成不合理的产业结构,进而带来能源利用的浪费。因此,无论是能源的供不应求,还是能源的供过于求,都是暂时的,都会影响国民经济的协调、持续发展,都应该积极避免或减少矛盾,可见这二者都是能源供需关系的警情。

尽管能源的相对不足和相对过剩是能源供需关系问题的两种表现,但我们不能将两者等同看待。在这一对矛盾中,能源的相对不足是主要矛盾。我国近年来的经济实践表明,随着国民经济的发展和人民生活水平的不断提高,对优质能源的需求越来越多,能源的相对不足的问题越来越严重。因而在本研究中,将更着重于能源的相对不足的问题。

4.2.2.2　警兆分析

如果说警情是一种不协调关系的现实表现,警兆就是这种不协调关系的预兆。在警源的作用下,警情要有一个发展过程,即经过孕育、发展、扩散,最终才能爆发。而在孕育、发展和扩散的过程中,种种相关现象都可以认为是警兆。对能源供需来讲,随着社会经济的周期性发展,客观地也存在着协调的周期性(见图 4-1)。因此,在社会经济发展过程中,能源供需不协调的警兆普遍存在,分析这些警兆有助于对能源供需警情进行客观的判断和评价。

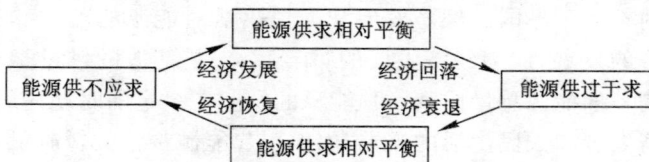

图 4-1　能源供求关系周期性变化示意图

警兆一般是警源扩散的表现,也可以是警源扩散过程中其他的共生现象。根据警兆所反映的内容可以将其分为两类:一类为景气警兆,一类为动向警兆。

景气警兆本身就表示经济或环境某一方面的景气程度,主要由警情指标中的先行警情指标和来自警源的指标所构成,它以指标的实际变动为基础,预先反映警情的状况。反映能源供需预警的景气警兆指标主要有 *GDP* 增长率、固定资产投资增长率等。警兆指标与警情指标有相同的特点,一般用增长率来表示。

动向警兆本身不直接表示经济或环境的景气或警情的程度,它是由警源向警情发展过程中所产生的各种外部现象来反映所考察对象的警情程度,一般以指标的相对变动为基础。反映能源供需预警的动向警兆指标主要有能源价格波动、能源工业固定资产投资占全社会固定资产投资的比重等。

无论是景气警兆指标还是动向警兆指标都反映着警情指标的变化情况,具有对警情变化的先导作用,它们的区别在于各自的性质和考察的角度不同。实际研究中,根据理性经验确定的警兆指标变量是否真正具有警兆指标的作用尚需进一步进行定量分析。例如,可以通过对警兆指标变量与警情指标变量进行时差相关分析,来确定警兆指标同警情指标的相关程度及其先导长度。

4.2.3 警源、警兆和警情的关系

警源、警兆和警情是从不同角度反映研究对象在不同发展阶段的特点,三者相互联系、相互影响并转化。在预警研究中,首先引起重视的往往是警情,关注警情实际上就是关注考察对象的发展状态。掌握了警情,才能进一步深入研究警源,警源是引起警情的根源,深入分析警源,才能从根本上抓住主要矛盾,使问题得到彻底解决。但警情也不会在警源的作用下直接表现出来,必然有一个孕育、发展的过程,在这个过程中会预先表现出一系列征兆,预示着警情的发展方向。因此,在预警研究中,警源、警兆和警情三者是密不可分的。

（1）警情是表象，直接反映着考察对象的实际状况

事物都在不断发展变化，而且发展变化都有其一定的规律性。警情是考察对象一定时期内的表象，反映了考察对象在特定时期的发展状况。在能源供需预警中，我们可以根据警情来分析判断能源供需的协调程度，分析判断能源供需与社会经济发展的一致程度，从而确定能源供需是否有问题，是否需要进行调整。

警情只是表象，不能根据警情直接采取相应的措施。这是因为，其一，警情的客观、真实性需要验证；其二，警情仅是表面现象，其中的深层次原因集中在警源上，需要通过警情、寻找警源，才能从根本上解决问题；其三，警情也不是绝对不变的，在一定的条件下，警情可能随着相关影响因素的变化而变化。

因此，进行预警分析应该从警情入手，但不能仅限于警情，应根据警情寻找警源，找出问题的关键。同时要密切关注警兆的发展态势，准确判断警情。

（2）警源是根源，揭示着考察对象产生警情的原因

警情的出现是由于影响考察对象的相关因素作用不平衡，导致系统运动失调所致，而引起系统内部作用不平衡的原因就是警源。因此，协调各方矛盾、促进系统协调发展的前提是正确处理警源出现的各种矛盾。

警源是客观存在的，警源的存在以及发展的不平衡是推动系统前进的主要动力。正是由于警源的存在，才使系统的发展表现出波浪式前进的态势；警源矛盾的解决以及系统内部新矛盾的产生和重新解决使系统呈现出螺旋式上升的趋势。因此，不回避警源，及时处理警源矛盾，才能使预警的意义真正实现。

（3）警兆是预警密切关注的内容，反映着考察对象的发展过程

警兆反映了事物的量变过程，随着量的积累，一旦出现警情需要采取相应的措施，以保证系统的正常运行。当然，如果能够根据

考察对象的发展规律在警兆达到一定程度时采取积极的措施,就可以避免警情的出现,使系统的发展稳定、协调。

警兆的出现无疑是由于警源的作用,而且在许多情况下,警兆与警情很难严格地分开。因此,分析警兆实际上也是对警情的一种预分析。对待风险的不同态度,必然导致以不同的方式来分析警兆,并对考察对象得出不同的示警状态。

(4)警源、警兆和警情具有整体一致性

警源、警兆和警情是从不同角度、不同阶段对考察对象发展不平衡状况的反映和揭示。对能源供需预警来讲,引起能源供需矛盾的因素非常复杂,为了便于研究,主要从内生警源出发,建立警源指标体系,揭示影响能源供需的原因;以能源供需比作为能源供需关系的主要警情指标,综合反映能源供需状况;根据影响能源供需的因素,结合能源供需变动与社会经济发展的关系,建立完善的警兆指标体系,全面考察能源供需变动状况。可见,反映能源供需的警源、警兆和警情在整体上是一致的,三者相互补充、密不可分。

同时,由于影响能源供需的因素非常复杂,能源供需的变化也非常频繁,对能源供需状况的描述和反映需要采用系统的方法。通过构建相对完善的警源、警兆和警情指标体系,客观、及时地反映能源供需状况、变动及其原因,为预警的展开奠定基础。

4.3 我国能源供需矛盾预警指标体系

4.3.1 我国能源供需矛盾警情指标体系

明确能源供需关系警情是能源供需矛盾预警的前提。能源供需矛盾预警的警情系统由警情指标体系所构成。建立合理的警情指标体系是预警研究的基本前提,警情指标确定以后,整个预警系统的研究对象和研究范围也就随之确定。

　　对警情的分析就是客观地评价我国能源供需失衡问题，即科学地测度我国能源供需关系的警情程度。可见，客观、合理地分析警情是科学决策的依据，准确、及时地把握警情是避免能源供需矛盾加深并进而影响社会经济科学发展的前提。但要科学测度能源供需关系警情，首先应该科学合理地确定能够准确、全面反映我国能源供需关系警情的基本指标，然后才能依据实际的经济运行状况和警情指标的表现值确定警情的程度，并据此提出科学、合理的解决措施。

　　警情通常用基本经济指标来反映，我们把反映警情的经济指标称作警情指标。反映能源供需关系的指标很多，预警研究不可能也没必要对所有的能源供需方面的问题都进行预防预测，只需选取其中最主要的，对国民经济发展影响最大的，并且也易于进行预警研究的指标。

　　根据我国能源和社会经济发展的实际，选择如下指标作为能源预警的警情指标：

　　（1）能源供应增长率

$$能源供应增长率 = \ln(第\ t\ 年能源供应量) - \ln[第\ (t-1)\ 年能源供应量]$$
$$(4\text{-}1)$$

　　在一定时期内，把各种能源消费、新增能源储备和能源出口量统称为能源的社会需求；相应地把能源的生产量和能源进口量统称为能源的供给。在改革开放前我国能源的供给主要是国内能源产量，能源的进口在能源供给总量中所占的比重很小，因此可用能源生产的增长率来代替能源供应增长率。我国能源供应增长率反映着我国能源社会供给能力的变化情况。从 1953 年到 2002 年，我国能源供应量年均增长 3 102.2 万 tce，年均增长率为 6.7%，但年度间波动幅度较大。

　　（2）能源消费增长率

$$能源消增长率 = \ln(第\ t\ 年能源消费量) - \ln[第\ (t-1)\ 年能源消费量] \quad (4\text{-}2)$$

能源消费增长率是反映一定时期内能源需求状况及其变动趋势的重要指标。我国能源供求矛盾渐趋紧张,这与我国能源供给机制不健全、能源的生产不能满足社会需求有关。但更重要的原因是我国长期以来粗放型的、快速的经济增长方式。虽然随着经济的发展和技术的进步,我国能源消费密度有了大幅度的降低,但与国外相比还有很大的差距。经济的快速发展、人民生活水平的不断提高必然带来能源消费需求的不断扩大,能源消费增长率的上升,在能源供给不能相应大幅度增长的条件下,能源的供需矛盾必然加剧。当能源消费需求量增长率与供给量增长率之间出现较大差距时,能源供需系统就会出现警情。

（3）能源供需比率

$$能源供需比率 = \frac{能源供应量}{能源消费量} \qquad (4-3)$$

能源供需比率即能源供应量与能源消费量的比率。这一指标能反映能源供需两方面的综合变化,作为能源供需矛盾预警的警情指标最为合适。它抽象了能源供需绝对量及其差额,可以完全反映二者之间的平衡程度。其数值在 1 周围波动,没有零值与负值,适于进行横向和纵向的比较。当能源供需比率为 1 时,能源供需矛盾处于平衡状态;当其值远小于 1 时,出现严重的供不应求;当其值远大于 1 时,出现严重的供过于求。

根据上述分析,建立我国能源供需矛盾预警的警情指标体系如图 4-2 所示。

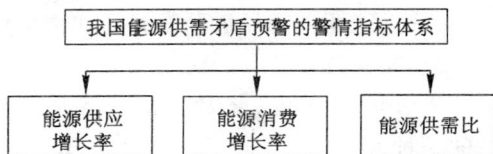

图 4-2 我国能源供需矛盾预警的警情指标体系

4.3.2　我国能源供需矛盾警兆指标体系

警兆分析是预警研究的关键环节。警情的预测预报正是通过监测警兆指标的变化来实现的。因此,警兆指标体系的设计非常重要,它必须能够全面反映能源供需的变动,以使能源供需的警情可以得到准确反映。

4.3.2.1　选择能源供需矛盾警兆指标的标准

警情指标确定以后,需要进一步对警情的预先表现进行分析,确定警兆指标。为此,需要对影响能源供需的指标进行筛选,从中找出与警情指标相关并且先行的指标作为警兆指标。选择先行指标应符合如下标准:

①　指标首先应该能够反映现阶段的能源供需平衡状况;

②　指标在经济意义上有明显的先行性,而且其变动先于警情的发生;

③　指标在经济意义上与警情指标具有明显的因果关系或相关性,其变动直接或间接地导致警情变量的变动;

④指标计算所需的数据能够及时、准确地获得。

由此,对表 4-1 归纳出的能源供需关系的影响因素变量体系进行分析,确定警兆指标体系。首先运用时差相关分析确定先行、一致和滞后指标,选择其中的先行和一致指标作为进一步分析的基础;在此基础上再运用格兰杰因果关系分析,分析这些先行、一致指标与警情指标之间的因果关系,将确实存在因果关系的指标确定为警兆指标,建立能源供需矛盾预警的警兆指标体系。

4.3.2.2　警兆指标变量与警情指标变量间的时差相关分析

时差相关分析法是利用相关系数验证经济时间序列先行、一致或滞后关系的一种常用方法。一般地,对于选定的两个时间序列经济变量,可以选择其中的一个变量作为基准变量,通过计算两个时间变量在时间上错开时的相关系数来判断它们之间的时差关系[162~164]。时差相关系数可以满足因果关系存在的必要条件,因此它可以作为检验变量间的因果关系的初步方法。

设 $y = \{y_1, y_2, y_3, \cdots, y_n\}$ 为基准指标,$x = \{x_1, x_2, x_3, \cdots, x_n\}$ 为被选择的指标,则可以计算确定它们的时差相关系数:

$$CROSS(k) = \frac{\sum\limits_{i=1}^{n}(x_{i-k} - \overline{x})(y_i - \overline{y})}{\sqrt{\sum\limits_{i=1}^{n}(x_{i-k} - \overline{x})^2 \sum\limits_{i=1}^{n}(y_i - \overline{y})^2}} \qquad (4\text{-}4)$$

式中,$\overline{x}$,$\overline{y}$ 分别表示两个时间序列 $x(t)$,$y(t)$ 的均值;k 表示两个时间序列变量的时差;$CROSS(k)$ 表示两个时间序列变量间时差为 k 时的时差相关系数。在选择警兆指标时,一般计算若干个不同延迟数的时差相关系数,然后进行比较,其中最大的时差相关系数 $CROSS(m)$ 被认为反映了被选指标与警情指标的时差相关关系,相应的延迟数 m 表示超前或滞后期。由此可见,通过两个时间序列变量间的时差相关系数可以看出这两个时间序列变量的相关关系及其作用时滞的大小,从而判明二者的因果关系。

在计算时差相关系数时,必须注意,如果两个变量都具有很强的趋势时,所有延迟数的时差相关系数都会很高,数据的超前或滞后关系就不明显。在这种情况下,就应当首先适当地进行变量变换,消除两个变量的各自趋势,超前或滞后关系就变得明显了。因此我们在做变量间的时差相关分析之前首先要检验各变量的时间序列是否存在长期趋势,如果存在长期趋势,要对数据进行变换,去掉趋势项,以使时差相关分析得以顺利进行。

在对我国能源供需及其影响因素进行时差相关分析时,分别以能源消费增长率和能源供应增长率为基准指标,分别计算它们各自与其影响因素之间的时差相关系数(见表 4-2、表 4-3)。在分析时,考虑到十一届三中全会后,我国经济体制由原来的计划经济逐步向市场经济转变,经济体制发生了根本性的变化,可能对警兆指标的

特性产生影响。为了保证分析的准确性,我们将历史统计资料分为
1953～1977 年、1977～2003 年和 1953～2003 年三个时间段,分别做
相关分析。如果前后三个结果相近,说明警兆与警情有较稳定的因
果关系;如果前两个结果相差较大,而其中之一与第三个结果相近,
也认为因果关系比较稳定;但如果三个计算结果两两相差较大,甚
至相反,对它们的因果关系就需要重新分析。

表 4-2   能源消费增长率与其影响指标间的时差相关分析结果

变　　量	相关系数		
	1953～1977 年	1978～2003 年	1953～2003 年
GDP 增长率	0.773 9(0)	0.523 3(0)	0.681 3(0)
固定资产投资增长率	0.844 (0)	0.315 (0)	0.770 9 (0)
人口增长率	0.643 1 (1)	0.374 9 (−1)	0.615 9 (1)
能源价格指数	0.590 5 (−3)	0.212 7 (−1)	0.275 2 (−1)
能源密度	0.804 (0)	0.49 (0)	0.794 1 (0)
产业结构	0.658 3(0)	−0.33 31 (3)	0.574 7 (0)
能源消费结构	0.74 (0)	0.483 9 (0)	0.613 8 (0)
实际工资增长率	0.450 5 (3)	−0.281 4 (−2)	−0.377 7 (−2)
人均年生活用能增长率		0.665 2 (0)	
更新改造投资增长率		0.378 9 (1)	
就业人数增长率	0.515 5 (0)	0.265 3 (3)	0.340 2 (2)
CO_2 排放增长率	0.951 6 (0)	0.920 2 (0)	0.951 2 (0)
能源生产增长率	0.952 8 (0)	0.829 4 (0)	0.941 6 (0)
R&D 投资增长率	0.787 1 (0)	−0.446 3 (3)	0.750 5 (0)
能源进口增长率		0.199 8 (0)	
能源出口增长率		−0.423 8 (−2)	

注:这里除实际工资增长率是根据《中国统计年鉴》上的实际工资指数计算而得
外,其他增长率指标均为对绝对量取对数,然后差分而得;时差相关系数为时差相关系
数中绝对值最大的相关系数;括号内的数值为领先或滞后的期数(i),正数表示滞后期
数,负数表示领先期数;

数据来源:各年《中国统计年鉴》。

表 4-3   能源供应增长率与其影响指标间的时差相关分析结果

变 量	相关系数		
	1953~1977 年	1978~2003 年	1953~2003 年
能源消费增长率	0.952 8（0）	0.817（0）	0.945 6（0）
能源工业固定资产投资增长率		0.539 7（-3）	
地质勘察业基本建设投资增长率		-0.283 6（4）	
公路里程增长率	0.793 6（0）	-0.537 5（-2）	0.751 9（0）
R&D 投资增长率	0.718 3（0）	-0.323 3（4）	0.684 8（0）
铁路里程增长率	0.751 6（0）	-0.307 3（2）	0.578 3（0）
能源价格指数	0.652 4（-3）	0.206 8（1）	-0.127 7（0）
能源生产结构	0.419 7（0）	0.473 9（-1）	0.452 1（0）
能源工业更新改造投资增长率		-0.243 7（2）	
产业结构	0.683 5（0）	-0.283 7（3）	0.600 5（0）
能源工业固定资产投资占全社会固定资产投资的比重		0.341 3（-2）	
GDP 增长率	-0.733 1（-3）	0.406 9（0）	0.620 3（0）
CO_2 排放增长	0.998 8（0）	0.915 8（0）	0.994 1（0）

注：时差相关系数为时差相关系数中绝对值最大的相关系数；括号内的数值为领先或滞后的期数（i），正数表示滞后期数，负数表示领先期数。

数据来源：各年《中国统计年鉴》。

若最大相关系数是在领先期 $i \leqslant 0$ 时取得的，则该指标与基准指标为先行或一致关系，即可以作为进一步分析的基础。由于我们所采用的是年度数据，一致指标的数量较多，但这对因果关系分析的影响不大。

从计算结果可见，GDP 增长率、固定资产投资增长率、能源价格指数、能源密度、能源消费结构、CO_2 排放增长率和能源生产增长率这 7 个指标三期获得的结果相同或相近，其中能源价格指数为先行指标,其他指标为一致指标。能源进口增长率、能源出口增长率和人均年生活用能增长率只有 1978 年以后的数据,因此只有一期的结果,其中能源出口增长率为先行指标,能源进口增长率为一致指标。这些指标就可以作为能源消费预警的警兆指标。而人口增长率、产业结构、R&D 投资增长率与实际工资增长率三期的结果不同。按照 1978~2003 年间的时差相关分析结果,人口增长率为先行指标,在其他两个时间段内为滞后指标;产业结构、实际工资增长率与 R&D 投资增长率两期的结果为先行指标、一期为滞后指标。根据判断原则,由于两个计算结果相一致,因此也保留下来,再通过下面的因果关系分析进行筛选。这样,通过时差相关分析,就可以初步筛选出能源消费增长率的先行和一致指标(见图 4-3)。

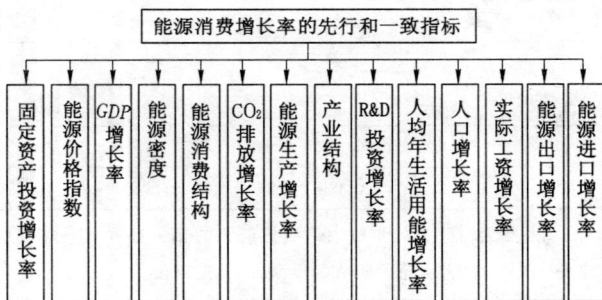

图 4-3   能源消费增长率的先行和一致指标

同样的道理,可以对能源供应增长率与其各影响因素间进行时差相关关系,根据计算的结果,可以选择能源消费增长率、能源工业固定资产投资增长率、公路里程增长率、R&D 投资增长率、铁路里程增长率、能源价格指数、能源生产结构、产业结构、能源工业固定投资占全社会固定资产投资的比重、GDP 增长率、CO_2 排放增长率等 11 个能源供应增长率的先行和一致指标（见图 4-4）。

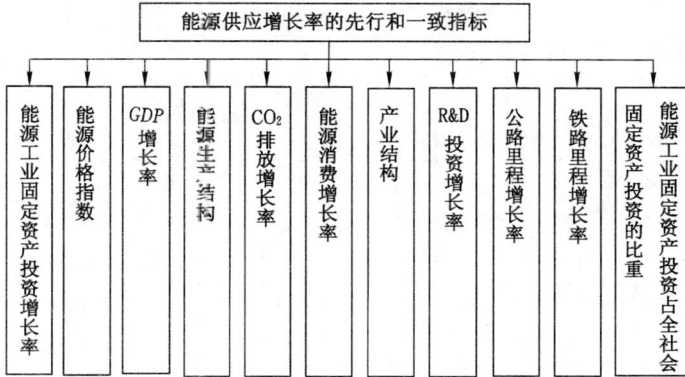

图 4-4　能源供应增长率的先行和一致指标

　　由于时差相关分析仅从统计上表明数据的相关关系，仅为因果关系分析的必要条件，即使相关关系接近于 1，也并不意味着数据之间一定存在着因果关系。因此，对筛选出来的指标体系还需要进一步采用 Granger-Sims 因果关系检验法，检验这些变量是否是能源消费增长率的格兰杰原因。根据进一步的因果关系检验结果，才能最终确定能源供需矛盾预警的警兆指标体系。下面将运用时差相关分析筛选出的指标作为下一步检验因果关系的解释变量，采用 Granger-Sims 因果关系检验法，检验这些变量是否是能源消费增长率和能源供应增长率的格兰杰原因。

4.3.2.3　警情指标变量与警兆指标变量间的格兰杰因果关系检验

　　主观判断警兆的标准是考察指标是否是警情的征兆，而定量判断警兆就是要考虑警兆指标最终能否导致警情，即考察它们的因果关系。以下涉及的变量及其符号见表4-4。

表 4-4 **变量符号和名称**

符号	名称	符号	名称
DLNYXF	能源消费增长率	NYMD	能源密度
CYJG	产业结构	DNYMD	能源密度差分序列
DCYJG	产业结构差分序列	GZZZ	实际工资增长率
DLGDP	*GDP* 增长率	JGZS	能源价格指数
DLGDTZ	固定资产投资增长率	DLNYCK	能源出口增长率
DLRJYN	人均年生活用能增长率	DLNYJK	能源进口增长率
DLRKS	人口增长率	DLEYHT	CO_2 排放增长率
XFJG	能源消费结构	DLNYGY	能源供应增长率
DXFJG	能源消费结构差分序列	DLRDTZ	R&D 投资增长率
SCJG	能源生产结构	DLGLLC	公路里程增长率
DSCJG	能源生产结构差分序列	DLTLLC	铁路里程增长率
NYTZBZ	能源固定资产投资占全社会固定资产投资的比重	DLNYSC	能源生产增长率
DNYTZBZ	能源固定资产投资占全社会固定资产投资的比重差分序列	DLNYG-DTZ	能源工业固定资产投资增长率
DLDZKCTZ	地质勘察业基本建设投资增长率	DDLNYG-DTZ	能源工业固定资产投资增长率差分序列

（1）格兰杰因果关系检验理论

从统计分析的角度来看,格兰杰因果关系检验是比较成熟、有效的方法。格兰杰 1969 年从时间序列意义上提出了因果关系的计量经济学定义:x 称为 y 的"格兰杰原因"当且仅当如果利用 x 的过去值比不用它时能够更好地预测 y。简言之,如果标量 x 能够有效地帮助预测 y,那么就称 x 为 y 的"格兰杰原因"。从统计学角度来看,也即是 x 的滞后项在统计意义上显著[165~167]。

　　格兰杰因果关系也可以描述如下：

　　假定 x_t、y_t 为两个经济时间序列，同时在因果关系的产生环境中又存在向量序列 w_t，w_t 包含直至时期 t 的所有相关信息，那么，存在 A_t、A'_t 两个相关信息集：

$$A_t = [A_t : x_{t-j}, y_{t-j}, w_{t-j}; j \geqslant 0];$$
$$A'_t = [A'_t : y_{t-j}, w_{t-j}; j \geqslant 0]$$

　　A_t 中包含了所有可得信息，而 A'_t 则排除了 x_t 的过去值和现在值。令 $f(y \mid A)$ 为 A 给定条件下 y 的条件分布，$E(y \mid A)$ 为对应的条件均值。在考虑 A_t 的情况下，若 $E(y_{t+1} \mid A_t) = E(y_{t+1} \mid A'_t)$，则 x_t 不是 y_{t+1} 的原因；否则，认为 x_t 是 y_{t+1} 的原因。也就是说，如果我们据以进行预测的信息集包含 x_t 的过去值和现在值时 y_{t+1} 能被更加有效地预测，则 y_{t+1} 是由 x_t 格兰杰引起。并且可以根据预测的均方误差来衡量预测的有效程度，如果基于 A'_t 的对 y_{t+1} 的预测的均方误差与基于 A_t 的对 y_{t+1} 的预测的均方误差相同，即 $MSE[\hat{E}(y_{t+1} \mid A_t)] = MSE[\hat{E}(y_{t+1} \mid A'_t)]$，则 x_t 不是 y_{t+1} 的格兰杰原因。

　　从上述定义可以看出，格兰杰因果关系的存在与否可以运用计量经济学的方法从数量上来判断。相应地，格兰杰因果关系可以分为三种情形：

　　① 单向因果关系。x_t 是 y_{t+1} 的格兰杰原因，但 y_t 不是 x_{t+1} 的格兰杰原因

　　② 双向因果关系。x_t 是 y_{t+1} 的格兰杰原因，同时 y_t 也是 x_{t+1} 的格兰杰原因。该情形也称为 x_t 和 y_t 之间存在反馈关系。

　　③ 如果 x_t 不是 y_{t+1} 的格兰杰原因，同时 y_t 也不是 x_{t+1} 的格兰杰原因，则称二者独立。

　　格兰杰因果关系检验通常采用 Granger(1969) 和 Sims(1972) 提出的因果关系检验法。其基本思想是：如果变量 x 的变化引起 y 的变化，则 x 的变化应发生在 y 的变化之前。检验的程序是决

定应变量的加入是否显著地增强了回归方程的解释能力。

进行格兰杰因果关系检验，首先需要建立滞后期为 $m(p)$ 的两组回归方程：

$$y_t = \alpha_0 + \sum_{i=1}^{m} \alpha_{1i} x_{t-i} + \sum_{i=1}^{m} \alpha_{2i} y_{t-i} + \varepsilon_{1t} \qquad (4\text{-}5)$$

$$x_t = \beta_0 + \sum_{j=1}^{p} \beta_{1j} x_{t-j} + \sum_{j=1}^{p} \beta_{2j} y_{t-j} + \varepsilon_{2t} \qquad (4\text{-}6)$$

式中，α_0 和 β_0 为常数项；ε_{1t} 与 ε_{2t} 为白噪声项，满足零均值、同方差且无自相关。

理论上，要检验 x 与 y 的因果关系，从统计意义上来说，就是要检验 $\alpha_{1i} = 0$ 和 $\beta_{2j} = 0 (i = 1, 2, \cdots, m; j = 1, 2, \cdots, p)$。因此：

① 若 $\alpha_{1i} \neq 0$ 且 $\beta_{2j} = 0$，则存在 x 到 y 的单向因果关系；

② 若 $\alpha_{1i} = 0$ 且 $\beta_{2j} \neq 0$，则存在 y 到 x 的单向因果关系；

③ 若 $\alpha_{1i} \neq 0$ 且 $\beta_{2j} \neq 0$，则 x 与 y 间存在双向因果关系；

④ 若 $\alpha_{1i} = 0$ 且 $\beta_{2j} = 0$，则 x 与 y 间不存在因果关系，是相互独立的。

通常我们利用 F 检验对零假设不存在格兰杰因果关系进行检验。以方程(4-5)为例，$H_0 : \alpha_{11} = \alpha_{12} = \cdots = \alpha_{1m} = 0$，这里零假设的 F 统计量是 Wald 统计量：

$$F = \frac{(SSR_R - SSR_{UR})/m}{SSR_{UR}/(N - 2m - 1)} \sim F(m, N - 2m - 1) \qquad (4\text{-}7)$$

式中，SSR_R 表示原方程的回归残差平方和；SSR_{UR} 表示方程零假设成立时的回归残差平方和；N 为样本容量。F 统计量服从标准的 $F(m, N - 2m - 1)$ 分布。根据 F 分布表可查得一个一定置信水平的临界值 F_a。如果求得的 F 值大于该临界值就拒绝该零假设：x 不是 y 的格兰杰原因；即 x 是 y 的格兰杰原因。反之，如果 F 值小于该临界值，则 x 不是 y 的格兰杰原因。

(2) 格兰杰因果关系检验的前提——单位根检验

　　虽然在格兰杰的定义中未要求变量序列 $\{x_t\}$ 和 $\{y_t\}$ 的平稳性,但由于 20 世纪 70 年代以前计量经济学的建模方法实际上都以"经济变量平稳"作为潜在假设条件,所以认为 $\{x_t\}$ 和 $\{y_t\}$ 应为平稳序列,亦即认为在进行格兰杰因果检验前都应考察序列的平稳性。对于平稳的时间序列可以直接进行格兰杰检验,对于非平稳的时间序列就要看它们之间是否存在协整关系。如果不存在协整关系,则首先要将数据序列平稳化,然后再运用上述 VAR 模型进行格兰杰因果关系检验;如果它们之间存在协整关系,则要运用 VEC 模型进行格兰杰因果关系检验。

　　检验变量是否稳定的过程就是单位根检验(Unit Root Test)[168~171]。单位根有多种检验方法,常用的有增广的迪基—福勒检验(Augmented Dick-Filler,简称 ADF 检验)和非参数的 P-P 单位根检验(Phillips-Person),这里采用 ADF 检验。ADF 检验的模型为:

$$\Delta y_t = \alpha + \beta t + \delta y_{t-1} + \sum_{i=1}^{k} \phi_i \Delta y_{t-1} + \varepsilon_t \qquad (4\text{-}8)$$

式中,α 表示常数项;t 表示时间趋势;k 表示滞后阶数;ε_t 为残差项。原假设为 $H_0 : \delta = 0$,备选假设为 $H_1 : \delta < 0$。根据上述回归方程中系数 δ 的 t 检验值进行判断,若 t 检验值大于 ADF 临界值,则拒绝原假设,接受备选假设,说明序列 $\{y_t\}$ 是平稳过程;如果 t 检验值小于临界值,则接受原假设,说明序列 $\{y_t\}$ 存在单位根。方程中加入 k 个滞后项是为了使残差项 ε_t 为白噪声。滞后阶数 k 根据俄凯克(Akaike)信息准则(AIC)或舒瓦兹(Schwarz)信息准则(SIC)来确定。

　　AIC 信息准则由下式给出:

$$AIC(k) = n\log \hat{\sigma}^2_{ML} + 2k \qquad (4\text{-}9)$$

这里 $\hat{\sigma}^2_{ML} = RSS/n$,RSS 为残差平方和。最小的 $AIC(k)$ 的 k 值即为要选择的最优的滞后阶数。

SIC 信息准则由下式给出：

$$SIC(k) = n\log \hat{\sigma}_{ML}^2 + k\log n \qquad (4\text{-}10)$$

与 AIC 信息准则相同，$\hat{\sigma}_{ML}^2 = RSS/n$，$RSS$ 为残差平方和。最小的 $SIC(k)$ 的 k 值即为要选择的最优的滞后阶数。

在运用 Eviews 软件进行单位根检验时，需要确定检验中是否包含常数或常数和趋势，通常根据时间序列的特性来确定。如果序列好像包含趋势，序列回归中应既有常数又有趋势。如果序列没有表现任何趋势且有非零均值，序列回归中应仅有常数。如果序列在零均值波动，检验回归中应既不含有常数又不含有趋势。

（3）警兆指标与警情指标间的因果关系检验

首先，对通过时差相关分析筛选出的相对于能源消费增长率的领先和一致指标进行平稳性检验，检验结果如表 4-5 所示。

表 4-5　　能源消费增长率及其影响因素指标序列平稳性检验结果

变量	检验形式 (c,n,k)	ADF 检验值	临界值	P 值	DW 值	结论
DLNYXF	$(c,n,7)$	$-4.598\ 682$	$-3.596\ 62$	$0.000\ 6$	$1.596\ 189$	平稳
CYJG	$(c,n,6)$	$-1.7432\ 05$	$-3.588\ 51$	$0.403\ 1$	$2.038\ 119$	不平稳
DCYJG	$(n,n,0)$	$-5.525\ 606$	$-2.613\ 01$	0	$1.898\ 185$	平稳
DLGDP	$(c,n,1)$	$-5.369\ 856$	$-3.574\ 45$	0	$2.190\ 58$	平稳
DLGDTZ	$(c,n,5)$	$-3.166\ 756$	$-2.931\ 4\ *$	0.029	$1.964\ 275$	平稳
DLNYSC	$(c,n,1)$	$-4.566\ 238$	$-3.574\ 45$	$0.000\ 6$	$2.124\ 503$	平稳
DLRDTZ	$(c,n,6)$	$-5.763\ 528$	$-3.592\ 46$	0	$1.355\ 844$	平稳
DLRJYN	$(n,n,0)$	$-3.028\ 025$	$-2.679\ 74$	$0.004\ 3$	$1.773\ 412$	平稳

变量	检验形式 (c,n,k)	ADF 检验值	临界值	P 值	DW 值	结论
DLRKS	$(c,t,9)$	$-6.552\ 414$	-4.205	0	1.607 064	平稳
XFJG	$(c,t,10)$	$-2\ 268\ 888$	$-4.205\ 004$	0.440 4	2.023 4	不平稳
DXFJG	$(n,n,9)$	$-2.572\ 638$	$-1.949\ 319$	0.011 4	1.876 565	平稳
NYMD	$(c,t,3)$	$-3.172\ 096$	$-4.1657\ 56$	0.102 5	1.853 425	不平稳
DNYMD	$(c,n,1)$	$-3.454\ 808$	$-2.923\ 78 *$	0.013 7	2.111 283	平稳
GZZZ	$(c,t,2)$	$-3.720\ 722$	$-3.506\ 374 *$	0.030 4	1.892 092	平稳
JGZS	$(c,n,0)$	$-3.768\ 123$	$-3.571\ 31$	0.005 8	2.185 316	平稳
DLNYCK	$(n,n,1)$	$-3.179\ 53$	$-2.728\ 252$	0.001 9	2.063 596	平稳
DLNYJK	$(c,n,1)$	$-4.569\ 011$	$-3.959\ 148$	0.003 3	1.920 155	平稳
DLEYHT	$(c,t,8)$	$-4.824\ 246$	$-4.219\ 13$	0.002 1	1.796 567	平稳

注:检验形式中的 c 和 t 表示带有常数项和趋势项,k 表示滞后的阶数,n 表示不带有常数项或趋势项;$*$ 表示 5% 显著水平下的临界值,其余为 1% 显著水平下的临界值;最优滞后阶数由 AIC 信息准则确定。

由表 4-5 的检验结果可以看出,能源消费增长率、CO_2 排放增长率、GDP 增长率等增长率序列均为平稳序列,只有产业结构、能源消费结构、能源密度三个指标的时间序列为 $I(1)$ 非平稳序列。能源消费增长率为平稳序列,因此分析能源消费增长率与其各影响因素之间的因果关系不需要进行协整检验。对于平稳序列直接进行因果关系分析,对于非平稳序列取其一阶差分进行平稳化处理后再进行因果关系检验。检验结果见表 4-6。

表 4-6   能源消费增长率与其各影响因素之间的因果关系检验结果

原假设 H_0	滞后期	F 统计值	P 概率值
DCYJG does not Granger Cause DLNYXF	4	0.366 41	0.830 96
DLNYXF does not Granger Cause DCYJG		2.184 15	0.089 81
DLGDP does not Granger Cause DLNYXF	5	3.803 63	0.007 64
DLNYXF does not Granger Cause DLGDP		8.065 13	4.20E−05
DLGDTZ does not Granger Cause DLNYXF	5	3.329 02	0.015 24
DLNYXF does not Granger Cause DLGDTZ		4.221 48	0.004 47
DLNYSC does not Granger Cause DLNYXF	1	18.191 5	9.80E−05
DLNYXF does not Granger Cause DLNYSC		4.467 0	0.040 01
DLRDTZ does not Granger Cause DLNYXF	4	5.411 0	0.001 56
DLNYXF does not Granger Cause DLRDTZ		4.028 13	0.008 24
DLRJYN does not Granger Cause DLNYXF	3	2.013 52	0.165 84
DLNYXF does not Granger Cause DLRJYN		2.002 07	0.167 52
DLRKS does not Granger Cause DLNYXF	1	23.941 3	1.30E−05
DLNYXF does not Granger Cause DLRKS		9.068 77	0.004 21
DXFJG does not Granger Cause DLNYXF	3	4.996 76	0.004 89
DLNYXF does not Granger Cause DXFJG		1.789 03	0.164 76
DNYMD does not Granger Cause DLNYXF	1	4.788 44	0.033 77
DLNYXF does not Granger Cause DNYMD		7.027 59	0.010 97
GZZZ does not Granger Cause DLNYXF	6	3.607 94	0.007 89
DLNYXF does not Granger Cause GZZZ		2.026 49	0.091 89
DLNYCK does not Granger Cause DLNYXF	3	5.051 38	0.035 83
DLNYXF does not Granger Cause DLNYCK		0.595 7	0.637 63
DLNYJK does not Granger Cause DLNYXF	2	3.487 48	0.070 95
DLNYXF does not Granger Cause DLNYJK		1.497 87	0.269 77
DLEYHT does not Granger Cause DLNYXF	1	21.186 6	3.70E−05
DLNYXF does not Granger Cause DLEYHT		4.881 62	0.032 52
JGZS does not Granger Cause DLNYXF	5	3.212 42	0.038 69
DLNYXF does not Granger Cause JGZS		0.634 52	0.676 99

从表 4-6 的因果关系检验结果可见，GDP 增长率、固定资产投资增长率、能源生产增长率、R&D 投资增长率、人口增长率、能源消费结构、能源密度、实际工资增长率、能源出口增长率、能源进口增长率、CO_2 排放增长率、能源价格指数是能源消费增长率格兰杰意义上的因果原因。而产业结构和年人均生活用能增长率不是能源消费增长率的格兰杰原因。

根据格兰杰因果关系检验的结果，最终确定 GDP 增长率（DLGDP）、固定资产投资增长率（DLGDTZ）、能源生产增长率（DLNYSC）、R&D 投资增长率（DLRDTZ）、人口增长率（DLRKS）、能源消费结构（XFJG）、能源密度（NYMD）、实际工资增长率（GZZZ）、能源出口增长率（DLNYCK）、能源进口增长率（DLNYJK）、CO_2 排放增长率（DLEYHT）、能源价格指数（JGZS）作为能源消费增长率的警兆指标。

同样的道理，对通过时差相关分析筛选出的相对于能源供应增长率的领先和一致指标进行平稳性检验，检验结果见表 4-7。

表 4-7 能源供应增长率及其影响因素指标序列平稳性检验结果

变量	检验形式 $(c, \square, k)$	ADF 检验值	临界值	P 值	DW 值	结论
DLNYGY	$(c, \square, 2)$	−4.035 233	−3.769 597	0.005 6	1.980 703	平稳
DLNYXF	$(c, \square, 7)$	−4.598 682	−3.596 62	0.000 6	1.596 189	平稳
CYJG	$(c, \square, 6)$	−1.743 205	−3.588 51	0.403 1	2.038 119	不平稳
DCYJG	$(n, \square, 0)$	−5.525 606	−2.613 01	0	1.898 185	平稳
DLGDP	$(c, \square, 1)$	−5.369 856	−3.574 45	0	2.190 58	平稳
DLRDTZ	$(c, \square, 6)$	−5.763 528	−3.592 462	0	1.355 844	平稳
JGZS	$(c, \square, 0)$	−3.768 123	−3.571 31	0.005 8	2.185 316	平稳

变量	检验形式 (c,n,k)	ADF 检验值	临界值	P 值	DW 值	结论
DLNYJK	$(c,n,1)$	$-4.569\,011$	$-3.959\,148$	0.003 3	1.920 155	平稳
DLNYGDTZ	$(c,t,0)$	$-2.879\,48$	$-4.467\,8\,95$	0.187 9	1.874 267	不平稳
DDLNYGDTZ	$(c,n,0)$	$-5.290\,874$	$-3.808\,546$	0.000 4	1.954 694	平稳
DLDZKCTZ	$(c,n,0)$	$-4.722\,688$	$-3.886\,751$	0.001 9	2.064 416	平稳
SCJG	$(c,t,4)$	$-0.911\,624$	$-4.416\,345$	0.937 3	1.670 516	不平稳
DSCJG	$(c,t,3)$	$-5.310\,242$	$-4.416\,345$	0.001 5	1.773 68	平稳
NYTZBZ	$(c,t,1)$	$-2.801\,912$	$-4.467\,895$	0.211 7	1.887 833	不平稳
DNYTZBZ	$(n,n,0)$	$-2.807\,611$	$-2.679\,735$	0.007 4	1.687 796	平稳
DLGLLC	$(c,t,0)$	$-4.949\,121$	$-4.416\,345$	0.003 2	1.970 827	平稳
DLTLLC	$(c,n,1)$	$-4.968\,775$	$-3.752\,946$	0.000 6	1.929 451	平稳
DLEYHT	$(c,t,8)$	$-4.824\,246$	$-4.219\,13$	0.002 1	1.796 567	平稳

从表 4-7 的检验结果可以看出,能源供应增长率、能源消费增长率、GDP 增长率、R&D 投资增长率、能源价格指数、能源进口增长率、地质勘察业基本建设投资增长率、公路里程增长率、铁路里程增长率、CO_2 排放增长率为平稳序列,而产业结构、能源工业固定资产投资增长率、能源生产结构和能源工业固定资产投资占全社会固定资产投资的比重为 $I(1)$ 非平稳序列。因为能源供应增长率为平稳序列,因此分析能源供应增长率与其各影响因素之间的因果关系不需要进行协整检验。对于平稳序列直接进行因果关系分析,对于非平稳序列可以取其一阶差分进行平稳化处理后再进行因果关系检验。检验结果见表 4-8。

表 4-8 能源供应增长率与其各影响因素之间的因果关系检验结果

原假设 H_0	滞后期	F 统计值	P 概率值
DCYJG does not Granger Cause DLNYGY	4	0.821 73	0.519 94
DLNYGY does not Granger Cause DCYJG		2.339 56	0.073 62
DLNYXF does not Granger Cause DLNYGY	1	4.276 86	0.044 41
DLNYGY does not Granger Cause DLNYXF		19.528 4	6.20E−05
DLGDP does not Granger Cause DLNYGY	6	3.242 52	0.014 12
DLNYGY does not Granger Cause DLGDP		6.114 83	0.000 28
DLRDTZ does not Granger Cause DLNYGY	2	4.755 65	0.013 75
DLNYGY does not Granger Cause DLRDTZ		4.135 4	0.022 94
JGZS does not Granger Cause DLNYGY	7	1.617 74	0.173 02
DLNYGY does not Granger Cause JGZS		0.152 13	0.992 28
DLNYJK does not Granger Cause DLNYGY	2	0.701 93	0.518 49
DLNYGY does not Granger Cause DLNYJK		0.488 72	0.627 33
DDLNYGDTZ does not Granger Cause DLNYGY	1	0.565 36	0.463 03
DLNYGY does not Granger Cause DDLNYGDTZ		3.320 13	0.087 18
DLDZKCTZ does not Granger Cause DLNYGY	5	15.160 7	0.192 45
DLNYGY does not Granger Cause DLDZKCTZ		1.164 49	0.603 38
DSCJG does not Granger Cause DLNYGY	7	2.894 04	0.021 6
DLNYGY does not Granger Cause DSCJG		4.074 67	0.003 6
DNYTZBZ does not Granger Cause DLNYGY	2	1.181 99	0.335 48
DLNYGY does not Granger Cause DNYTZBZ		1.077 14	0.367 18
DLGLLC does not Granger Cause DLNYGY	2	4.952 47	0.011 72
DLNYGY does not Granger Cause DLGLLC		5.032 75	0.010 98
DLTLLC does not Granger Cause DLNYGY	1	6.574 79	0.013 75
DLNYGY does not Granger Cause DLTLLC		11.52	0.001 45
DLEYHT does not Granger Cause DLNYGY	1	0.071 84	0.789 95
DLNYGY does not Granger Cause DLEYHT		0.024 91	0.875 33

表 4-8 的因果检验结果表明，能源消费增长率、GDP 增长率、R&D 投资增长率、能源生产结构、公路里程增长率、铁路里程增长率是能源供应增长率格兰杰意义上的原因。而产业结构、能源价格指数、能源进口增长率、能源工业固定资产投资增长率、地质勘察业基本建设投资增长率、能源工业固定资产投资占全社会固

定资产投资的比重以及 CO_2 排放增长率不是能源供应增长率的格兰杰原因。

根据格兰杰因果关系检验的结果,最终确定能源消费增长率(DLNYXF)、 GDP 增长率(DLGDP)、R&D 投资增长率(DLRDTZ)、能源生产结构(DSCJG)、公路里程增长率(DLGLLC)、铁路里程增长率(DLTLLC)作为能源供应增长率的警兆指标。

4.3.2.4　能源供需矛盾预警警兆指标体系的建立

能源供需矛盾是由能源供应和需求的不平衡引起的,通过前述格兰杰检验分析可以发现,影响能源供需矛盾的因素是确定的。因此,综合考虑影响能源供应和需求的指标体系,实质上就是能源供需矛盾预警的警兆指标体系,如图 4-5 所示。

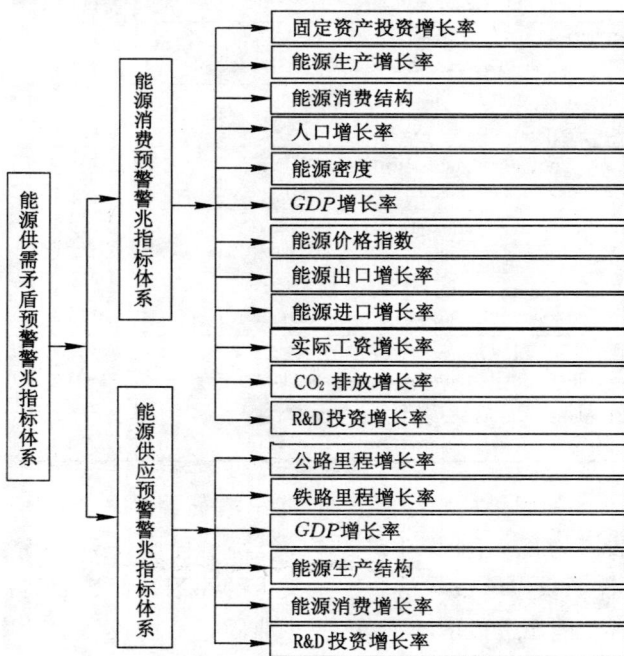

图 4-5　能源供需预警警兆指标体系

4.4 我国能源供需矛盾预警警度的确定

4.4.1 关于警度

警度是预警信号的示警状态，是判断考察对象所处状态的警情程度。根据确定的警限，将警情指标或警兆指标的实际值对照警限，就可以判断示警状态。在此基础上进一步分析警源，制定具体的应对措施。

4.4.1.1 有警与无警的划分

对能源供需关系进行预警，最主要的是确定能源供需缺口的警度。能源缺口综合反映了一定时期内能源供需的矛盾，能源缺口越大，说明能源供需矛盾越大，对社会经济发展的影响就越大，越需要及时进行调整；能源缺口越小，说明能源供需关系比较协调，不存在警情或警情不明显。可见，能源供需矛盾预警的警度与能源安全及安全程度是相互一致的。安全则无警，有警则不安全。

我国1953年以来的能源短缺率见表4-9。对这些数据进行排序，可以看出能源短缺率在-12%～14%之间。选用合理的步距计算不同步距下的频率，可以进行直方图分析（见图4-6）。

表 4-9　　我国 1953～2002 年能源供需缺口统计资料

年份	能源短缺率(%)	年份	能源短缺率(%)	年份	能源短缺率(%)
1953	-4.047	1970	5.800	1987	0.592
1954	0.449	1971	2.299	1988	0.256
1955	4.693	1972	1.374	1989	-0.922
1956	-6.341	1973	2.311	1990	-2.599
1957	2.250	1974	3.692	1991	-3.457
1958	12.762	1975	7.329	1992	-3.929

年份	能源短缺率(%)	年份	能源短缺率(%)	年份	能源短缺率(%)
1959	13.521	1976	5.246	1993	−3.770
1960	−1.825	1977	7.721	1994	−3.886
1961	4.090	1978	9.845	1995	−1.251
1962	3.900	1979	10.197	1996	−3.250
1963	9.263	1980	5.740	1997	−2.957
1964	3.576	1981	6.359	1998	−2.909
1965	−0.407	1982	7.590	1999	−10.982
1966	2.783	1983	7.919	2000	−11.625
1967	−4.550	1984	9.803	2001	−7.119
1968	1.684	1985	1.201	2002	−2.633
1969	1.645	1986	1.244		

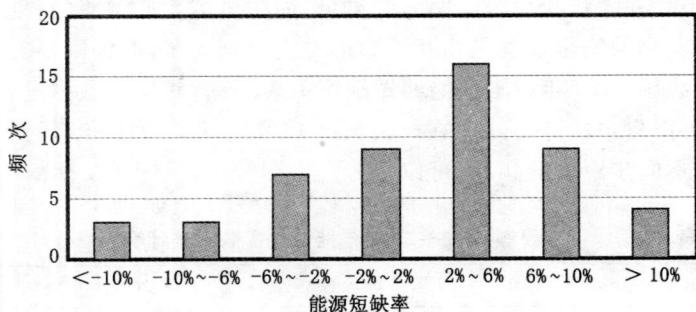

图 4-6 我国历年能源短缺率直方图

可见,在选用合适步距的情况下,我国历年能源的短缺程度近似呈正态分布[172]。因此,可以按照正态分布规则进行分析。对能源短缺率的历史数据进行计算可得均值 $\mu = 1.573\ 5$,标准差 $\sigma = 5.670\ 4$。即能源短缺率的能源短缺程度服从 $x \sim N(1.573\ 5,$

39.693）分布。

考虑能源供应的安全，概率分布的置信区间应该到达 90％以上。由于我国客观上能源结构不太合理，因此这里取置信度为95％。考查我国能源短缺程度的置信区间：

$$\bar{x} - t_{0.975}(50) \times \frac{S}{\sqrt{50 \times (50-1)}} = 1.573\,5 - 2.012\,1 \times \frac{39.693}{49.497\,4}$$

$$= -0.040\,0$$

$$\bar{x} + t_{0.975}(50) \times \frac{S}{\sqrt{50 \times (50-1)}} = 1.573\,5 + 2.012\,1 \times \frac{39.693}{49.497\,4}$$

$$= 3.187\,0$$

因此，当能源短缺程度处于（−0.040 0％，3.187 0％）时，可以认为我国的能源供需是安全的，没有警情，即可以判定为无警；当能源短缺程度小于−0.040 0％或大于 3.187 0％时，则认为我国的能源供需出现警情，需要根据实际情况判断警情的程度，并采取相应的措施。

4.4.1.2 警度的划分

警度是衡量不安全程度的一个指标。能源供需预警的警度是指能源供需出现不协调的程度。为了能够直观、清晰地反映出能源供需不协调的程度，需要进一步划分警度，也便于组织相应的措施。

一般而言，可以将警度划分为三个等级，分别为轻警、中警和重警。为了合理划分警度，运用综合判定指标——能源供需密度比。

$$ESDD = \frac{ED}{ESD} \tag{4-11}$$

式中，$ESDD$ 表示能源供需密度比；ED 表示能源密度变化率，ED $= \ln \dfrac{\text{当期能源密度}}{\text{上期能源密度}}$；$ESD$ 表示能源短缺率。

这一指标综合反映一定时期内能源供需状况和能源密度的变化状况。如果能源供需短缺率超过前述的警限，说明能源供需已经不协调了。此时,再综合考虑能源密度的变化状况,即综合考虑影响能源消费的因素对能源供需的影响,进而判定能源供需的警度。

① 当 $ED > 0$ 时,说明能源密度在不断提高。此时,若 $ESD > 0$,说明能源供大于求,能源供需将趋于平衡;若 $ESD < 0$,说明能源供不应求,在能源供不应求的情况下,能源密度进一步增加,必然加强能源的供需矛盾,使能源供需的警度提高。但随着科学技术的进步,能源技术的发展主要集中在节能和新能源的开发上,能源密度必然会不断降低。因此,这种情形在未来不容易出现,在讨论中也不做考虑。

② 当 $ED < 0$ 时,说明能源密度在不断降低。此时,若 $ESD > 0$,说明能源供大于求,在能源本已供过于求的情况下,能源密度降低将会节约更多的能源,会使能源供过于求的形势进一步加剧,能源供需矛盾将进一步尖锐;若 $ESD < 0$,说明能源供不应求,随着能源密度的不断降低,可以节约能源,使能源供需矛盾得到缓解,能源供需趋于平衡。

从目前的实际情况来看,随着科学技术的进步,节能技术不断提高,能源密度得到有效控制,从 1980 年以来上述第一种情况很少出现,因而这里不做考虑。当前能源供需的主要问题是供不应求,因此主要是利用现代科学技术努力降低能源密度,以缓解能源的供需矛盾;同时,由于社会经济的周期性波动发展,在一定时期内可能出现暂时性的能源相对过剩,但这种情况对经济的影响不大,而且这种矛盾容易通过各种手段得以缓解。所以,对能源供需预警的警度的划分,主要是对上述第二种情况进行讨论,即以 $ED < 0$,同时 $ESD < 0$ 的情况为重点,根据我国能源供需的历史资料,结合我国社会经济发展状况,对能源供需预警的警度进行划分。

能源供需出现警情表现为对国民经济发展的影响,因此可以通过寻求能源供需密度比与 GDP 增长率的关系,对警度进行合理划分。

$$GDPI = f(ESDD) \tag{4-12}$$

不妨设

$$GDPI = a \cdot ESDD^3 + b \cdot ESDD^2 + c \cdot ESDD + d$$

式中,$GDPI$ 表示 GDP 增长率;a,b,c,d 为待定系数。

利用历年统计资料,对上述关系进行回归分析,确定回归系数分别为:

$$GDPI = -0.028\ 4 \times ESDD^3 + 0.017\ 36 \times ESDD^2 +$$
$$0.016\ 785 \times ESDD + 0.051\ 067$$
$$R^2 = 0.340\ 6, \quad F = 1.377\ 6$$

由于能源供需密度比对 GDP 增长率的影响在不同的区间是不同的,因而可以利用拐点来划分影响区间,反映在警度上即警度的划分。

令 $\dfrac{\mathrm{d}(GDPI)}{\mathrm{d}(ESDD)} = 0$,解之得:$ESDD_1 = -0.436\ 7$,$ESDD_2 = 4.511\ 8$。

由此,能源供需矛盾预警的警度可作如表 4-10 的划分。

表 4-10 警度的划分

警度	划分的依据	划分的标准	特　征
轻警		$(-0.436\ 7, 0.922\ 4)$　　$(1.291\ 5, 4.511\ 8)$	能源供需存在缺口,但缺口不大,对社会经济的影响较小,且随着能源密度的降低趋于平衡
中警	能源供需缺口、能源密度变化以及能源密度对能源供需缺口的影响	$(-14.129, -0.436\ 7)$	能源供需缺口较大,将对社会经济的发展造成影响,能源密度的变化不足以改变能源供需状况
重警		$(4.511\ 8, 22.367\ 3)$	能源供需缺口将严重影响社会经济的发展,能源密度的变化对缓解能源供需矛盾的作用微小

　　当然,警度的划分并不是完全绝对的,随着社会经济发展阶段的变化、科学技术的进步以及能源消费和生产结构的变化,警度的划分也应不断地变化。但从现阶段我国能源供需状况来看,对能源供需不协调程度进行上述划分是具有现实意义的。

4.4.2　警情指标的警限及警度的确定

　　如前所述,警情指标综合反映了一定时期内能源的供需状况。因此,能源供需矛盾预警的警度划分需要进一步反映在相关的警情指标中。

　　在实际应用中,许多学者采用系统化的方法来确定警情指标的警限[162][173]。所谓系统化方法,是指首先根据各种并列的客观原则进行研究,然后将各种结果加以合理综合,得到可以使多数人接受的较科学的结论。实际中采用的原则主要有:多数原则、半数原则、少数原则、均数原则、众数原则、负数原则等。采用系统化分析方法分析各警情指标的不同警限,其关键是确定它们的安全警限。在此基础上再进一步分析确定警情指标的警度。这里运用多数原则确定警情指标能源供应增长率、能源消费增长率与能源供需比的安全警限,作为进一步确定能源供需矛盾警度的依据。

　　根据能源供需矛盾的特点,无论是供过于求还是供不应求,都不利于社会经济的稳定发展,都是不安全的,存在警情。因此,根据第3章对我国能源供需矛盾周期性波动规律的分析,我国能源供需矛盾的周期性波动与国民经济周期性波动基本一致,都表现出波动趋缓、持续发展的趋势。通过历史资料的对比,可以认为在大多数时期内能源供需是基本协调的。因此,采用多数原则进行警情指标的警限分析。

　　按照多数原则,需要根据1988~2005年的能源供需历史数据计算各警情指标,并将各警情指标的时间序列数据重新按特定意义排序。一般是从最小值开始进行升序排序,将处于总数2/3处的数据点对应的数值作为安全警限。

4.4.2.1　我国能源供应增长率的警限分析

　　根据能源供需历史资料,将1988～2005年间我国能源供应增长率数据进行组织并由大到小排序,见表4-11。

表 4-11　　　1988～2005 年我国能源供应增长率排序表

序　　号	1	2	3	4	5	6
供应增长率(%)	17.621 8	16.665 5	14.123 5	9.354 6	8.798 1	8.455 5
年　　份	2003	2004	2002	1995	2005	2001
序　　号	7	8	9	10	11	12
供应增长率(%)	6.754 9	6.228 3	5.530 5	4.569 9	4.133 4	3.711 5
年　　份	1988	1993	1994	1992	1991	1996
序　　号	13	14	15	16	17	18
供应增长率(%)	2.964 2	0.102	−0.528 8	−0.587 9	−4.087 7	−10.278 6
年　　份	1989	1990	1997	2000	1998	1999

　　资料来源:《中国统计年鉴》(1991,1994,1996,1998,2000,2003,2004,2006),中国统计出版社。

　　目前我国能源供需的主要矛盾表示为供不应求,能源成为社会经济发展的'瓶颈',随着能源供应增长率的提高,能源供需矛盾自然会逐渐减轻。按照多数原则,在表4-11所列的从大到小排列的数据中,处于其中2/3处的数据即为区分有警和无警的警限。因此,前12个数据表示我国能源供应在对应的时期内处于无警状态;而后边的6个数据则表示我国能源供应在对应的时期内处于有警状态。由此,按多数原则可以认为,我国能源供应增长的警限为2.964 2个百分点以上;若能源供应增长率低于2.964 2个百分点,则表示能源供应有警情发生。

　　但无论是能源供需还是社会经济发展都在周期性地波动,因此一定时期内能源也可能出现供过于求。按照多数原则,为避免能源的过速增长,能源供应增长率也不得超过 8.455 5 个百分点,否则容易导致能源供需失调。

4.4.2.2 我国能源消费增长率的警限分析

同能源供应增长率的警限分析一样,根据能源供需历史资料,将 1988~2005 年间我国能源消费增长率数据进行组织并由小到大排序,见表 4-12。

表 4-12　　1988~2005 年我国能源消费增长率排序表

序　　号	1	2	3	4	5	6
消费增长率(%)	−4.136 7	−1.597 2	−0.831 1	0.136 7	1.808 5	3.482 1
年　　份	1998	1999	1997	2000	1990	2001
序　　号	7	8	9	10	11	12
消费增长率(%)	4.146 3	5.018 7	5.060 4	5.651 4	5.756 0	6.062 4
年　　份	1989	1991	1992	1994	1996	1993
序　　号	13	14	15	16	17	18
消费增长率(%)	6.649 6	7.098 8	9.407 4	9.427 8	14.959 4	16.601 8
年　　份	1995	1988	2002	2005	2004	2003

资料来源:《中国统计年鉴》(1991,2004,2006),中国统计出版社。

我国能源供需的主要矛盾为供不应求,从能源消费的角度看,随着能源消费增长率的降低,能源供需矛盾会逐渐地缓解。按照多数原则,在表 4-12 所列从小到大的数据中,处于其中 2/3 处的数据即为有警和无警的警限。由此,前 12 个数据表示我国能源消费在对应的时期内处于无警状态;而后边的 6 个数据则表示我国能源消费在对应的时期内处于有警状态。因此,按多数原则可以认为,我国能源消费增长的无警警限为 6.062 4 个百分点以下;若能源消费增长率高于 6.062 4 个百分点,则表示能源消费有警情发生。

同时,为了防止能源的供过于求导致能源供需失调,能源消费增长率也不应过低,否则必然影响社会经济的快速发展。按照多数原则,能源消费增长率也不应低于 3.482 1 个百分点。

因此,能源消费增长率警限区间为[3.482 1%,6.062 4%]。

4.4.2.3　能源供需比的警限分析

确定能源供需比的警限考虑能源供不应求与能源供过于求两种情形,由于能源供不应求对社会经济的影响要大于供过于求,因此先来研究能源供不应求的情形。根据我国 1988～2005 年间的历史数据,可以取能源供需比最小的 3 个数的均值 0.90 作为其重警与中警的警限;取最小的 6 个数的均值 0.93 作为其中警与轻警的警限;对于有警与无警的警限,取按照多数原则确定的警限 0.96 作为有警与无警的警限。而在能源供过于求的情况下,根据我国能源供需的实际状况,从 1952 年到 1988 年的 36 年间能源基本上是供过于求的,将这些年的供需比进行排序,取较大的 18 个数据的均值 1.08 作为其重警与轻警的警限;取较大的 24 个数据的均值 1.06 作为中警与轻警的警限;对于有警与无警的警限,根据多数原则取 1.03。能源供需比的警度区间见表 4-13。

表 4-13　　　　　　　　　能源供需比警度划分

无警警限	轻警警限	中警警限	重警警限
0.96<L<1.03	0.93<L<0.96	0.90<L<0.93	L<0.90
	1.03<L<1.06	1.06<L<1.08	L>1.08

注:L 为能源供需比。

能源供需矛盾的警度则需要将能源供需比与能源消费增长率、能源供应增长率结合起来进行确定。同样,能源供需矛盾的警度也划分为无警、轻警、中警和重警四种状态。从现在能源的供需状况发展趋势来看,能源供需的主要矛盾为供不应求,因此,对于能源供过于求情况下的能源供需关系的警度依据能源供需比来确定;而对于能源供不应求情况下的警度则将能源供需比与能源消费增长率、能源供应增长率结合起来进行判断。根据警情指标的表现可能会出现以下四种情况:

(1) 能源供需比处于无警区间,且能源供应增长率和能源消费增长率都在安全区域内时,为无警。能源供需比处于无警区间,能源供应增长率和能源消费增长率都不大或其中之一不在安全区域内,且能源供应增长率不大于能源消费增长率,这时虽然能源消费增长率与供应增长率偏离了其安全区间,但供需缺口不大,而且由于能源供应增长率大于消费增长率,缺口会进一步减小,对社会经济的影响不大,为无警;能源供应增长率小于能源消费增长率,此时虽有警,但不致对社会经济造成太大的冲击,为轻警。

(2) 能源供需比处于轻警区间,当能源供应增长率和能源消费增长率都在安全区域内时,为轻警。能源供需比处于轻警区间,当能源供应增长率和能源消费增长率都不在或其中之一不在安全区域内,且能源供应增长率大于能源消费增长率时,为轻警;能源消费增长率大于能源供应增长率时,为中警。

(3) 能源供需比处于中警区间,当能源供应增长率大于能源消费增长率时,为中警;当能源供应增长率小于能源消费增长率时,为重警。

(4) 能源供需比处于重警区间,不论能源供应增长率与能源消费增长率的大小如何,都应视为重警。

因此,对警情指标警度的划分标准可以归纳如表 4-14 所示。

表 4-14   能源供需警情指标警度划分标准

警度	能源供需比、能源供应增长率和能源消费增长率状况
无警	能源供需比处于无警区间,能源供应增长率和能源消费增长率都在安全区域内;能源供需比处于无警区间,能源供应增长率和能源消费增长率都不在或其中之一不在安全区域内,能源供应增长率大于能源消费增长率

警度	能源供需比、能源供应增长率和能源消费增长率状况
轻警	能源供需比处于无警区间,能源供应增长率和能源消费增长率都不在或其中之一不在安全区域内,能源供应增长率小于能源消费增长率;能源供需比处于轻警区间,能源供应增长率和能源消费增长率都在安全区域内;能源供需比处于轻警区间,能源供应增长率和能源消费增长率都不在或其中之一不在安全区域内,能源供应增长率大于能源消费增长率
中警	能源供需比处于轻警区间,能源供应增长率和能源消费增长率都不在或其中之一不在安全区域内,能源消费增长率远大于能源供应增长率;能源供需比处于中警区间,能源供应增长率大于能源消费增长率
重警	能源供需比处于中警区间,能源供应增长率小于能源消费增长率;能源供需比处于重警区间

4.5　本章小结

　　(1) 在明确我国能源供需矛盾预警含义的基础上,提出建立能源供需预警指标体系的原则,并据此结合我国能源供需状况和国民经济发展与能源供需的关系,充分考虑相关信息的披露,建立起影响我国能源供需预警指标体系。

　　(2) 根据能源供需预警须先把握警情,进而深入分析警源,再研究警兆的原则,全面分析我国能源供需矛盾预警的各要素,分类别对警源、警情和警兆进行了分析,并将三者的关系进行了概括。

　　(3) 在上述分析的基础上,进一步定量分析能源供需预警的警情、警源和警兆。首先对警情指标进行了定量描述;然后利用时差相关分析法对警兆指标进行了筛选,并利用格兰杰因果关系检验方法验证了警情指标变量与警兆指标变量间的因果关系,确定警兆指标体系,保证了指标体系建立的科学合理性。

（4）对能源供需矛盾预警警度进行了科学划分。以现代数学为基础工具，根据我国能源供需的历史资料，考察能源供需短缺程度，提出通过置信度来判断有警与无警的新方法；在出现警情的情况下，运用将能源短缺程度与能源密度变化相结合的综合指标，建立其与 GDP 增长率的曲线方程，提出利用曲线拐点来划分警度。在此基础上，对前述的警情指标的警度按照多数原则进行了进一步的分析。

5 我国能源供需矛盾预警方法的选择

社会经济的周期性波动是客观的,由此而导致并加剧了能源矛盾的周期性发展。前面的分析已经表明,随着社会经济的发展,能源供需状况的警情、警兆会随时表现出来。但针对这些警情、警兆如何进一步进行预警,就涉及预警的具体方法。根据能源供需状况选择科学的预警方法,直接关系到预警的及时性和准确性,关系到相关措施的制定能否符合实际。因此,预警方法的选择非常重要。

5.1 预警方法

5.1.1 预警方法及其发展

预警方法是指对特定对象进行预警的专门的技术方法体系。预警思想首先在军事领域得到体现和应用,通过侦察掌握对方的军事动态,提前进行己方的军事部署。随着全球战争局势的缓和以及经济全球化的发展,预警思想逐渐应用到经济领域。

经济预警方法的起源可以追溯到 19 世纪末期。1888 年在巴黎统计学大会上就出现了以不同色彩作为经济状态评价的论文。20 世纪 30 年代中期,经济监测预警系统再度兴起。到 20 世纪 50 年代,随着冷战的结束和现代科学技术的发展,预警系统得到不断改进、发展并开始进入实际应用时期。美国全国经济研究局曾系统、详尽地研究了一系列涉及景气监测方法的问题,如循环波动的分离、趋势调整、平滑技术等,并指出经济波动是在宏观经济各部门间逐步"扩散"的过程。

从 20 世纪 60 年代起,经济预警方法逐步走向成熟。1961 年美国商务部正式在其刊物《经济循环发展》上逐月发表以数据和图表两种形式反映的宏观景气动向信号,标志着经济预警已经应用于实际。期间,研究机构和政府机关的合作使研究迅速向前发展:

(1)在经济预警中引入了合成指数。由于此前经济预警中广泛使用的扩散指数只考虑指标的变化方向,没能反映经济运动的程度,1961 美国商务部经济分析局的首席经济统计学家希斯金根据扩散指数不能反映经济波动幅度、干扰较大等不足,提出了一种新的综合多指标的"合成指数"。合成指数本质上是一种多指标加权平均,在制作过程中经过多次标准化、对称变动化、一阶差分和趋势调整等处理,使对经济波动幅度的描述更科学。合成指数的引入以及相关方法的提出成为经济分析的核心方法之一。

(2)进一步引入了景气调查的方法,拓宽了景气监测的信息源。二战结束后,德国慕尼黑经济研究所开发了以问卷形式向厂商和消费者进行调查的专门调查系统。在这种调查中,相关问题是以定性判断的选择题形式向厂商和消费者征求意见,调查对象只需就内容的上升、下降和不变作出选择即可,最后由技术人员根据调查结果形成"气候"指数。气候指数一般有商业气候、消费气候和经济气候。这些气候指数与景气指数一样,成为对经济运行超前预测的基础,为准确预警提供了保证,丰富了预警方法。

(3)经济预警基本方法的不断改进和发展。随着人们对经济复杂性认识的深入,对经济历史数据进行处理的方法在不断完善。首先,为克服规律性变动对长期趋势的影响,提出了"季节调整方法"。应用季节调整方法,美国商务部人口普查局成功研究了 X-11 法,同时,美国劳工局提出 BLS 法,日本通产省研究出 MITI 法,日本企划厅设计了 EPA 法,德国慕尼黑经济研究所研究开发了 IFO 法。这些方法各有不同的特点,目前已经为各国监测部门综合采用。其次在指标构成方法上,不仅在单一数学方法上不断推出新方法,而且还开发了定性与定量相结合的"评分系统"。为实现定性与定量相结合,制定了指标与状态对应性、经济重要性、统计充分性、波动一致性等 11 条准则;在此基础上,赋予每条准则以不同的权重,根据计算的每个指标的得分值进行定量分析。

（4）用于分析报警的信号指数的提出。经济的发展要保持适当的比例,既要避免高速度的盲目冒进,也要防止经济的大幅度衰退。过高的经济增长速度容易带来种种弊端,导致社会系统的失调,给下一阶段社会经济的发展留下后遗症。因此,经济过热如同经济衰退一样,应该避免。对此进行开发研究的主要是法国和日本:法国政府在第四个五年计划中制定了"景气政策信号制度";日本企划厅在其"经济白皮书"中发布了"日本景气警告指数",对日本的高速增长时期的经济状况用类似交通信号灯的办法给予警示;1970 年,联邦德国也由国会专家委员会编制了类似的警告指数。

到 20 世纪 70 年代末期,宏观经济预警的研究已趋于成熟,但在信息识别和基础理论研究方面仍存在不少问题,在经济预警方法、结果与相关经济理论的结合上也出现许多新的研究方向。大量研究证明,景气预警方法和计量经济学方法是预测周期波动的两种有效方法,二者是相互补充的。景气预警方法是政府部门通过对统计数据的测算进而向公众发布经济前景的指导性信息;计量经济学方法则是按照经济理论建立起结构性模型,利用其中的关联关系推测出经济发展的可能值（或区间值）,进而向公众发布经济前景信息。

目前,根据经济发展的复杂性,人们越来越重视多种方法的结合应用。现代经济学中的新理论,如新古典均衡理论货币主义、新供给学派理论、理性预期理论、非均衡理论,以及传统的计量经济学模型、系统动力学模型等模型理论都在与景气预警方法相结合,

极大地丰富了经济预警的方法体系。在 1990 年召开的国际IFAC
大会上,展示了人工神经元网络理论在景气预测中的应用,取得较
好的拟合效果。为使景气监测结果更具超前性,美国全国经济研
究所国际经济循环研究中心等机构已着手研究长期先行指标,将
原来先行指数半年左右的超前期扩展至一年及一年以上,以利于
政府和企业及早地为将要发生的周期波动作出反映,使反周期波
动政策的抑制作用进一步增强。

　　总之,经济预警是随着社会经济的发展而发展起来的,经过近
百年的发展,预警方法系统已经日趋成熟,并将随着现代科学技术
的发展而更趋完善。为了保证社会经济的持续稳定发展,世界近 80
个国家和地区都在积极开展预警工作。当然,实现社会经济稳定协
调发展需要各部门、各行业的协调一致,因此在宏观经济预警的基
础上,进一步做好关键部门、关键行业的发展预警也非常必要。

5.1.2　预警方法分类

　　预警方法是预警系统的核心。按照不同的分类标准,可以将
预警方法进行具体的分类。目前一般可以将经济预警方法依据其
机制进行分类,如表 5-1 所示。

表 5-1　　　　　　　　　　　经济预警方法体系

序号	经济预警方法	具体方法步骤
1	黑色预警方法	根据警情指标的时间序列波动规律进行直接预警。这种方法不引入警兆等自变量,只考察警情指标的时间序列变化规律,即循环波动特性
2	黄色预警方法	依据警兆的警级进行预警,是一种由因到果的分析
3	红色预警方法	依据警兆以及各种环境社会因素进行预警,是一种环境社会分析方法。其特点是重视定性分析。其主要内容是对影响警情变动的有利因素与不利因素进行全面分析,然后进行不同时期的对比研究,最后结合预测者的直觉、经验及其他有关专家学者的估计进行预警

序号	经济预警方法	具体方法步骤
4	绿色预警方法	依据警情指标的发展态势,特别是农作物生长的绿色程度预测经济及农业的未来状况
5	白色预警方法	在基本掌握警因的条件下用计量技术进行预测

在这几种经济预警方法中,黑色预警方法仅从警情指标时间序列本身的波动状况进行预警,不利于揭示复杂经济系统中各经济变量之间的影响关系;红色预警方法重视定性分析,且依赖于预测者的直觉与经验,因此主观性较强;绿色预警方法则要借助于遥感技术,利用遥感信息获取预警对象客观的发展态势,在此基础上再利用预警技术进行预警;白色预警方法目前还处于探索阶段。

目前实际中最常用的预警方法是黄色预警方法。黄色预警方法首先需分析经济变量之间的因果关系,从经济系统内部来分析各因素间的相互影响关系,分清警源、警兆和警情的关系,在对警情和警兆进行相关分析的基础上,依据警兆的警级预报警情的警度,反映预警对象可能面临的状况。

黄色预警方法包括指数预警、统计预警和模型预警三种方法(见图 5-1)。指数预警方法是利用数学方法将相关指标合成为一组景气指数(先行、一致、滞后),以此作为测定和分析经济波动的综合尺度,再利用先行指数预测经济周期波动的转折点,从而达到预警的目的。根据指数在预警中的不同作用指数预警方法可以细分为景气指数法和景气警告指数法。统计预警方法则是首先对警兆与警情之间的时差相关关系进行统计处理,然后根据警兆的警级来预测警情的警度的一种方式。采用统计预警方法首先根据各经济指标与警情指标的关系,确定警兆指标;再依据警兆变动情况确定各警兆的警级;在此基础上根据警兆的重要性进行警级的综合来预报警情的警度。模型预警方法是在指数预警或统计预警基础上,通过建立以警兆为自变量的预测模型来预测相关指标的发展态势,再以此进行预警的一种方法,如 ARCH 预警方法、基于概率模式分类预警方法、人工神经网络预警方法、系统动力学预警方法和 VAR 预警方法等。

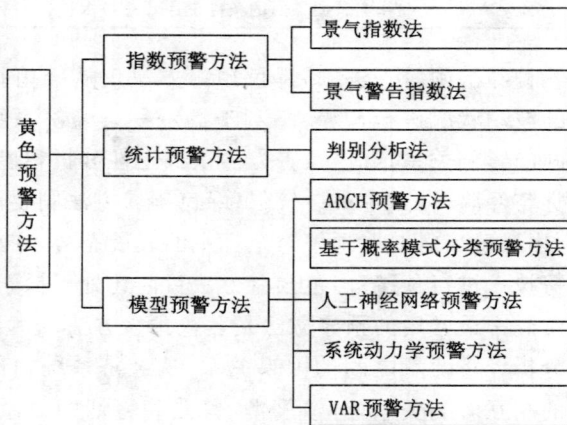

图 5-1　黄色预警方法体系图

5.1.3　常用的经济预警方法

目前常用的经济预警方法有景气指数法、景气警告指数法、ARCH 预警方法、基于概率模式分类预警方法、人工神经网络预警方法、系统动力学预警方法和 VAR 预警方法。它们都为黄色预警方法,其中景气指数法、景气警告指数法属于指数预警,其他几种预警方法都属于模型预警。不同的预警方法适用于不同的对象。

5.1.3.1　景气指数法

景气指数法是依据预警对象的综合性循环指标扩散指数(DI)和合成指数(CI)所提供的预警信号来进行预警的一种方

法[11,13,151]。

景气指数法以商业循环分析为基础,把整个经济运行过程区分为二类不同的景气区:一为景气区,另一为不景气区。以景气区和不景气区的分界作为警限。这种方法是景气预警实践中历史最为悠久的方法之一,最早的景气循环指数是 1917 年在美国哈佛大学诞生的哈佛指数。哈佛指数是由 17 项景气监测指标汇合成的"投机指数"、"商情指数"和"金融指数"三个指数的组合。哈佛经济研究所从这三个指数的曲线变化中找出了经济景气循环的规律性,并且成功预测了 1919 年美国经济处于巅峰以及 1920 年经济急剧衰退至低谷再到 1922 年 4 月经济开始复苏这样一个景气循环过程,因此而使这种方法名声大振。但是由于哈佛指数未能正确预测出 1929 年的经济大危机而被人们搁置。哈佛指数最主要的思想是利用经济变量的时滞关系指示景气的动向,这为后来的研究留下了有益的启示。

真正对今天各国景气监测和预警系统有重大影响的研究是从 20 世纪 30 年代后期开始的。1937 年,美国全国经济研究局在著名经济学家 W.C. 米契尔的主持下,对景气循环进行了系统研究。他们利用 21 项景气监测指标编制了景气循环的"基准日期"和"基准循环",以测量景气循环波动过程中谷底到谷底的长度,并且开始意识到应该利用经济指标间的领先与滞后性质构造景气指数。

1950 年,美国全国经济研究局在经济学家 G.H. 穆尔的带领下,对米契尔的景气循环指数进行了修订:一是最终确立了利用经济运行的时差关系将景气监测指标分解为领先、同步、滞后三指数模式,奠定了一直延续至今的预警模式;二是构造了一种新的景气循环指数——景气扩散指数。将景气扩散指数定义为:在某一时点上,一类指标中处于上升状态的指标所占的比重。由于扩散指数始终在 0~100 之间变化,因而可以认为当扩散指数大于 50% 时,经济运行于景气空间;当扩散指数小于 50% 时,经济则处于不景气空间。因此，可以把扩散指数等于 50％的景气点叫做景气转折点。可以看出，扩散指数的最大功能是预测经济循环波动过程中循环曲线波峰和波谷可能出现的时间，因此扩散指数也称作景气转折点测定指数。

　　从 20 世纪 60 年代开始，景气循环指数的理论和方法又有了进一步发展，这一发展的背景主要体现在两个方面：一是当期世界经济出现了惊人的发展，经济要素的流动与变化也呈现出新的特点，因而简单的景气监测预警系统已不能适应经济分析和预警的需要；二是二战后凯恩斯的经济政策在各主要资本主义国家取得了巨大成功，使政府干预经济的积极性空前高涨。二战结束以后，随着国际局势的缓和，各国政府开始直接插手并主持景气系统的研究。美国主要有商务经济分析局与美国全国经济研究局合作进行研究，并于 1961 年开始由商务部正式公布景气循环指数，以图形和指数两种形式提供美国景气动向信号。而日本从一开始就是直接由经济企划厅主持景气循环指数系统的研究并定期发布数据。由于政府的介入，使景气循环指数真正进入了实际应用阶段，并且使这种应用与政府的经济计划有机地结合起来。

　　发展到现在，景气指数法是一种实证的景气观测方法。它的基本出发点是，经济周期波动是通过一系列经济活动来传递和扩散的，任何一个经济变量本身的波动过程都不足以代表宏观经济整体的波动过程。因此，为了正确地测定宏观经济波动状况，必须综合地考虑生产、消费、投资、贸易、财政、金融、就业等各领域的景气变动及相互影响。各领域的周期波动并不是同时发生的，而是一个从某领域向其他领域，从某些产业向其他产业，从某些地区向其他地区波及、渗透的极其复杂的过程。基于这种认识，从各领域中选择出一批对景气变动敏感、有代表性的经济指标，用数学方法合成为一组景气指数（先行、一致、滞后），以此来作为观测经济波动的综合尺度。采用景气指数法进行预警一般要完成以下几个步骤：

(1) 扩散指数及其编制

扩散指数简称 DI(diffusion index)，它是一定时期内扩张序列个数占组内全部有效序列个数的百分比。在预警分析中，扩散指数能综合各个变量的波动，能够反映宏观经济波动过程，还能够有效地预测经济循环的转折点，但是不能明确表示经济循环变化的强弱。在 t 时刻扩散指数 DI_t 的计算公式为：

$$DI_t = (\sum_{i=1}^{M} w_i \cdot I) \times 100\% \qquad (5\text{-}1)$$

式中，w_i 为第 i 个指标的权重；I 为示性函数，即

$$I = \begin{cases} 0, & x_{i,t} < x_{i,t-1} \\ 0.5, & x_{i,t} = x_{i,t-1} \\ 1, & x_{i,t} > x_{i,t-1} \end{cases} \qquad (5\text{-}2)$$

其中 $\{x_{i,t}\}$ 为预处理后的指标序列。

(2) 合成指数及其编制

合成指数简称 CI(composite index)，它是根据同类指标中各序列循环波动程度，并考虑各序列在总体经济活动中的重要性加权(有时不加权)综合编制而成，以反映总体经济循环波动程度的指标。它不仅能用来判断循环转折点，还能在某种意义上反映经济循环波动的程度。通过对相关指标对称变化率的测定，并进而标准化和加权处理来确定合成指数。合成指数的编制步骤如下：

① 求单个指标的对称变化率 $C_i(t)$，$t = 2, 3, \cdots N$，$i = 1, 2, \cdots, M$。

$$C_i(t) = 200(x_{i,t} - x_{i,t-1})/(x_{i,t} + x_{i,t-1}) \qquad (5\text{-}3)$$

② 求标准化平均变化率 $V(t)$。

求序列的标准化因子

$$A_i = \sum_{t=2}^{N} |C_i(t)| / (N-1) \qquad (5\text{-}4)$$

在此基础上,求单个指标的标准化平均变化率

$$S_i(t) = C_i(t)/A_i \tag{5-5}$$

进而求平均变化率

$$R(t) = \sum_{i=1}^{M} w_i S_i(t) / \sum_{i=1}^{M} w_i \tag{5-6}$$

确定标准化平均变化率

$$V(t) = R(t)/F \tag{5-7}$$

$$F = \sum_{t=2}^{N} |R(t)| / \sum_{t=2}^{N} |P(t)| \tag{5-8}$$

式中,$P(t)$ 为同步指标的平均变化率;F 为组间标准化因子。

③ 计算初始综合指标 $I(t)$(各类指标分别计算)。

$$\left.\begin{aligned} I(t) &= I(t-1)[200 + V(t)]/[200 - V(t)] \\ I(1) &= 100 \end{aligned}\right\} \tag{5-9}$$

④ 趋势调整值的计算。

对同步指标类中各序列分别计算各自的趋势

$$T_i = (\sqrt[j]{C_{Li}/C_{Ki}} - 1) \times 100 \tag{5-10}$$

式中,C_{Li}、C_{Ki} 分别是序列 $\{x_{i,t}\}$ 最先和最后循环的平均值;j 为最先和最后循环中心之间的样本数。

求同步指标类的平均趋势

$$G = \sum_{i=1}^{M} T_i/M \tag{5-11}$$

然后对先行和滞后分别用上述公式求出各自的趋势 T。

⑤ 求合成指数 CI。

令

$$V'(t) = V(t) + (G - T) \tag{5-12}$$

$$I'(t) = I'(t-1) \cdot [200 + V'(t)]/[200 - V'(t)] \tag{5-13}$$

则

$$CI = I'(t)/C_0 \times 100$$

由此,利用计算确定 *DI* 和 *CI* 来判定景气状况,反映经济运行与发展转折点的距离,为经济的进一步发展提出警示。但采用景气预警的方法得出预警的精度较粗,只能预言经济活动何时将进入景气区,何时走出景气区步入不景气区,即可以确定警限。从循环波动角度看,这就是预言何时经济波动达到谷底以及何时经济波动达到峰顶。因而这只是循环转折点的预告,仅能反映极限,无法反映具体的警情;而且采取这种方法可以预见的时间较短,通常在半年之内。

5.1.3.2 景气警告指数法

采取景气预警方法得出的结论相对较粗,为了更加直观、具体地反映经济运行的状况,实际中提出了景气警告指数法。这种方法采用类似于交通管制信号系统的方法来反映宏观经济综合变化状况与变化趋势。

景气警告指数法最早见于 20 世纪 50 年代美国提出的"程式调控制度"。这项制度规定,如果全美失业率连续 3 个月比上月增加一个百分点以上,政府就必须增加不大于 20 亿美元的公共投资,以扩大就业,防止社会问题的出现。此后,法国也设立了"经济警告指标",该指标包括失业率、通货膨胀率和外贸入超 3 个指标,其中规定,上述任何一项指标出现连续 3 个月上升(比上月)一个百分点以上,政府必须自动在一定范围内采取相应的应对措施。20 世纪 60 年代初,日本在吸收美、法两国经验的基础上研究自己的经济监测方法,并于 60 年代中期设置包括了 11 项监测指标的"景气警告指标"。该方法提出的每项监测指标都根据其变化幅度大小设定一定分值,某一个时期各项监测指标的分值之和就是对这一时期经济综合景气状况的数量评价,再根据综合景气评分的高低设立若干定性区间,以某一时期综合评分落入的区间来表示该时期综合景气的定性评价及宏观调控政策取向。根据不同时期景气警告指标综合值与景气评价标准的对比,来对社会经济发展进行预警。"景气警告指标"公布以后,受到日本政府和社会各界的欢迎,并迅速成为政府调控宏观经济的重要依据。到 70 年代后,随着亚洲"四小龙"经济的腾飞,东南亚国家对宏观经济调控工作日渐重视,客观上也需要加强对宏观经济发展的监测。为此,各国都借鉴日本的经验,采用景气警告指数的方法建立了自己的经济监测系统。

采取景气警告指数法进行预警,可以将经济运行状况直观地反映在相应区间内,只要各评价区间设定合理,景气警告指数计算正确,经济运行状况就可以及时、直观反映出来,便于宏观管理部门及时制定相关的措施。因此,景气警告指数法具有以下的特点[151]:

(1)用一组指标作为判断宏观景气状况的依据,可以比较全面地反映社会经济运行的全貌,减少了仅依靠单指标进行决策的风险。因此对于影响因素复杂、经济增长波动较大的地区或时期,预警的准确性会明显提高。

(2)将景气状况的判断和宏观决策的取向融合在一起,政策提示直观、明了。日本的"景气警告指标"系统将综合景气状况划分为"红灯"、"黄灯"、"绿灯"和"蓝灯"四种状态,每种状态既表示当前的景气状况,又表示针对这种状况应采取的宏观政策取向。例如,"红灯"表示经济过热,应当控制需求的增长,避免或降低通货膨胀;"蓝灯"表示经济冷缩,应当刺激需求,提高增长速度,避免或降低失业。

近年来,预警系统在我国相关行业发展迅速,如气象预警系统、流行病预警系统以及宏观紧急预警系统等,基本上都是借鉴日本的"景气警告指标"建立的,其作用就在于明确提示相关决策部门应当针对当前的经济运行动态采取何种调控措施。

5.1.3.3 ARCH 预警方法

ARCH 模型(auto-regressive conditional heteroskedasticity

model)即自回归条件异方差模型[174~176]，最初由美国加州大学圣迭哥分校经济学家恩格尔(R. F. Engle)教授于 1982 年首次提出，此后在计量经济领域中得到迅速发展。

在使用模型分析实际经济现象时，常常存在许多的不确定性，包括不可观测因素、不可度量因素或不可预测因素等。由于这些不确定性客观存在，使我们在分析经济时间序列过程中经常出现这样的现象：一个平稳零均值的时间序列虽然从运算结果来看是平稳的，但其方差的变化却呈现一定的规律性，表现为较大的方差簇后往往跟着另一个较大的方差簇，而较小的方差簇后又紧跟着另一个较小的方差簇。对此进行时间序列模型分析，我们往往发现所得的残差项虽然是不相关的，但残差项的平方却呈现较为显著的相关性。这说明残差的二阶矩之间存在某种关系。ARCH模型就是针对传统模型中未能反映出这种现象，提供了一种具体的解决办法。

ARCH 模型的核心思想是：某一特定时期的随机误差的方差不仅取决于以前的误差，还取决于自身早期的方差。即相当于对误差项的方差使用一个自回归模型来描述。误差项不再是随机波动，而是有"记忆"的特征。该模型将当前一切可利用的信息作为条件，并采用某种自回归形式来刻画方差的变异。对一个时间序列而言，在不同的时刻可利用的信息不同，相应的条件方差也不同。因此利用 ARCH 模型，可以刻画出随时间而变异的条件方差（即条件异方差）。这样 ARCH 模型从统计上提供了一种用过去的误差来解释未来预测误差的方法，并可以此对未来的发展进行预测。

很明显，ARCH 预警方法是一种计量经济模型预警方法，即应用 ARCH 建立预测模型，根据 ARCH 模型条件异方差的特性，确定具有 ARCH 特征的警限，从而使预警的结果比较真实地反映实际经济运行状态。

实际应用中,ARCH 模型的基本形式是固定的:

假定 $\{y_t\}$ 为观测序列,X_t 是直至 t 时刻的有限信息集合,则 ARCH 模型的基本形式为:

$$y_t = g(X_{t-1}, b) + \varepsilon_t \tag{5-14}$$

式中,X_{t-1} 可以包括外生变量,也可以包括 y_t 的各阶滞后;$g(X_{t-1}, b)$ 是信息集 X_{t-1} 和向量 b 的函数;ε_t 为模型残差,令

$$\varepsilon_t = Z_t h_t^{1/2} \tag{5-15}$$

$$h_t = h(X_{t-1}, \alpha) \tag{5-16}$$

其中 Z_t 是独立同分布的,均值为 0,方差为 1,$h(X_{t-1}, \alpha)$ 是信息集合 X_{t-1} 和参数向量 α 的函数。满足

$$E(y_t \mid X_{t-1}) = g(X_{t-1}, b)$$

$$V(y_t \mid X_{t-1}) = V(\varepsilon_t \mid X_{t-1}) = h_t$$

进一步对 ARCH 模型研究,可以通过对式(5-15)中的 h_t 采用不同形式的函数而构建不同的 ARCH 模型具体形式:

(1) 线性 ARCH(q)模型

线性 ARCH(q)模型由式(5-14)、式(5-15)以及下式的 h_t 函数构成

$$h_t = \alpha_0 + \sum_{i=1}^{q} \alpha_i \varepsilon_{t-i}^2 = \alpha_0 + \alpha(L)\varepsilon_t^2 \tag{5-17}$$

(2) 线性 GARCH(p,q)模型

线性 GARCH(p,q)模型由式(5-14)、式(5-15)以及下式的 h_t 函数构成

$$h_t = \alpha_0 + \sum_{i=1}^{q} \alpha_i \varepsilon_{t-i}^2 + \sum_{j=1}^{p} \beta_j h_{t-j} = \alpha_0 + \alpha(L)\varepsilon_t^2 + \beta(L)h_t$$

$$\tag{5-18}$$

(3) TARCH 模型

TARCH 模型是将 ARCH、GARCH 模型进一步变形。主要是式(5-15)中的 Z_t 假设为服从 t 分布,即假设自回归模型的残差

服从 t 分布,而不是通常的正态分布。

从许多时间序列分析的实例来看,使用 t 分布更具有一般性,实际应用的效果明显比使用正态分布要好。

(4) 非线性 ARCH

常用的非线性 ARCH 模型主要有两种:EGARCH 模型和门限 ARCH 模型。

① EGARCH 模型

EGARCH 模型是指数广义自回归异方差模型,该模型对 h_t 的设定为

$$\log h_t = \alpha_0 + \sum_{i=1}^{q} \alpha_i (\phi Z_{t-i} + \gamma [\,|\,Z\,|_{t-i} - E\,|\,Z\,|_{t-i}\,]) \sum_{j=1}^{p} \beta_j \log h_{t-j}$$

$$(5-19)$$

式中,Z_t 为独立同分布的,可以设其为正态分布,也可以为 t 分布。

② 门限 ARCH 模型

门限 ARCH 模型主要是考虑条件方差为过去时刻均值 Y_t 的模型。由于对门限的要求不同,在具体应用中形式变化较多,需要根据实际情况来确定。

(5) ARCH-M 模型

ARCH-M 模型即均值自回归条件异方差模型,由式(5-14)、式(5-15)以及下式构成

$$Y_t = g(X_{t-1}, h_t, b) + \eta_t \qquad (5-20)$$

可见,这种模型进一步将 h_t 函数引入回归模型,使回归的精确度提高。

(6) IGARCH 模型

IGARCH 模型为 GARCH 模型在一定条件下的特例,即

$$\alpha_1 + \alpha_2 + \cdots + \alpha_q + \beta_1 + \beta_2 \cdots + \beta_p = 1$$

成立时,GARCH 模型虽然不是宽平稳的,却是严平稳的。对此,有人进行了严格的证明(NELSON. 1990)。这种情形下的

GARCH 模型称为 IGARCH 模型。

(7) 多元 ARCH 模型

若一个 N 维向量 ε_t 满足多元 ARCH 模型,同时它能写成如下形式:

$$\varepsilon_t = Z_t \Omega_t^{1/2} \tag{5-21}$$

式中,Z_t 为 $i.i.d.$,且 $E(Z_t) = 0$,$Var(Z_t) = 1$;Ω_t 为 $t-1$ 时刻信息集上的可测、正定协方差矩阵,在具体应用 Ω_t 时一般取其为线性式

$$Vexh(\Omega_t) = W + \sum_{i=1}^{q} A_i Vech(\varepsilon_{t-i} \varepsilon'_{t-i}) + \sum_{j=1}^{p} B_j Vech(\Omega_{t-j})$$

$$\tag{5-22}$$

其中 $Vexh(\Omega_t)$ 是由 Ω_t 的下三角矩阵列上元素按列排列所组成的 $N(N+1)/2$ 维向量。

对于各种 ARCH 模型,通常可以采用极大似然估计法估计,求得参数 b 及异方差 h_t 的一致估计。

采用 ARCH 预警方法进行预警,具有如下的特点[12]:

一是警限的界定比较客观。采用 ARCH 预警方法进行预警,警限的确定是建立在定量分析的基础上,比较客观。确定预警的警限,首先将各预警指标值(已作预处理)的时间序列 $\{y_t\}$($t = 1,2,\cdots,N$)在适度区间、热区间、冷区间的数据分别生成新序列 $\{y_{n_1}\}$($n_1 = 1,2,\cdots,N_1$),$\{y_{n_2}\}$($n_2 = 1,2,\cdots,N_2$),$\{y_{n_3}\}$($n_3 = 1,2,\cdots,N_3$),$N_1 + N_2 + N_3 = N$;由此确定适度的上下限

$$sk_1 = \sum_{n=1}^{N_1} y_{n_1} \Big/ N_1 + \frac{\sigma_{n_1}}{\sigma_{n_1} + \sigma_{n_2}} (\overline{y}_{n_2} - \overline{y}_{n_1}) \tag{5-23}$$

$$sk_2 = \sum_{n=1}^{N_1} y_{n_1} \Big/ N_1 + \frac{\sigma_{n_1}}{\sigma_{n_1} + \sigma_{n_3}} (\overline{y}_{n_1} - \overline{y}_{n_3}) \tag{5-24}$$

式中,$\overline{y}_{n_1}$,$\overline{y}_{n_2}$,$\overline{y}_{n_3}$ 为序列 y_{n_1},y_{n_2},y_{n_3} 的均值;σ_{n_1},σ_{n_2},σ_{n_3} 为序列

y_{n_1} , y_{n_2} , y_{n_3} 的标准差。

$$\sigma_{n_i} = \frac{1}{N_i} \sqrt{\sum_{t=1}^{N_i} h_{t,n_i}} \qquad (5\text{-}25)$$

其中, h_{t,n_i} 为序列 y_{n_i} 在不同时点的异方差($i = 1, 2, 3$),若序列不存在异方差,则 σ_{n_i} 为通常意义下的标准差。

  这样计算确定的上下限即为预警的警限。因此,警限的合理性取决于对历史数据的选取和初始化处理,基本不受评判者主观意志的影响。

  二是可以相对准确地度量经济循环波动的误差。一般而言,对未来态势的预测不仅包括对具体变量的期望,同时也包括对其波动大小程度的期望,这是预警的基础。但传统的模型和方法大多以标准回归或时间序列模型为基础,忽略了实际变动造成的误差,或者没有充分考虑这种误差。采用 ARCH 预警方法进行预警,用直接的方法来刻画时间变动的条件方差,突破了等方差的假设,使预测更接近实际,合理度量和充分考虑了预期的误差。

  三是进一步改进了传统的预测模型。传统的经济预测对历史数据的要求比较高,而且必须有明确的变量关系。ARCH 模型本身则是描述非线性关系比较理想的方法,对独立的一组时间序列,利用 ARCH 模型就可以直接得出比较符合实际的预测值,而且充分考虑了模型的残差。因此,采用 ARCH 预警方法进行预警的依据比较接近真实情况,使预警的效果能有可靠的保证。

5.1.3.4   基于概率模式分类预警法

  随着社会经济的发展,经济系统的复杂程度日益增加,对管理的要求也不断提高。目前我国宏观经济预警研究方面存在的问题大致可以归结为如下几个方面:缺乏对预警指标的选择评分系统的研究;预警方法单一,缺乏系统性和理论说服力;缺乏对预警可靠性的研究;缺乏对预警决策支持方面的研究等。

  模式识别是 20 世纪 60 年代迅速发展起来的一门学科,并在很多学科和领域得到了广泛的应用。模式是一些供模仿用的标本,是可供鉴别的、规范化的形式。所谓模式识别,是泛指一类用于对所研究的对象根据其共同特征或属性,分辨其所属模式类别的识别和分类方法,它包括模式分类、模式聚类、模式联想、模式重构和模式合成。

基于概率模式分类预警法是从模式识别的角度对宏观经济进行预警。在宏观经济预警系统中,一个预警样本一般只属于某一类预警模式,因此可以把一个预警样本称为一个预警模式,所有具有相同警度的预警样本组成一个预警模式集。不同警度的预警模式集就代表了不同的预警模式类别。预警指标选择子系统就相当于模式识别系统中的模式特征选择和维数压缩过程,预警方法子系统相当于模式识别系统中的模式分类(也称为分类器)过程,报警子系统相当于模式识别系统中的识别错误检查过程。从模式识别的角度,预警是把未知警度的新预警样本与已知警度的预警标准样本进行比较辨别,从而确定新预警样本所归属于的预警模式类别[177~180]。

下面是 Bayes 最小风险预警判别规则:

$$\frac{p(x/w_i)}{p(x/w_j)} > \frac{p(w_j)}{p(w_i)} \frac{L_{ji} - L_{jj}}{L_{ij} - L_{ii}} \tag{5-26}$$

则 $x \in w_i$

式中,$p(x/w_i)$ 为 w_i 类的条件概率;$p(x/w_j)$ 为 w_j 类的条件概率;$p(w_i)$ 为 w_i 类的先验概率;$P(w_j)$ 为 w_j 类的先验概率;L_{ij} 为将本应属于 w_i 类的模式却错判成属于 w_j 类模式的损失代价;L_{ii}, L_{ji}, L_{jj} 类似于 L_{ij}。

上式左边的 $L_{ij} = \dfrac{p(x/w_i)}{p(x/w_j)}$ 在统计学中称为似然比;而右边的 $\theta_{ij} = \dfrac{p(w_j)}{p(w_i)} \dfrac{L_{ji} - L_{jj}}{L_{ij} - L_{ii}}$ 称为似然比阈值;

由此 Bayes 最小风险预警判别规则可以表示为:

① 若 $L_{ij} > \theta_{ij}$ ，则 $;x \in w_i$

② 若 $L_{ij} < \theta_{ij}$ ，则 $x \in w_j$；

③ 若 $L_{ij} = \theta_{ij}$ ，则待判。

设计 Bayes 预警分类器时首先需要知道每一类的先验概率和概率密度及在发生判别错误时的损失代价。一方面，在宏观经济预警系统中概率密度一般都服从多维正态分布；另一方面，由于正态密度函数易于分析，常常把一些分布近似为正态分布。因此，在这种预警方法中主要考虑多维正态分布情况下的 Bayes 预警判别。在这种条件下，类别 w_i 的预警判别函数为：

$$d_i(x) = \ln p(w_i) - 0.5\ln|\Sigma_i| - 0.5\{(x-m_i)'\Sigma_i^{-1}(x-m_i)\}$$

$$(5\text{-}27)$$

$$i = 1,2,\cdots,M$$

式中 $d_i(x)$ —— 类别 w_i 的预警判别函数表达式；

x —— 待判预警模式；

$p(w_i)$ —— 预警模式类别 w_i 的先验概率；

$|\Sigma_i|$ —— 类别 w_i 的协方差矩阵 Σ_i 的行列式；

m_i —— 预警模式类别 w_i 的均值向量；

M —— 预警模式类别总数。

当 $\Sigma_i \neq \Sigma_j (i \neq j)$ 时，预警模式类别 w_i 的预警判别函数同上式，显然预警判别界面是 x 的二次型方程；

当 $\Sigma_i = \Sigma_j (i \neq j)$ 时，则

$$d_i(x) = \ln p(w_i) - 0.5\ln|\Sigma_i| - 0.5x'\Sigma_i^{-1}x + m_i'\Sigma_i^{-1}x - 0.5\, m_i^t\Sigma_i^{-1}m_i \qquad (5\text{-}28)$$

$$i = 1,2,\cdots,M$$

此时，预警判别界面是 x 的线性函数。如果取对数形式，并忽略对预警判别无影响的项，则式(5-28)可简化为

$$Z_g(X) = C_g^{(1)}x_1 + C_g^{(2)}x_2 + C_g^{(n)}x_n + C_{0g} + \ln q_g \qquad (5\text{-}29)$$

$$g = 1,2,\cdots,M$$

其中 $\begin{bmatrix} C_g^{(1)} \\ C_g^{(2)} \\ \vdots \\ C_g^{(n)} \end{bmatrix} = S^{-1} X_g = \begin{pmatrix} s^{11}\overline{x}_g^{(1)} + s^{12}\overline{x}_g^{(2)} + \cdots + s^{1n}\overline{x}_g^{(n)} \\ s^{21}\overline{x}_g^{(1)} + s^{22}\overline{x}_g^{(2)} + \cdots + s^{2n}\overline{x}_g^{(n)} \\ \vdots \qquad \vdots \qquad \qquad \vdots \\ s^{n1}\overline{x}_g^{(1)} + s^{n2}\overline{x}_g^{(2)} + \cdots + s^{mn}\overline{x}_g^{(n)} \end{pmatrix}$

$$C_g^i = \sum_{j=1}^n s^{ij}\overline{x}_g^{(i)}$$

$$C_{0g} = -0.5 \sum_{i=1}^n \sum_{j=1}^n s^{ij}\overline{x}_g^{(i)}\overline{x}_g^{(j)}$$

$$g = 1,2,\cdots,M; i = 1,2,\cdots,n$$

S 为预警样本的协方差矩阵。

采用基于概率模式分类预警法的判别过程如下：

首先将待判别个体 $X = (x_1,x_2,\cdots,x_n)'$ 代入预警判别函数 $Z_g(X)$ 中求出 G 个值，并找出其中的最大者：

$$Z_g^*(X) = \max_{1 \leqslant g \leqslant M} \{Z_g(X)\} \tag{5-30}$$

然后以此将待判别个体 X 判归 w^* 类，确定预警状况。其中，采用贝叶斯分类器必须满足两个先决条件：一是要求决策分类的类别数必须是一定的；二是各个类别总体的概率分布必须是已知的。

可见，基于概率模式的分类预警法主要是针对不确定的经济运行状况而提出的，通过分析相关的状况，利用模式对比，利用概率来对可能存在的风险予以充分的考虑。

5.1.3.5　人工神经网络预警方法

神经网络是指像人脑那样，具有学习机能的信息处理装置。早在 1943 年，心理学家 W. McCulloch 和数学家 W. Pitts 合作提出的兴奋与抑制型神经元模型和 Hebb 提出的神经元连接强度的修改规则，开创了神经科学理论研究的时代。随之而来掀起了人工神经网络研究的热潮。1982 年在美国国家科学院的刊物上发表了著名的"Hopfield"模型理论。这是一个非线性动力学理论模型,引起了各国学者的重视,并力图将这一数学模型进行电子或光学的硬件实现,从而形成了一大批人工神经网络的研究队伍。到现在神经网络理论和应用已取得了令人瞩目的进展,特别是在人工智能、自动控制、计算机科学、信息处理、模式识别等方面都有重大的应用。由于神经网络强大的信息处理功能,20 世纪 80 年代末期,它在预测、预警方面的应用也不断完善和提高。

人工神经网络是一种大规模并行的非线性动力系统,具有大规模的复杂系统,提供了大量可供调节的参数;具有高度灵活可变的拓扑结构,以及自学习、自组织的潜力;同时高度的集体协同计算、模拟处理与数字处理并存。预警是测度某种状态偏离警限的强弱程度,并进而判定警情状态,发出警情信号的过程。利用人工神经网络的上述特点,可以更加准确、及时地反映警情的变动状态。目前比较成熟的神经网络预警系统由预警信息采集和整理部件、预警知识获取部件、预警知识库、报警知识库和人机界面五个子系统组成(见图 5-2)。其中,预警信息采集和整理是神经网络的输入层,报警知识库和人机界面是神经网络的输出层,而预警知识获取部件和预警知识库是神经网络的中间层[12][27]。

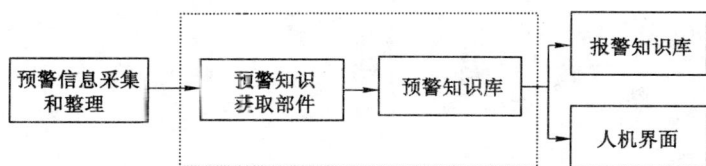

图 5-2　人工神经网络预警结构

(1) 神经网络的输入层

预警是在对历史信息进行分析的基础上,对未来发展态势进行预测,并与按历史发展规律所确定的警限对比,从而反映警度状况。因此,首先需要对基础数据信息进行采集和整理,这也正是预警系统的输入层的主要工作。

　　预警信息的采集和整理需要将各种基础数据,按照人工神经网络的要求输入到系统中。基础数据的完整性和准确性直接影响到整个预警系统预警的效果,因此应根据预警的内容来确定具体数据。

　　(2) 神经网络的中间层(即隐含层)

　　预警知识获取部件主要包括神经网络的结构,即网络的层数及输入层、隐含层、输出层节点的个数等。通过对预警样本的学习,得到网络权值的分布和量值,完成预警知识的获取。

　　在神经网络预警知识获取部件中,可以采用反向传播神经网络 BP 作为知识获取部件,它将接受预警系统基础信息中的连续数据变量。BP 的算法可描述如下:

　　① 权值和阈值初始化,随机地给出全部神经元的权值,并给神经元阈值赋以初始值,记数器置零 $t=0$;

　　② 给定输入 $x_i(i=1,2,\cdots,n)$,即输入层信息,以及目标输出 $y_k(k=1,2,\cdots,l)$,即输出层信息,作为神经网络系统的学习基础;

　　③ 计算神经网络前向传播信号,对于具有 n 个节点的输入层、m 个节点的隐含层和一个节点的输出层的三层网络而言,输入层/隐含层的隐含层节点为:

$$SY_j = f\left(\sum_{i=0}^{m} W_{ij}^1 x_i\right) \qquad j=1,2,3,\cdots,m \qquad (5-31)$$

隐含层/输出层的输出节点为:

$$YS_j = f\left(\sum_{i=0}^{m} W_{ij}^2 SY_i\right) \qquad j=1,2,3,\cdots,l \qquad (5-32)$$

节点作用函数为:

$$f(s) = \frac{J}{1+e^{-s}} \qquad (5-33)$$

式中，W_{ij}^1 和 W_{ij}^2 是输入层／隐含层、隐含层／输出层的权值；阈值的初始连接权值 $W_{0j}^1 = 1, W_{0j}^2 = 1$；直接阈值 $x_0 = 1, SY_0 = 1$。

④ 权值的修正。

从输出层开始，将误差信号连接通路反向传播，对上一次学习所得的权值进行修正：

$$W_{ij}^1(t+1) = W_{ij}^1(t) + \eta^1 \cdot \delta_{ij}^1 SR_i \qquad (5\text{-}34)$$

$$W_{ij}^2(t+1) = W_{ij}^2(t) + \eta^2 \cdot \delta_{ij}^2 YH_i \qquad (5\text{-}35)$$

式中 η^1, η^2 —— 增益项；

      $\delta_{ij}^1, \delta_{ij}^2$ —— 误差项。

隐含层节点误差为：

$$\delta_{ij}^1(t+1) = YH_j(1 - YH_j) \sum_{k=0}^{M} \delta_{ik}^2(t) \cdot W_{jk}^2(t)$$

输出层节点误差为：

$$\delta_{ij}^2(t+1) = y_j(1 - y_j)(y_j^0 - y_j)$$

其中 y_j^0 是学习输出信号；

SR_i 和 YH_i 为输入层和隐含层的值。

⑤ 精度检验。

如果达到精度要求，则满足 $\Delta E(t) < \varepsilon$。其中，$E(t) = \frac{1}{2} \sum_{k=1}^{l} [y_k(t) - y_k^0(t)]^2$，$\Delta E(t) = E(t+i) - E(t)$；$\varepsilon$ 是误差精度要求，$0 \leqslant \varepsilon < 1$。

或者达到循环次数要求：$t \leqslant T^0$。其中，T^0 是循环次数要求，为一个很大的正整数。

系统的中间层还包括预警知识库。预警知识库是预警信息和知识的结果，包括神经网络层数、节点数和权值等。在知识获取训练过程中，采用知识库中未经加工的基础数据，训练结果和神经网络参数则更新知识库中的原有数据并保存。因此，知识库是系统运行结果和基础数据的保存模块。

（3）神经网络的输出层

预警信息输出的主要功能是报警。利用预警知识库中的神经网络权值的分布和量值,在新的预警数据的驱动下,由训练好的神经网络算法,通过报警知识库直观地反映出警情状况,或通过人机界面输出相关的预警信息。

因此,这种方法实际上是对系统的一种"黑箱"模拟,适合于短期预测。但这种"黑箱"操作对于分析确定主要影响因素及制定相应政策并无帮助。

5.1.3.6　系统动力学预警方法

系统动力学(system dynamics,简称 SD)的雏形初现于 1956年,创始人是美国麻省理工学院福瑞斯特教授。SD 创立之初,被称为工业动力学,主要应用于工业企业管理。1961 年,福瑞斯特出版了《工业动力学》一书,此书成为该学科的奠基之作。在这部著作中,福瑞斯特教授阐明了 SD 的基本原理与典型应用。此后,SD 的应用领域不断拓展,从民用到军用,从科研、设计管理到城市摆脱停滞与衰退的决策,其应用已远远超出工业动力学的范畴。随着 SD 应用领域的不断拓展,福瑞斯特又相继于 1969 年和 1971年出版了《城市动力学》和《世界动力学》两部著作,并于 1972 年正式提出 SD 的名称,标志着 SD 体系的逐渐形成。

SD 研究问题的方法是一种定性与定量相结合、系统分析与综合推理相结合的方法。它是分析研究非线性复杂大系统和进行科学决策的一种有效的方法和手段。SD 是基于系统论,吸收反馈理论与信息论的精髓,并借助计算机模拟技术,融诸家于一炉并脱颖而出的交叉新学科。其基本思想、原理可以归纳如下[181~184]:

（1）系统动力学中将系统定义为一个由相互区别、相互作用的各部分(即单元或要素),为达到同一目的或完成某种功能而有机地联结在一起的集合体。这里认为,系统由单元、单元的运动和信息组成。单元是系统存在的现实基础,而信息在系统中发挥着关键的作用。正是因为信息，系统的单元才形成结构；单元的运动才形成系统统一的行为与功能。即系统是结构与功能的统一体。系统行为的性质主要取决于系统内部的结构，也就是系统内部的反馈结构与机制。基于上述的系统观点，SD 在构建模型时，首先要分析系统的微观结构，构造系统的基本结构，进而模拟和分析系统的动态行为。

（2）系统动力学认为反馈回路是构成系统的基本结构，反馈理论能够描述社会经济系统和其他类型系统的基本结构。

（3）按照系统动力学理论，在系统内部的诸反馈回路中，其发展、运动的各个阶段，总是存在一个或一个以上的主要回路（或称主导回路），这些主导回路的性质及它们相互间的作用（包括竞争与协作）是决定系统行为性质及其变化与发展的核心。

（4）系统动力学认为在系统中总是存在一部分相对重要的变量，它们对系统的结构与行为的性质、特征的作用与影响较大，而且总是被包含于主导回路中。系统中往往也存在一些灵敏变量与子结构，它们对于干扰与涨落的反应十分敏感和强烈，一旦系统处于临界状态，涨落对这些灵敏变量（或称涨落点）的作用可能导致新旧结构的更迭。

SD 是一种研究和管理复杂反馈系统的方法，这种方法已经被用于描述各种类型的反馈系统。因为系统这个词已被应用在各种场合，反馈就成了该研究区别于其他学科的标志。反馈是指 X 影响 Y，而 Y 又反过来通过一系列因果链影响 X 的情况。我们不能将 X 到 Y 和 Y 到 X 的链接分开来研究，由此来预测系统的行为，只有将整个系统作为一个反馈系统来研究才能得出正确结果。

SD 的特点在于它从复杂系统的基本结构出发，充分考虑到系统与环境、系统内部各因素间的关系，构造一种能够比较全面刻画复杂系统的复合动态模型。基于这种模型，以计算机模拟实验为手段，从高阶次、大规模等方面描述和揭示事物发展的行为规律。

SD 预警方法就是通过建立 SD 预警模型,进行计算机仿真研究,通过对各种政策方案下仿真结果的分析和评价,得出对策意见和预警结果。

根据普遍联系的观点,客观对象在实际中往往处于一个系统之中,而且与周围紧密联系的因素本身又构成一个系统。在这些系统中,其发展是有一定规律的,因此我们可以采用传统的统计方式对其进行回归、拟合,再以此为基础,对未来进行预测直至预警。但是,正因为这种拟合将客观实际中的非线性问题全部线性化了,使系统中大量的有用信息丢失。而 SD 却注意到了这些问题,从大系统的角度来考虑,有效避免了信息的丢失。

SD 方法通过系统分析、系统模型的建立,可以对系统进行白化,再经过计算机动态模拟,可以找出系统的一些隐藏规律。所以 SD 方法不仅能预测出远期预测对象,还能找出系统的影响因素及其作用关系,有利于系统优化。由于该方法系统分析的过程复杂,工作量极大,且对分析人员能力要求较高,所以不适用于短期预测。

关于 SD 预警方法将在第 6 章中进行具体应用。

5.1.3.7　VAR 预警方法

为了客观、准确地刻画经济变量间的因果关系,而不仅仅是同期值的相关关系,避免虚假回归,1969 年美国著名计量经济学家格兰杰(Granger)提出了因果关系的概念。按照 Granger 的定义,因果关系是指若一个变量 X_t 的滞后值在对另一个变量 Y_t 的现值解释方程中是显著的,则称 X_t 是 Y_t 的"格兰杰原因"。Granger 因果关系模型不是同期变量间的关系,而是某一个现期变量集与另一个变量集的所有滞后值和自身滞后值之间的关系。同时,Granger 因果关系要求序列 $\{X_t\}$ 和 $\{Y_t\}$ 为平稳序列,对不具备平稳序列要求的序列须首先作适当变换,用 ADF 检验判断是平稳序列后,再进行 Granger 因果关系检验,解决单位根过程与伪回归的判别问题。

在实际中,许多经济指标的时间序列数据并不具有稳定过程的特征。对于非稳定过程生成的时间序列数据,传统的数理统计和经济计量学方法显得无能为力,特别是传统的中心极限定理不再适用。单位根过程是最常见的非稳定过程之一,在许多经济宏观变量中都有明显的单位根过程的特征。因此在进行建模之前,首先应运用单位根检验判断其是否为平稳序列。

在此基础上,西姆斯(Sims)于 1980 年提出一种新型的宏观经济计量模型——VAR 系统(vector autoregressive system)。该模型具有显著的优点,在国际上得到了日益广泛的应用,并有逐步取代传统宏观经济模型的趋势。VAR 系统的主要特点如下[185]:

(1) VAR 系统是由一组相互联系的方程构造的,但它并不是一般意义上的联立方程组模型,而是动态联立方程组模型。例如:假定消费支出 C_t 依赖于收入 Y_t 和前期的消费支出 C_{t-1},则可以把消费函数设定为:

$$C_t = \alpha_0 + \alpha_1 Y_t + \alpha_2 C_{t-1} + e_{1t} \qquad (5\text{-}36)$$

由于增加消费可能刺激经济增长并且因此导致未来收入增加,所以可以得到这样一个收入方程:

$$Y_t = \beta_c + \beta_1 C_{t-1} + \beta_2 Y_{t-1} + e_{2t} \qquad (5\text{-}37)$$

这里,假定现期收入取决于前期消费和前期收入。这两个方程放在一起,可以看做一个描述变量之间各个时期关系的联立方程组的结构形式,因此是动态的。将式(5-37)代入式(5-36)中,很容易得到:

$$C_t = (\alpha_0 + \alpha_1\beta_0) + (\alpha_2 + \alpha_1\beta_1)C_{t-1} + \alpha_1\beta_2 Y_{t-1} + (e_{1t} + \alpha_1 e_{2t})$$
$$(5\text{-}38)$$

$$Y_t = \beta_0 + \beta_1 C_{t-1} + \beta_2 Y_{t-1} + e_{2t} \qquad (5\text{-}39)$$

上式(5-36)和(5-37)就是一个简单的 VAR 模型。显然,该模型中每个方程都具有相同的解释变量,且这些解释变量都是被解释变量的滞后变量。对于更一般的情形，VAR 系统可以包含更多的方程以及滞后多期的解释变量。

（2）与一般联立方程组模型不同，VAR 系统把模型中包含的所有变量都视为内生变量，从而避免了划分内生变量和外生变量以及识别模型等复杂问题。对于许多变量的外生性，经济学家之间一直存在着争论。例如，人们习惯上把政策变量看做严格的外生变量，但事实上，在许多场合，经济政策只是对现实经济活动的被动反应。如果错误地把内生变量当做外生变量，就意味着模型的设定是错误的。

（3）在 VAR 系统中，经济理论的作用仅局限于选择变量，从而使经济理论对统计推断的限制减少到最低程度。其理由是：经济理论往往是不完善的，依据经济理论对参数所作的约束因而也常常具有主观性和随意性。因此，与传统的宏观经济计量模型不同，VAR 系统更侧重于让统计数据自己说明问题。

（4）VAR 系统的解释变量全部都是滞后变量，因而可以描述变量之间的动态联系，并且可以直接依据目前的解释变量的值对被解释变量的未来值作出预测。如果模型中包含的变量均为平稳时间序列，预测精度是有保证的。而一般经济计量模型则必须先求得解释变量的预测值，然后再由解释变量的预测值对被解释变量作出预测，从而可能会明显增大预测误差。正因为如此，传统的宏观经济计量模型着重于政策分析，而 VAR 系统则更注重预测。

因此，相对于传统宏观经济计量模型，VAR 模型更适合于经济预警。不仅如此，与其他传统的经济预警方法相比，VAR 系统也有明显的优势。例如：有些方法仅仅停留在对经济周期的长度、转折点以及振幅的描述上，而 VAR 系统则是把经济周期性波动看做经济波动的一种特殊形式，侧重于刻画经济变量间的传导机制；有些方法只是孤立地对有关变量逐一作出预测，而 VAR 系统则假定经济变量之间是相互联系、相互作用的。因而，预测结果更为可靠。

但是，VAR系统较适用于短期预警。每得到一组新的数据，就应该将其代入模型重新估计参数，然后再进行新的预测，这样可以保证预测结果不会出现太大偏差。

5.2 我国能源供需预警方法的选择

能源是社会经济发展的物质基础，能源供应的安全与否直接影响到国民经济的健康发展。但影响能源生产和供应的因素非常复杂，因此，选择合理的预测、预警方法，对于准确把握能源生产和消费，及时制定相关的政策具有重要的意义。

5.2.1 选择能源供需预警方法的原则

（1）适应性原则

能源生产和消费与社会经济的发展具有密切的关系，能源经济的发展又具有不同于经济发展的特点。因此，预警方法的选择应该适合能源产业发展的实际，一方面应能够反映影响因素众多的大系统，另一方面应能够反映能源生产和消费的非线性变化。

（2）合理性原则

影响能源生产和消费的因素非常复杂，其中有些因素可以量化，如GDP、能源密度、人口等，而有些因素却无法量化，如政策影响等。在预警中要综合考虑这些因素，这就对预警方法提出了一定的要求。要求选用的方法不仅可以处理定量指标，而且能够同时处理定性指标，从而保证能源预警的准确性。

（3）动态性原则

不论是能源的生产，还是能源的消费，都在随着社会经济的发展而不断变化。因此，在能源预警中方法的选择必须能够反映相

关变量的动态变化,即在预警模型中要充分考虑时间因素,使能源
生产和消费的预警能够适应社会经济的发展。

（4）系统性原则

能源生产和供应是社会经济发展的大系统中的一个小系统,
但这个小系统与社会经济发展的大系统具有千丝万缕的联系。因
此,在分析能源预警时,必须按照系统论的方法去全面分析,既防
止信息的丢失,也避免因素的重复考虑。

5.2.2 主要预警方法的特点

前面已经分析了实际经济生活中采用的主要预警方法。概括
这些方法各自的特点（见表5-2）,可以看出这些方法各有所长,不
同的方法具有不同的应用功能,也各有其局限性。

表 5-2   主要预警方法的对比

预警方法	建模基础	主要特点及局限性
景气指数法	利用 DI 和 CI 所提供的预警信号进行预警	从社会经济各领域中选择出一批对景气变动敏感、有代表性的经济指标,用数学方法合成为一组景气指数,以此作为观测经济波动的综合尺度。但预警的精度较粗,仅能反映极限,无法反映具体的警情,且时间较短。
景气警告指数法	不同的经济运行状况可以区间的形式直观地反映出来	用一组相互联系的指标作为判断宏观景气状况的依据,将景气状况的判断和宏观决策的取向融合在一起,政策提示直观、明了,普遍应用于社会经济各行业。但对未来预测的精度较低,时间较短。
ARCH 预警方法	自回归条件异方差模型	根据 ARCH 模型条件异方差的特性,确定具有 ARCH 特征的警限,从而使预警的结果可以比较真实地反映实际经济运行状态,准确程度较高。但建模对历史数据的要求较高,缺乏对定性指标影响的综合考虑。

续表 5-2

预警方法	建模基础	主要特点及局限性
基于概率模式的分类预警法	概率论,模式识别	主要是针对不确定的经济运行状况而提出的,通过分析相关的状况,利用模式对比和概率来对可能存在的风险予以充分的考虑。但未来概率的主观性决定了预测的精度将受到一定的影响。
人工神经网络预警方法	神经网络,计算机技术	利用人工神经网络的并行的非线性动力系统,具有大规模的复杂系统,提供了大量可供调节的参数;具有高度灵活可变的拓扑结构,以及自学习、自组织的潜力;同时高度的集体协同计算、模拟处理与数字处理并存。但神经网络的学习需要大量的数据,且为"黑箱"模拟,不易根据情景变化进行有针对性的调整。
系统动力学预警方法	系统动力学,计量经济学	将定性与定量相结合、系统分析与综合推理相结合,分析研究非线性复杂大系统内部之间的相互关系,通过系统内部的诸反馈回路客观、准确预测事物的未来发展趋势;比较适合于长期预警;尽可能采用白化技术,使系统的结构清晰。但预测的精度不高。
VAR 预警方法	单位根检验,协整关系检验,VAR 模型	通过建立动态联立方程组模型,把模型中包含的所有变量都视为内生变量,从而使经济理论对统计推断的限制减少到最低程度;通过变量之间的动态联系,直接依据目前的解释变量的值对被解释变量的未来值作出预测,保证预测的质量。但只比较适合于短期预警。

由于实际问题的复杂性,实际应用中可以根据实际情况,将多种预警方法结合起来使用。根据各预警方法的特点,扬长避短,通过不同方法的组合,使预警的效果达到最佳。

5.2.3 我国能源供需预警方法的选择

第 4 章中已详细论述了影响我国能源供需的因素,可以发现这些因素是错综复杂的,既有客观的因素,也有主观的因素;既有可以量化的因素,也有暂时还无法量化的因素。这些因素综合作用于我国能源生产和能源消费,使我国能源供需矛盾呈周期性波动。为了能够相对准确地预测我国能源供需状况,可以针对不同的时期选择不同的预警方法,使能源供需状况及其变动符合实际。

为此,将我国能源供需预警分为短期预警和长期预警。短期能源供需预警是针对时间间隔不超过 5 年的时段内能源供需状况进行预警;长期预警则是指对时间间隔超过 5 年的能源供需状况进行预警。相对来讲,短期能源预警对预警的及时性和准确性要求较高,而长期预警对影响能源供需因素的考虑要求较高。

根据影响我国能源供需状况的因素的特点,结合我国社会经济发展的实际,综合各种预警方法的特点和适用性,对我国短期能源供需矛盾预警选用 VAR 预警方法,而对我国长期能源供需矛盾预警选用系统动力学预警方法。

5.3 本章小结

(1)首先阐述了预警方法的起源,总结了预警方法的发展,指出经济预警是随着社会经济的发展而发展起来的,并将随着现代科学技术的发展而日趋完善。在此基础上,对预警方法进行了分类,明确了目前采用的主要是黄色预警方法。

(2)详细分析了目前常用的预警方法,包括景气指数法、景气警告指数法、ARCH 预警方法、基于概率模式的分类预警法、人工神经网络预警方法、系统动力学预警方法和 VAR 预警方法。全面分析了这些方法的理论基础、特点和具体方法,为进行我国能源供需预警的方法选择做准备。

(3)根据各种预警方法的特点和适用性,影响我国能源供需状况的因素的特点,以及我国社会经济发展的状况,选定了我国能源供需矛盾预警方法:对短期能源供需矛盾预警选用 VAR 预警方法,而对长期能源供需矛盾预警选用系统动力学预警方法。

6 我国能源供需矛盾预警实证研究

6.1 我国短期能源供需矛盾预警

本节主要运用采用向量自回归(VAR)模型对我国短期的能源消费需求与供应进行预测、预警。首先对 VAR 模型、协整理论和误差修正模型进行简要的介绍和分析,然后建立我国短期的能源消费需求和供应的误差修正模型,运用模型分别对我国短期的能源消费需求量和供应量进行预测,并对短期内我国能源供需关系进行预警。

6.1.1 VAR 模型、协整与误差修正模型

6.1.1.1 向量自回归(VAR)模型

VAR 模型是自回归模型的联立形式,其结构与两个参数有关,一个是所含变量的个数 N,一个最大滞后阶数 k。一个含有 N 个变量、滞后 k 期的 VAR 模型可以表示如下:

$$Y_t = u + \beta_1 Y_{t-1} + \beta_2 Y_{t-2} + \cdots + \beta_k Y_{t-k} + \mu_t \quad (6-1)$$

式中,Y_t 为 $N \times 1$ 阶时间序列向量;u 为 $N \times 1$ 阶常数项列向量;$\beta_1, \beta_2, \cdots, \beta_k$ 均为 $N \times N$ 阶参数矩阵;$\mu_t \sim IID(0, \Omega)$ 为 $N \times 1$ 阶随机误差项列向量。

在 VAR 模型中适当加大 k 值(增加滞后变量个数),可以消除误差项中存在的自相关;但从另一方面看,k 值又不宜过大,k 值过大会导致自由度减小,直接影响模型参数估计量的有效性。k 值

的确定方法主要有如下几种：

(1) 用 LR（似然比）统计量选择 k 值。LR 统计量定义为

$$LR = -2(\log L_k - \log L_{k+1}) \sim \chi^2(n^2) \qquad (6\text{-}2)$$

其中 $\log L_k$ 与 $\log L_{k+1}$ 分别是 VAR(k) 与 VAR($k+1$) 模型的极大似然估计值。k 表示 VAR 模型中滞后变量的最大滞后期。LR 渐近服从 $\chi^2(n^2)$ 分布。当 VAR 模型滞后期的增加不会给极大似然函数带来显著性增大时，即 LR 统计量的值小于临界值时，新增加的滞后变量对 VAR 模型毫无意义。

(2) 用俄凯克（Akaike）信息准则（AIC）选择 k 值。即

$$AIC = \log|\hat{\Sigma}_p| + 2m^2 p/n, \quad p = 1, 2, \cdots, k \qquad (6\text{-}3)$$

其中 $|\hat{\Sigma}_p|$ 为 VAR 模型的残差的协方差矩阵的行列式，m 为模型中所含变量的个数，n 为序列的有效观测数目。选择 k 值的原则是在增加 k 值的过程中使 AIC 的值达到最小。

(3) 用舒瓦兹（Schwartz）信息准则（SIC）选择 k 值。即

$$SIC = \log|\hat{\Sigma}_p| + (\log n)m^2 p/n, \quad p = 1, 2, \cdots, k \qquad (6\text{-}4)$$

其中 $|\hat{\Sigma}_p|$ 为 VAR 模型的残差的协方差矩阵的行列式，m 为模型中所含变量的个数，n 为序列的有效观测数目。选择 k 值的原则是在增加 k 值的过程中使 SIC 的值达到最小。

另外，VAR 模型要求各变量的时间序列均为平稳的，对非平稳的时间序列要采用差分的方法对数据进行平稳化处理，然后用这些变量的差分序列建立一个平稳的 VAR 模型。然而，当这些变量存在协整关系时，这种建模方法不是最好的选择。如果方程(6-1)中的 $Y_t \sim I(1)$，即各变量都为一阶单整序列，且各变量间存在协整关系，那么非平稳变量的由协整向量组成的线性组合则是平稳的。在这种情形下，采用差分的方法构造 VAR 模型虽然是平稳的，但不是最好的选择。建立单纯的差分 VAR 模型将丢失重要的非均衡误差信息。这时运用非平稳变量的由

协整向量组成的线性组合（误差修正项）以及变量的差分变量构造平稳的 VAR 模型——误差修正模型，可以克服上述缺点[168,171,186]。

6.1.1.2 协整及其检验

在实际中，多数经济时间序列都是非平稳的，然而某些非平稳经济时间序列的某种线性组合却有可能是平稳的。经济理论认为，某些经济时间序列存在长期均衡关系。例如，能源消费与 GDP、工资与价格、进口与出口等之间就存在这种长期均衡关系。一般来说，上述经济时间序列属于非平稳序列，但若干个一阶单整经济时间序列的某些线性组合却有可能是平稳序列，计量经济学中称具有如上性质的 $I(1)$ 序列具有协整性。

（1）协整的概念

X_t 为 $N \times 1$ 阶时间序列向量 $(x_{1t} \quad x_{2t} \quad \cdots \quad x_{Nt})'$，如果：

① X_t 所含有的全部变量都是 $I(d)$ 阶的；

② 若存在一个 $N \times 1$ 阶向量 $\beta(\beta \neq 0)$ 使得 $\beta'X_t \sim (d-b)$；则称 X_t 的各分量存在 (d,b) 阶协整关系，记为 $CI(d,b)$。β 称作协整向量，β 的元素称作协整参数。

在实际应用中，通常研究若干个 $I(1)$ 变量之间是否存在 $CI(1,1)$ 关系。

如果序列 $X_{1t}, X_{2t}, \cdots, X_{Nt}$ 都是 $I(1)$ 阶的，但存在它们的某个线性组合 $Y_t = c + \beta_1 X_{1t} + \beta_2 X_{2t} + \cdots + \beta_N X_{Nt}$ 是 $I(0)$ 阶的，即这 N 个一阶单整时间序列的线性组合是平稳的，则这 N 个时间序列之间具有协整性，即存在 $CI(1,1)$ 关系。这 N 个 $I(1)$ 阶时间序列之间的这种均衡关系就是经济学中所说的规律性的定量描述。因此，研究变量之间的协整关系等同于研究变量之间的定量规律，在实际研究中具有现实意义。

协整概念的提出对于用非平稳变量建立经济计量模型，以及检验这些变量之间的长期均衡关系非常重要。首先，协整概念指明具有协整关系的高阶单整变量的线性组合可以降低单整阶数。例如,如果若干个一阶单整变量具有协整性,则这些变量可以合成一个平稳的时间序列。这个平稳的时间序列可用来描述原变量间的均衡关系。只要均衡关系存在,原变量间的平稳的线性组合就存在。其次,协整检验是区别真实回归与虚假回归的有效方法。因为只有当若干个非平稳变量具有协整性时,由这些变量建立的回归模型才有意义。再次,具有协整关系的非平稳变量可以建立误差修正模型。误差修正模型改进了 VAR 模型只考虑用平稳变量建立模型,却忽视了原非平稳变量信息的弱点,以及经典经济计量模型忽视虚假回归的问题。误差修正模型结合了上述两种模型的优点并克服了其缺点,把长期关系和短期动态特征结合在一个模型中。

(2) 协整关系的检验

目前最常用的协整关系的检验方法有 Engle-Granger(EG)两步法和 Johansen-Juslius(JJ)极大似然法。EG 两步法是利用最小二乘法(OLS)进行协整关系检验,其实质就是检验协整回归的残差中是否存在单位根。如果时间序列不是协整的,回归残差中一定存在单位根;如果时间序列是协整的,回归残差将是平稳的。这种方法通常适用于单方程的协整检验。在 VAR 中对于一组变量间协整关系的检验 JJ 极大似然法优于 EG 两步法,因此这里重点介绍 JJ 极大似然检验法。

JJ 极大似然法是由 Johansen(1988)、Johansen 和 Juslius(1990)提出的一种在 VAR 系统下用极大似然估计法来检验多变量之间协整关系的方法,这种方法不仅能够检验出变量之间是否存在协整关系,而且可以准确确定协整向量的个数。当变量间的协整向量多于一个时,这种方法尤为方便。

考虑阶数为 k 的无约束的 VAR 模型:

$$Y_t = A_1 Y_{t-1} + \cdots + A_p Y_{t-k} + \varepsilon_t \tag{6-5}$$

式中，Y_t 为 n 个内生变量组成的 n 维向量；A_i 为 $(n \times n)$ 阶参数矩阵；ε_t 为扰动向量。可将公式 VAR 重写为以下形式：

$$\Delta Y = \Pi Y_{t-1} + \sum_{i=1}^{p} \Gamma_i \Delta Y_{t-i} + \varepsilon_t \tag{6-6}$$

式中，$\Pi = \sum_{i=1}^{k} A_i - I$；$\Gamma_i = -\sum_{j=i+1}^{k} A_j$，$i = 1, 2, \cdots, k-1$。

Granger 表现定理指出：如果系数矩阵 Π 的秩 $r < n$，那么存在秩为 r 的 $n \times r$ 阶矩阵 α 和 β 使得 $\Pi = \alpha\beta'$，并且 $\beta'Y_t$ 是平稳的。其中 r 就是协整关系（协整向量）的个数，矩阵 β 的每列就代表一个协整向量，矩阵 α 中的元素是向量误差修正（VEC）模型中的调整参数。Johansen 方法是在无约束的 VAR 形式下估计矩阵 Π，然后求得 β，检验出协整秩，得出协整向量。

Johansen 和 Juslius(1990)通过解残差积矩阵的特征方程得到协整向量 β，首先取 ΔY_t 和 Y_{t-k} 对一个常数和滞后变量 ΔY_{t-1}，$\cdots$，ΔY_{t-k+1} 进行 OLS 回归，由此得到 $(n \times 1)$ 阶残差向量 r_{0t} 和 r_{kt}，以及如下形式的 $(n \times n)$ 阶残差积矩阵：

$$S_{ij} = (1/n) \sum_{i=1}^{n} r_{it} r'_{jt} \tag{6-7}$$

其特征方程为：

$$|\lambda S_{kk} - S_{k0} S_{00}^{-1} S_{0k}| = 0 \tag{6-8}$$

式中，S_{00} 是 ΔY_t 对 ΔY_{t-1}，$\cdots$，ΔY_{t-k+1} 进行 OLS 回归的残差积矩阵；S_{kk} 是 Y_{t-k} 对 ΔY_{t-}，$\cdots$，ΔY_{t-k+1} 进行 OLS 回归的残差积矩阵，S_{0k} 和 S_{k0} 是交叉积矩阵。解特征方程得到一组特征值 $\hat{\lambda}_1 \geqslant \cdots \geqslant \hat{\lambda}_n$ 和对应的特征向量 $\hat{\beta}_1 \geqslant \cdots \geqslant \hat{\beta}_n$。然后就可以通过检验多少特征值 λ_i 等于 1 来对 Π 的秩进行检验。检验最终的协整关系数目的统计量有迹检验统计量和最大特征值两个：

迹检验统计量为：

$$Trace = -T \sum_{i=r+1}^{n} \log(1 - \lambda_i), \quad r = 0, 1, 2, \cdots, n-1 \tag{6-9}$$

式中,T 为样本大小;λ_{r+1},$\cdots$,λ_n 是估计的 $n-r$ 个最小的特征值。迹检验的原假设为系统中最多存在 r 个协整关系。检验时通过迹统计量与不同显著水平下的临界值进行比较来判断是接受还是拒绝原假设。

最大特征值(极大似然统计量)为:

$$\lambda_{\max} = -T\log(1 - \lambda_{r+1}) \qquad (6\text{-}10)$$

式中,T 为样本大小;λ_{r+1} 为估计的特征值。

检验的原假设为存在 r 个协整关系,备选假设为存在 $r+1$ 个协整关系。检验时通过最大特征值与不同显著水平下的临界值进行比较来判断是接受还是拒绝原假设。

6.1.1.3 误差修正(VEC)模型

向量误差修正(VEC)模型是一个有约束的 VAR 模型,并在解释变量中含有协整约束,因此它适用于已知有协整关系的非平稳序列。当有一个大范围的短期动态波动时,VEC 表达式会限制内生变量的长期行为收敛于它们的协整关系。因为一系列的部分短期调整可以修正长期均衡的偏离,所以协整项被称为是误差修正项。在确认了变量之间存在协整关系后,就可以利用带有误差修正机制的误差修正模型进一步分析它们之间的短期动态关系。恩格尔和格兰杰已经证明,如果变量之间存在长期均衡关系,则均衡误差将显著影响变量之间的短期动态关系,不稳定经济变量之间的协整关系和它们之间存在的一种误差修正机制是等价的。

根据格兰杰定理,若干个 $I(1)$ 变量只要存在协整关系就可以建立误差修正模型。如果时间序列 x_t、x'_t 具有协整关系,即存在线性组合 $(x_{t-1} - \beta x'_{t-1}) \sim I(0)$,则可以建立它们的误差修正模型:

$$\Delta x_t = \alpha_0 + \alpha_1(x_{t-1} - \beta x'_{t-1}) + \sum_{i=1}^{k}(\phi_i \Delta x_{t-i} - \varphi_i x'_{t-i}) + \varepsilon_i$$

$$(6\text{-}11)$$

式中，β 为长期均衡参数；$\alpha_1 < 0$ 为误差修正系数，即调整均衡偏差的幅度；k 为滞后阶数，$(x_{t-1} - \beta x'_{t-1})$ 为误差修正项，该项的重要作用是：当 $x_{t-1} > \beta x'_{t-1}$ 时，由于 $\alpha_1 < 0$，所以此时该项对 Δx_t 的净影响为负，而当 $x_{t-1} < \beta x'_{t-1}$ 时，该项对 Δx_t 的净影响为正，从而体现了长期趋势对短期行为的影响。其实际意义是：当 x 超均衡增长时，误差修正项的作用是使 Δx_t 减少，而当 x 低于均衡增长时，误差修正项的作用是使 Δx_t 增加，亦即误差修正项的作用是使 x 回到与 x' 长期协调增长的轨道上。可见误差修正机制是一个负反馈过程。

6.1.2 我国短期能源消费需求预测

6.1.2.1 变量的选择

在对我国能源消费需求进行建模分析时，首先遇到的问题是变量的选择。根据第 1 章的能源供需的影响因素分析和第 4 章的警兆指标体系，可以得出影响能源消费需求的主要因素有经济增长、人口、产业结构变化、能源消费结构变化、科技投入、能源消费量、能源密度、污染等。从理论上讲，宏观经济预警模型应该包含所有重要的宏观经济变量，即在能源消费需求建模过程中要尽量将这些因素考虑在内。但是，首先由于统计数据方面的原因，变量的个数以及变量挑选的范围都受到了很大限制；其次 VAR 模型本身要求有较大的样本容量，所以模型可容纳的变量的个数是十分有限的。鉴于上述原因，经过反复考虑和试算，最终选择了能源消费量、经济增长、能源消费结构、产业结构这 4 个变量，建立 4 变量的 VAR 模型。

6.1.2.2 数据选择及预处理

能源消费量（NYXF）即一次能源消费总量，包括煤炭、石油、天然气和水电；经济增长采用国内生产总值（GDP）表示；产业结构（CYJG）采用第二产业产值占国民经济的比重与第三产业产值占国民经济比重的比值加以衡量,因为在我国第二产业是国民经济的重要部门,同时也是能源密度最大的能源消耗产业部门,而第三产业是发展较快、能源密度较小的产业部门,一般第二产业比重的增加往往伴随着能源消费量的大幅度增长,而第三产业产值的增加则会使能源的相对消费量减少,因此第二产业与第三产业占 GDP 比重比值的变化能够反映产业结构的变化,也反映对能源消费影响的方向;能源消费结构(XFJG)用能源消费总量中煤炭所占比重与石油所占比重的比值来反映。样本数据取 1953~2003 年的年度数据,GDP 取 1995 年的不变价。GDP 的数据来源于《中国能源数据手册》,单位为亿元人民币,能源消费量数据来源于各年的《中国统计年鉴》,单位为万tce;产业结构和能源消费结构的数据都是由各年《中国统计年鉴》的统计数据整理而来,是无量纲的比值。对于产业结构和能源消费结构这两个变量,不具有加速增长的特征,因此采用原序列进行建模;而对于能源消费量和 GDP,从我国 1953~2003 年能源消费量与 GDP 的趋势曲线(见图 6-1)可以看出,序列具有

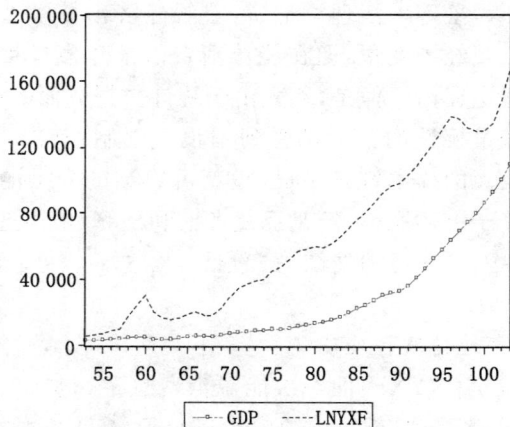

图 6-1　能源消费与 GDP

加速增长的特征,类似于指数增长趋势,因此为了满足 VAR 系统对数据平稳性的要求,在建模前要对能源消费量和 *GDP* 取对数。取对数后的序列样本曲线见图 6-2,从图中可以看到对数序列呈线性增长趋势。

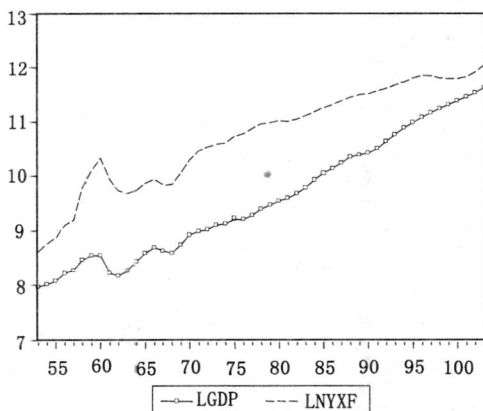

图 6-2   能源消费与 *GDP*(对数值)

在下面的分析中,所有以字母 L 开头的变量为相应变量经对数转换而得的新变量,以字母 D 开头的变量为相应变量取差分而得的新变量。本节所涉及的变量、变量的符号名称以及单位见表 6-1。

表 6-1   变量符号、名称和单位

符号	名　　称	单位
NYXF	能源消费量	万 tce
NYGY	能源供应量	万 tce
GDP	国内生产总值	亿元
LNYXF	能源消费量对数值	万 tce

符号	名　称	单位
LNYGY	能源供应量对数值	万 tce
LGDP	国内生产总值对数值	亿元
CYJG	产业结构	无量纲
XFJG	能源消费结构	无量纲
SCJG	能源生产结构	无量纲
DLNYXF	能源消费量对数值的差分序列	无量纲
DLNYGY	能源供应量对数值的差分序列	无量纲
DLGDP	国内生产总值对数值的差分序列	无量纲
DCYJG	产业结构的差分序列	无量纲
DXFJG	能源消费结构的差分序列	无量纲
DSCJG	能源生产结构的差分序列	无量纲

6.1.2.3　数据序列检验分析

（1）单位根检验

在建模之前首先要对上述选择的数据序列的平稳性和单整阶数进行单位根检验,运用 Augmented Dick-Fuller(ADF)单位根检验法对变量进行单位根检验,滞后期的选择根据 AIC 确定,检验结果见表 6-2。

表 6-2　　　　　　　各序列单位根(ADF)检验结果

变量	检验形式 (C,T,K)	ADF 检验值	临界值	p 值	结论
LNYXF	$(C,N,8)$	−1.278 35	−3.520 787	0.879 7	不平稳
LGDP	$(C,T,4)$	−1.687 987	−3.510 74	0.740 6	不平稳

变量	检验形式 (C,T,K)	ADF 检验值	临界值	p 值	结论
CYJG	$(C,N,6)$	$-1.743\ 205$	$-2.929\ 734$	0.403 1	不平稳
XFJG	$(C,N,10)$	$-2.218\ 453$	$-2.936\ 942$	0.203 2	不平稳
DLNYXF	$(C,N,7)$	$-4.598\ 682$	$-3.596\ 616*$	0.000 6	平　稳
DLGDP	$(C,N,1)$	$-5.369\ 856$	$-3.574\ 446*$	0	平　稳
DCYJG	$(C,N,0)$	$-5.525\ 606$	$-2.613\ 01*$	0	平　稳
DXFJG	$(N,N,9)$	$-2.572\ 638$	$-1.949\ 319$	0.011 4	平　稳

注：(1) 检验形式(C,T,K)分别表示单位根检验方程包括常数项、时间趋势和滞
后阶数。N 表示方程不包括常数项或时间趋势。

(2) $*$ 表示 1%显著性水平下的临界值，其余的为 5%显著性水平下的临界值。

从表 6-2 可以看出，在 5%的显著性水平下，序列 LNYXF、
LGDP、CYJG、XFJG 均具有单位根，说明这些序列都是非平稳
序列，而它们的一阶差分序列 DLNYXF、DLGDP、DCYJG、
DXFJG 均不具有单位根，即均为平稳时间序列。从单位根检验
结果可以判断序列 LNYXF、LGDP、CYJG、XFJG 都是一阶单整
序列。

（2）协整检验

既然 LNYXF、LGDP、CYJG、XFJG 均为一阶单整序列，则它
们之间可能存在协整关系或者说存在长期均衡关系。下面就采用
JJ 极大似然法来检验它们之间是否存在协整关系，如果存在协整
关系，进一步确定协整向量的个数。下面采用 AIC，根据无约束的
VAR 模型的残差分析来确定 VAR 模型的最优滞后期。运用
Eviews 5.0 软件对变量间的协整关系进行检验，协整检验的迹统
计量和最大特征值结果见表 6-3。

表 6-3   能源消费模型中变量间 Johansen 协整检验结果

样本区间:1953~2003 年;相关的观测值:47
趋势假设:序列有均值和线性趋势,协整方程只有截距项
序列:LNYXF、LGDP、CYJG、XFJG;滞后间隔:13;非限定性协整秩检验

假定的 CE 个数	特征值	迹统计量	5%临界值	1%临界值	p 值
无 *	0.569 3	65.682 7	47.856 1	54.681 5	0.000 5
最多 1 个	0.272 7	26.096 4	29.797 1	35.458 2	0.125 9
最多 2 个	0.193 7	11.133 8	15.494 7	19.937 1	0.203 4
最多 3 个	0.021 3	1.012 4	3.841 5	6.634 9	0.314 3
假定的 CE 个数	特征值	最大特征值	5%临界值	1%临界值	p 值
无 *	0.569 3	39.586 3	27.584 3	32.715 3	0.000 9
最多 1 个	0.272 7	14.962 6	21.131 6	25.861 2	0.291 5
最多 2 个	0.193 7	10.121 4	14.264 6	18.520 0	0.204 1
最多 3 个	0.021 3	1.012 4	3.841 5	6.634 9	0.314 3

注:* 表示以 1%的显著性水平拒绝原假设。

从表 6-3 协整检验结果可见,检验的迹统计量和最大特征值一致,表明在 1953~2003 年间,LNYXF、LGDP、CYJG、XFJG 之间存在协整关系,即这几个变量之间存在长期的均衡关系。协整检验结果也表明协整向量的个数为 1,协整向量的系数估计为:

$$\beta' = (1.00, -8.247\ 6, -0.381\ 1, 0.544\ 4, 0.036\ 3)$$

由此协整方程可以表示为:

$$LNYXF = 8.247\ 6 + 0.381\ 1LGDP - 0.544\ 4CYJG - 0.036\ 3XFJG \tag{6-12}$$

方程(6-12)表现了在 1953~2003 年间各变量间存在的长期均衡关系。同时由于方程中能源消费量与 *GDP* 是对数形式,因此 LGDP 的系数反映了长期的弹性为 0.381 1。

6.1.2.4　能源消费需求误差修正模型的建立

为了进一步对我国能源消费需求进行短期预测,在上述协整

关系的基础上,根据 Granger 表现定理可以估计出能源消费需求的误差修正模型。运用 Eviews 5.0 软件建立了 4 变量 LNYXF、LGDP、CYJG、XFLG 的误差修正模型如表 6-4 所示。

表 6-4   能源消费需求误差修正模型

变量	系数	标准误差	t 统计值
误差修正项	−0.257 296	−0.067 22	−3.827 87
D(LNYXF(−1))	−0.348 88	−0.318 03	−1.096 99
D(LGDP(−1))	0.496 771	−0.443 75	1.119 5
D(LGDP(−2))	−0.613 854	−0.462 57	−1.327 04
D(CYJG(−1))	0.226 917	−0.142 5	1.592 42
D(XFJG(−1))	0.044 084	−0.022 33	1.974 11
D(XFJG(−2))	0.088 202	−0.024 79	3.558 69
C	0.1521 9	−0.046 37	3.282 27

因变量:D(LNYXF);方法:最小二乘法;样本区间(经调整):1957~2003 年

调整后的 R^2:0.63 F 统计值:6.96

6.1.2.5 模型的预测

为了验证能源消费模型预测的精度,我们在同样的假设条件下,采用相同的方法,运用 1953~1999 年的相关数据建立了误差修正模型,运用该模型对 2000~2002 年的能源消费量进行预测,并对预测值与实际值进行比较,比较结果见表 6-5。

表 6-5   能源消费预测值与实际值比较

年份	实际值 (万 tce)	预测值 (万 tce)	预测误差 (%)	平均误差 (%)
2000	130 297	133 667	2.58	3.13
2001	134 914	142 577	5.68	
2002	148 222	149 924	1.15	

由表 6-5 的比较结果可见,模型的预测精度较高,最大误差为 5.68%,最小误差为 1.15%,基本符合预测精度的要求,因此可以运用采用 1953~2003 年历史数据序列估计的误差修正模型对我国 2004~2006 年的能源消费进行预测,预测结果见表 6-6。

表 6-6   能源消费量和消费增长率预测

年份	能源消费量(万 tce)	能源消费增长率(%)
2004	177 258	5.48
2005	179 955	1.51
2006	178 866	−0.61

6.1.3 我国短期能源供应预测

6.1.3.1 变量的选择

根据第 1 章对能源供需影响因素的分析,可以得出影响能源供应的主要因素有经济增长、能源生产量、产业结构的变化、能源生产结构的变化、污染、运输条件、能源价格等。由于受到统计数据的约束和 VAR 模型本身可容纳的变量个数的限制,经过反复考虑和试算,最终选择了能源供应量、经济增长、能源生产结构 3 个变量,建立 3 变量的模型。

6.1.3.2 数据选择及预处理

能源供应量(NYGY)即一次能源供应总量,包括一次能源生产量、能源净进口量、回收能;经济增长采用国内生产总值(GDP)表示;能源生产结构(SCJG)用能源生产总量中煤炭所占比重与石油所占比重的比值来反映。样本数据取 1953~2003 年的年度数据,GDP 取 1995 年的不变价。GDP 的数据来源于《中国能源数据手册》,单位为亿元人民币,能源供应量数据来源于各年的《中国统计年鉴》,单位为万 tce;能源生产结构的数据是由各年《中国统计年鉴》的统计数据整理而来,是无量纲的比值。对于能源生产结

构这个变量,不具有加速增长的特征,因此采用原序列进行建模;
而对于能源供应量和 GDP,从我国 1953～2002 年能源供应量与
GDP 的趋势曲线(见图 6-3)可以看出,序列具有加速增长的特征,
类似于指数增长趋势,因此为了满足 VAR 系统对数据平稳性的
要求,在建模前要对能源供应量和 GDP 取对数。取对数后的序
列样本曲线见图 6-4,从图中可以看到对数序列呈线性增长趋势。

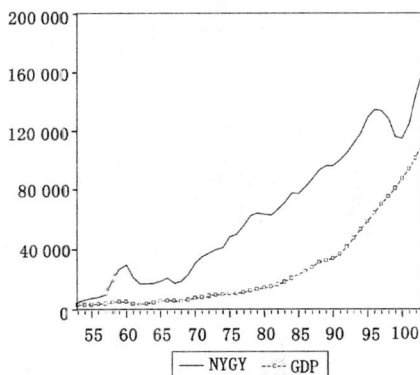

图 6-3　能源供应与 GDP

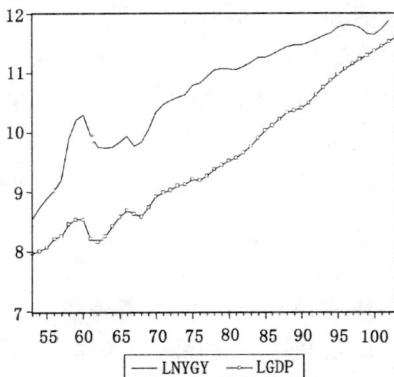

图 6-4　能源供应与 GDP(对数值)

6.1.3.3 数据序列检验分析

(1) 单位根检验

对上述选择的数据序列的平稳性和单整阶数进行单位根检验,运用 Augmented Dick-Fuller(ADF)单位根检验法对变量进行单位根检验,滞后期的选择根据 AIC 来确定,检验结果见表 6-7。

表 6-7   各序列单位根(ADF)检验结果

变量	检验形式 (C, T, K)	ADF 检验值	临界值	p 值	结论
LNYGY	$(C, T, 1)$	$-2.497\ 844$	$-2.936\ 94$	$0.123\ 5$	不平稳
LGDP	$(C, T, 4)$	$-1.687\ 987$	$-3.510\ 74$	$0.740\ 6$	不平稳
SCJG	$(N, N, 6)$	$-1.773\ 289$	$-1.948\ 5$	$0.072\ 5$	不平稳
DLNYGY	$(C, N, 1)$	$-4.576\ 705$	$-3.574\ 45*$	$0.000\ 5$	平　稳
DLGDP	$(C, N, 1)$	$-5.369\ 856$	$-3.574\ 45*$	0	平　稳
DSCJG	$(N, N, 0)$	$-5.509\ 777$	$-2.613\ 01*$	0	平　稳

注:(1) 检验形式 (C, T, K) 分别表示单位根检验方程包括常数项、时间趋势和滞后阶数。N 表示方程不包括常数项或时间趋势。

(2) * 表示 1% 显著性水平下的临界值,其余的为 5% 显著性水平下的临界值。

从表 6-7 可以看出,在 5% 的显著性水平下,序列 LNYGY、LGDP、SCJG 均具有单位根,说明这些序列都是非平稳序列,而它们的一阶差分序列 DLNYGY、DLGDP、DSCJG 在 1% 的显著性水平下均不具有单位根,即均为平稳时间序列。从单位根检验结果可以判断序列 LNYGY、LGDP、SCJG 都是一阶单整序列。

(2) 协整检验

既然 LNYGY、LGDP、SCJG 均为一阶单整序列,则它们之间可能存在协整关系或者说存在长期均衡关系。下面就采用 JJ 极大似然法来检验它们之间是否存在协整关系,如果存在协整关系,进一步确定协整向量的个数。下面采用 AIC,根据无约束的 VAR 模型的残差分析来确定 VAR 模型的最优滞后期。运用 Eviews

5.0 软件对变量间的协整关系进行检验,协整检验的迹统计量和最大特征值结果见表 6-8。

表 6-8　　　　　能源供应模型中变量间 Johansen 协整检验结果

样本区间:1953～2002 年;相关的观测值:47

趋势假设:线性趋势

序列:LNYGY、LGDP、SCJG;滞后间隔:12;非限定性协整秩检验

假定的 CE 个数	特征值	迹统计量	5%临界值	1%临界值	p 值
无 *	0.503 1	53.722 3	42.915 3	49.362 8	0.00 3
最多 1 个	0.270 2	20.153 6	25.872 1	31.153 9	0.218 2
最多 2 个	0.099 6	5.036 25	12.517 9	16.553 9	0.591 2
假定的 CE 个数	特征值	最大特征值	5%临界值	1%临界值	p 值
无 *	0.503 1	33.568 7	25.823 2	30.834 0	0.003 9
最多 1 个	0.270 2	15.117 4	19.387 0	23.975 3	0.187 3
最多 2 个	0.099 6	5.036 25	12.518 0	16.553 9	0.591 2

注:* 表示以 1% 的显著性水平拒绝原假设。

从表 6-8 的协整检验结果可见,检验的迹统计量和最大特征值一致,表明在 1953～2002 年间,LNYGY、LGDP、SCJG 之间存在协整关系,即这几个变量之间存在长期的均衡关系。协整检验结果也表明协整向量的个数为 1,协整向量的系数估计为:

$$\beta' = (1.00, -26.537\ 3, 2.369\ 9, -0.034\ 7, -0.249\ 8)$$

由此协整方程可以表示为:

$$\begin{aligned} LNYGY = 26.537\ 3 &- 2.369\ 9LGDP + \\ &0.034\ 7SCJG + 0.249\ 8t \end{aligned} \tag{6-13}$$

方程(6-13)表现了在 1953～2002 年间变量能源供应量、GDP 与能源生产结构之间存在的长期均衡关系。

6.1.3.4　能源供应量误差修正模型的建立

为了进一步对我国能源供应进行短期预测,在上述协整关系的基础上,根据 Granger 表现定理可以估计出能源消费需求的误

差修正模型。运用 Eviews 5.0 软件建立 3 变量 LNYGY、LGDP、SCJG 的误差修正模型见表 6-9。

表 6-9　　　　　　　　　　能源供应误差修正模型

因变量：D(LNYGY)；方法：最小二乘法；样本区间（经调整）：1956～2002 年

变量	系数	标准误差	t 统计值
误差修正项	−0.259 552	−0.053 67	−4.836 27
D(LNYGY(−1))	0.698 431	−0.236 86	2.948 76
D(LNYGY(−2))	−0.438 444	−0.250 43	−1.750 78
D(LGDP(−1))	−0.356 36	−0.310 25	−1.148 62
D(LGDP(−2))	0.553 773	−0.310 92	1.781 11
D(SCJG(−2))	0.012 999	−0.004 97	2.616 96
C	0.045 669	−0.030 4	1.502 40

调整后的 R^2：0.61　　　F 统计值：8.40

6.1.3.5　模型预测

为了验证能源供应模型预测的精度，我们在同样的假设条件下，采用相同的方法，运用 1953～1999 的相关数据建立了误差修正模型，并运用该模型对 2000～2002 年的能源供应量进行预测，并对预测值与实际值进行比较，比较结果见表 6-10。

表 6-10　　　　　　　能源供应预测值与实际值比较

年份	实际值 （万 tce）	预测值 （万 tce）	预测误差 （％）	平均误差 （％）
2000	115 150	115 948	0.69	
2001	125 310	126 437	0.90	1.15
2002	144 319	141 641	−1.86	

由表 6-10 的比较结果可见，模型的预测最大误差为 1.86％，

最小误差为 0.69%，预测精度很高，因此可以运用采用 1953~
2002 年历史数据序列估计的误差修正模型对我国 2003~2006 年
的能源供应量进行预测，预测结果见表 6-11。

表 6-11   能源供应量和供应增长率预测

年份	能源供应预测（万 tce）	能源供应增长率（%）
2004	171 820	5.39
2005	173 390	0.91
2006	174 710	0.76

6.1.4 我国短期能源供需矛盾预警

将模型预测结果与第 4 章的警情指标的警限进行对比，确定警
度。2003 年能源供需比处于安全区间内，能源供应增长率与能源消
费增长率都不在其安全区间内，能源供应增长率小于能源消费增长
率，根据第 4 章警度划分的标准应为轻警，但考虑到 2003 年能源消
费增长率和能源供应增长率都高出其安全上限很多，能源消费增长
率超过其安全上限两倍还多，能源供应增长率也接近超过其安全上
限的两倍，因此认为 2003 年能源供需关系的警度为中警。2004 年
能源供需比处于轻警区间，能源消费增长率与能源供应增长率都处
于其安全区间内，因此为轻警。2005 年和 2006 年分别为中警和无
警。对我国能源供需关系进行预警的结果见表 6-12。

表 6-12   我国短期能源供需预警结果

年份	能源消费量（万 tce）	能源供应量（万 tce）	供需比	消费增长率（%）	供应增长率（%）	警度
2003	167 800	162 802	0.970 2	12.41	12.05	中警
2004	177 258	171 820	0.969 3	5.48	5.39	轻警
2005	179 955	173 390	0.963 5	1.51	0.91	中警
2006	178 866	174 710	0.976 7	−0.61	0.76	无警

6.2　我国长期能源供需矛盾预警

　　我国能源供需受到经济发展、技术进步、生活水平、产业结构、能源消费结构等诸多因素的影响,这些影响因素之间存在复杂的相互影响关系,因此,能源供需系统的结构复杂,具有非线性、多回路以及高阶次的反馈机制的特点。同时,这些因素都是变化的,其中有些因素的变化幅度还比较大,如能源消费结构中煤炭的比重一直在下降,由 1953 年的 94.3％下降到 2003 年的 67.1％。因此,从长期来看各个影响因素的变化对能源供需关系的影响也较大。

6.2.1　建模的目的

　　协调的能源供需关系是我国国民经济持续、稳定、科学发展的保证,能源供需关系的失衡必然会影响国民经济的发展。从我国能源供需关系的历史来看,随着我国经济的周期性波动,能源供应和消费也存在周期性波动,能源的供需关系也在平衡与失衡之间循环运动。为了避免较大的能源供需失衡的出现,需要对复杂的能源供需系统结构进行分析,理清能源供需各影响因素与能源供需之间以及各影响因素之间的长期相互影响关系,并对未来能源的供需状况进行预测,对未来可能的能源供需失衡作出预警,进而为警情的排解提出政策建议,对保持能源供需的平衡、保证我国国民经济的科学发展是非常必要的。

　　(1) 分析能源供应、能源需求、经济发展、人口、环境、技术进步与生活水平之间的相互制约、相互促进的反馈机制。理清各影响因素之间的相互影响关系,建立能源供需系统的系统动力学模型,揭示能源供需系统的结构及其运行规律。

　　(2) 运用能源供需系统动力学模型,分析影响能源供需的敏感因素,如 *GDP* 增长速度、科技投入、经济结构等对能源供需状况的影响,从而为能源供需状况的调节提供科学依据。

(3) 运行能源供需系统动力学模型,对未来的能源供需进行预测,并对未来能源供需关系可能的失衡状况作出预警,从而为未来警情的排解提供依据。

6.2.2 系统边界的确定

根据建模的目的,我们将对能源供需影响较大的因素,如经济增长、人口、污染、经济结构、能源结构、能源消费密度、能源进出口、科技投入与交通运输等包括在系统模型中,而将其他对能源供需关系影响不大的因素不予考虑。这样,能源供需关系系统由能源供应、能源消费、经济、人口以及污染五个子系统组成,其相互影响关系见图 6-5。

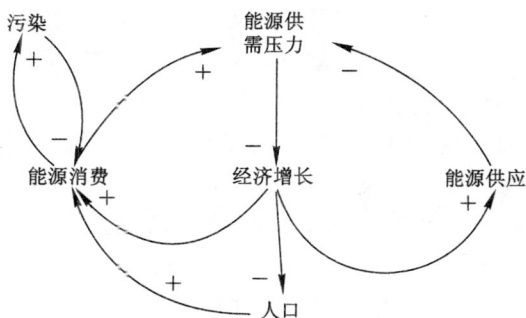

图 6-5 能源供需关系系统各子系统相互影响关系

能源供应子系统构成了能源供应的主体。在这个模型中,能源供应总量由能源生产总量加上能源进口量,减去能源出口量构成。能源供应子系统通过调整能源产量、能源进口量、能源出口量来使能源供需趋于平衡。

能源消费子系统为能源需求系统,主要受经济发展的影响,随

着经济的发展能源消费量不断增加。科技进步和能源结构的优质
化促进了能源效率的不断提高,使能源的相对消费量逐渐降低。
同时,随着人们环境保护意识的增强,要求减少污染物的排放,使
能源消费受到环境承载力的限制。

经济子系统既受到能源供需关系的影响,又影响能源的供
需关系。一方面,能源的供需状况影响着经济的发展速度和规
模。另一方面,经济的发展带动了能源消费的增加,使能源供需
压力增大;同时经济的发展促进了能源生产量的增长,从而缓解
能源供需压力。在经济系统内部,经济的增长会带动全社会固
定资产投资的增长,而全社会固定资产的增加反过来又促进经
济的增长。

人口子系统主要影响能源消费子系统,对能源供应子系统的
影响不大,因此在这里人口对能源供应的影响不予考虑。人口绝
对数的增长必然导致生活用能的增加,但同时由于人口的增长,会
降低人均 GDP,从而影响人均实际工资,导致生活水平的下降,使
人均生活用能降低,从而间接地降低了能源消费量。

污染子系统主要考虑与能源消费子系统间的关系,一方
面能源消费引起了污染,另一方面污染制约着能源消费的增加,
同时也促进能源消费结构向着优质化的方向发展,从而减少污
染。

6.2.3　因果关系分析

系统的边界确定以后,要分析各要素间的因果关系。能源供
需系统中的能源供应、能源消费、经济、人口和污染各子系统之间
的相互作用构成了复杂的正负反馈回路,它们之间的因果关系见
图 6-6。

由图 6-6 可见因素间的主要因果关系有:

(1) 能源消费量——＋能源供需缺口——－GDP 增长速

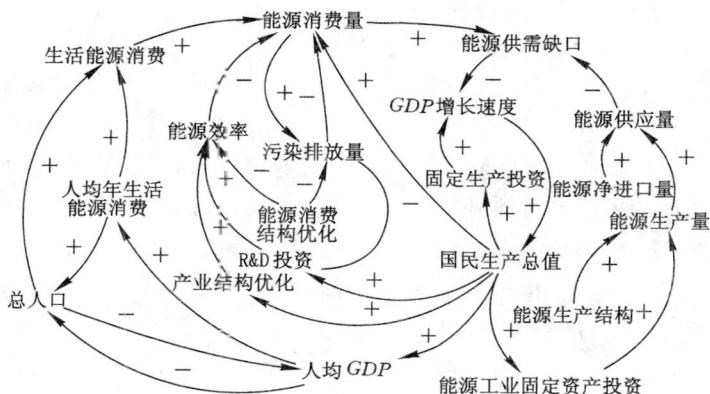

图 6-6　能源供需关系系统因果关系图

度——＋国民生产总值——＋能源消费量；

（2）能源消费量——＋污染排放量——能源消费量；

（3）能源消费结构优化———污染排放量———能源消费量——＋能源供需缺口——GDP 增长速度——＋国民生产总值；

（4）能源消费结构优化——＋能源效率———能源消费量——＋能源供需缺口——GDP 增长速度——＋国民生产总值；

（5）国民生产总值——＋R&D 投资——＋能源效率———能源消费量——＋能源供需缺口——GDP 增长速度——＋国民生产总值；

（6）国民生产总值——＋产业结构优化——＋能源效率———能源消费量——＋能源供需缺口——GDP 增长速度——＋国民生产总值；

（7）国民生产总值——＋固定资产投资——＋GDP 增长速

度——+国民生产总值;

（8）国民生产总值——+人均 GDP——+人均年生活能源消费——+生活能源消费——+能源消费量——+能源供需缺口——$-GDP$ 增长速度——+国民生产总值;

（9）国民生产总值——+能源工业固定资产投资——+能源生产量——+能源供应量——－能源供需缺口——$-GDP$ 增长速度——+国民生产总值;

（10）国民生产总值——+能源消费量——+能源供需缺口——$-GDP$ 增长速度——+国民生产总值;

（11）总人口——+生活能源消费——+能源消费量——+能源供需缺口——$-GDP$ 增长速度——+国民生产总值;

（12）总人口——－人均 GDP——+人均年生活能源消费——+生活能源消费——+能源消费量——+能源供需缺口——GDP 增长速度——+国民生产总值;

（13）能源生产结构——+能源生产量——+能源供应量——－能源供需缺口——$-GDP$ 增长速度——+国民生产总值;

（14）能源净进口——+能源供应量——－能源供需缺口——$-GDP$ 增长速度——+国民生产总值;

（15）人均 GDP——－总人口——+生活能源消费——+能源消费量——+能源供需缺口——$-GDP$ 增长速度——+国民生产总值。

由图 6-6 也可以看出能源供需关系系统的主要反馈回路有 6 条,其中 4 条为正反馈回路,2 条为负反馈回路。

正反馈回路有:

（1）国民生产总值——+固定资产投资——+GDP 增长速度——+国民生产总值;

（2）能源生产量——+能源供应量——－能源供需缺口——

－GDP 增长速度——＋国民生产总值——＋能源工业固定资产投资——＋能源生产量；

（3）国民生产总值——＋R&D 投资——＋能源效率——－能源消费量——＋能源供需缺口——－GDP 增长速度——＋国民生产总值；

（4）国民生产总值——＋产业结构优化——＋能源效率——－能源消费量——＋能源供需缺口——－GDP 增长速度——＋国民生产总值。

负反馈回路有：

（1）国民生产总值——＋能源消费量——＋能源供需缺口——－GDP 增长速度——＋国民生产总值；

（2）能源消费量——＋污染排放量——－能源消费量。

正反馈回路的特点是发生于其回路中任何一处的初始偏离循回路一周将获得增大与加强，即具有自增强或非稳定的特性。而负反馈回路具有使系统趋于稳定的特性。能源供需关系系统正是在上述正负反馈回路的作用下，在平衡与不平衡之间循环运动、不断发展的。

6.2.4 确定系统流图

因果关系图刻画了变量之间的关联关系，能够表明当一个变量增加时，与它成因果关系的变量是增加还是减少的问题，但因果关系图只能描述反馈关系的基本方面，不能表示不同性质的变量的区别，如系统中的要素变量有的具有积累性质，如人口、GDP、能源消费量、能源生产量等；有的属于积累变量的变化速率，如人口增长量、能源消费变化量、能源生产变化量、GDP增长量等，在概念上，积累变量与影响它的变化速率是十分不同的。假想用照相机摄下系统的静态照片，积累变量依然可见，并可以加以测定，而影响积累变量的变化速率却见不到，也无法在照片上加以测定。对不同的变量加以区别也是建立变量之间定量关系的基础,因此只有确定了系统的流图,才能刻画变量之间的定量方程。

根据能源供需关系系统的因果关系图中各因素的性质以及各因素之间的因果关系,我们确定能源消费量、能源生产量、GDP、总人口、能源密度、单位能源消费 CO_2 排放量为流位变量,能源消费变化量、能源生产变化量、GDP 增长量、人口增长量、能源密度变化量、单位排放变化量为流率变量,其他变量为辅助变量及常数。在对系统的各变量的性质进行分析、区别的基础上,我们可以建立系统的流率基本入树模型[187~189](见图 6-7~图 6-13),共包括 7 棵简化的基本入树。

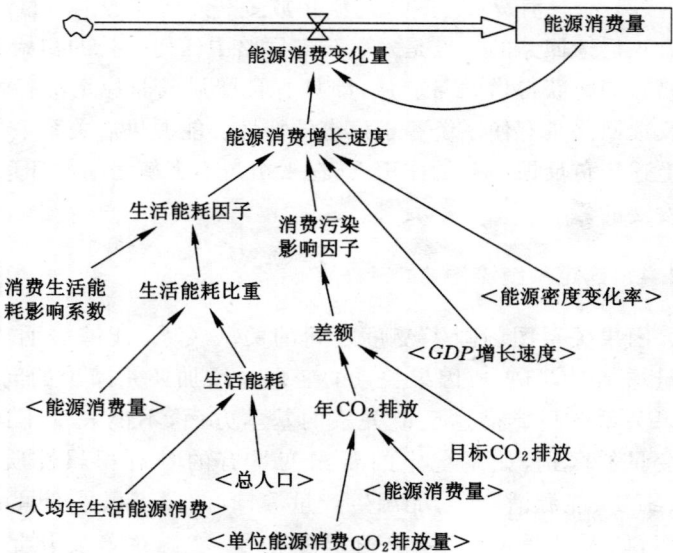

图 6-7　能源消费变化量流率基本入树

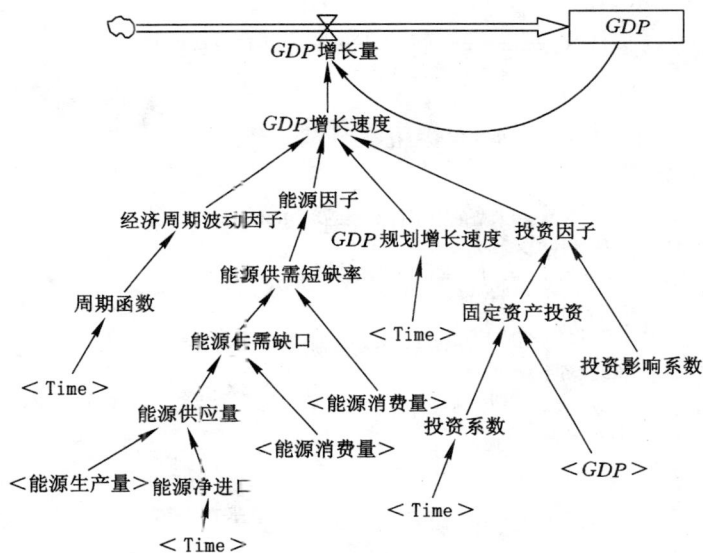

图 6-8 GDP 增长量流率基本入树

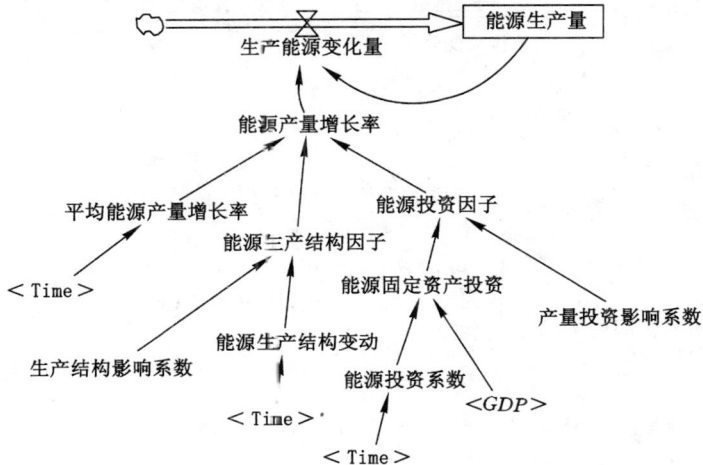

图 6-9 能源生产变化量流率基本入树

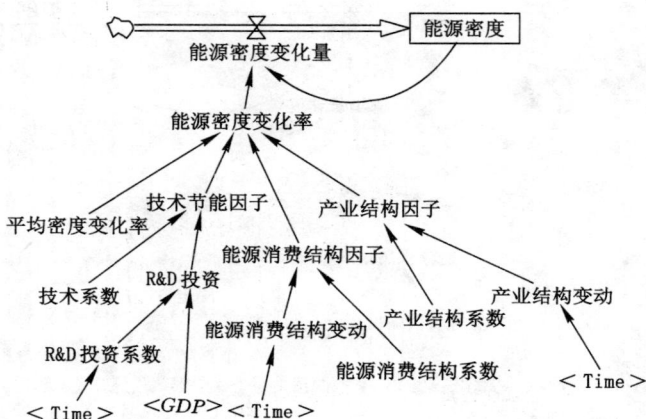

图 6-10 能源密度变化量流率基本入树

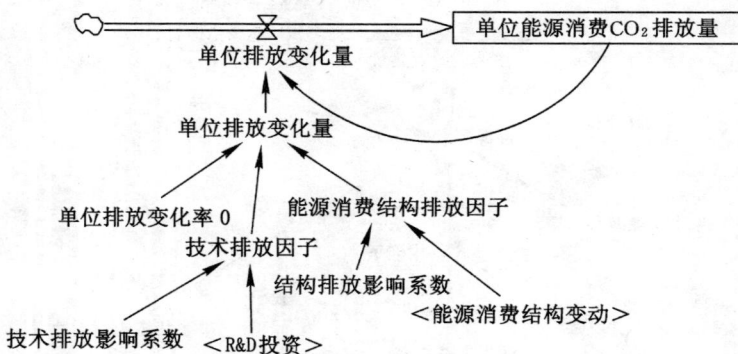

图 6-11 单位排放变化量流率基本入树

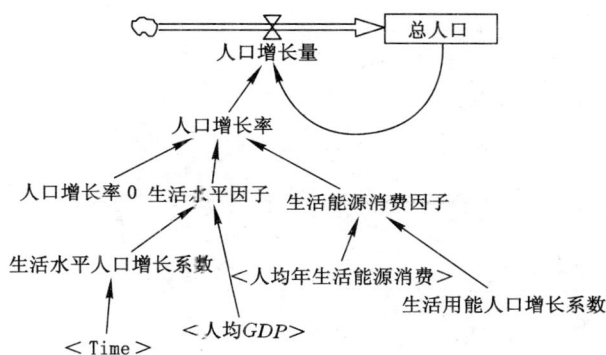

图 6-12　人口增长量流率基本入树

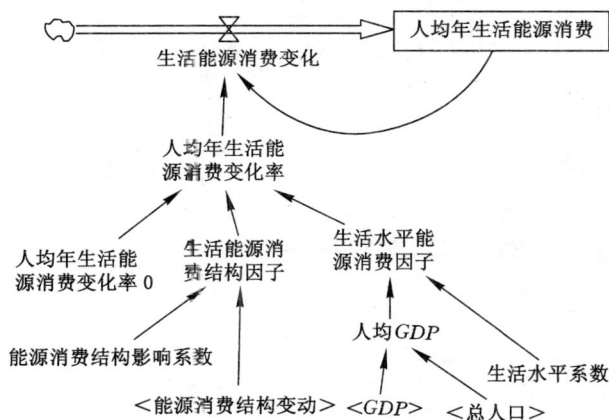

图 6-13　生活能源消费变化流率基本入树

　　将基本入树模型中的重复变量删除，就可以将上述流图转化为能源供需关系系统流图的形式，见图 6-14。

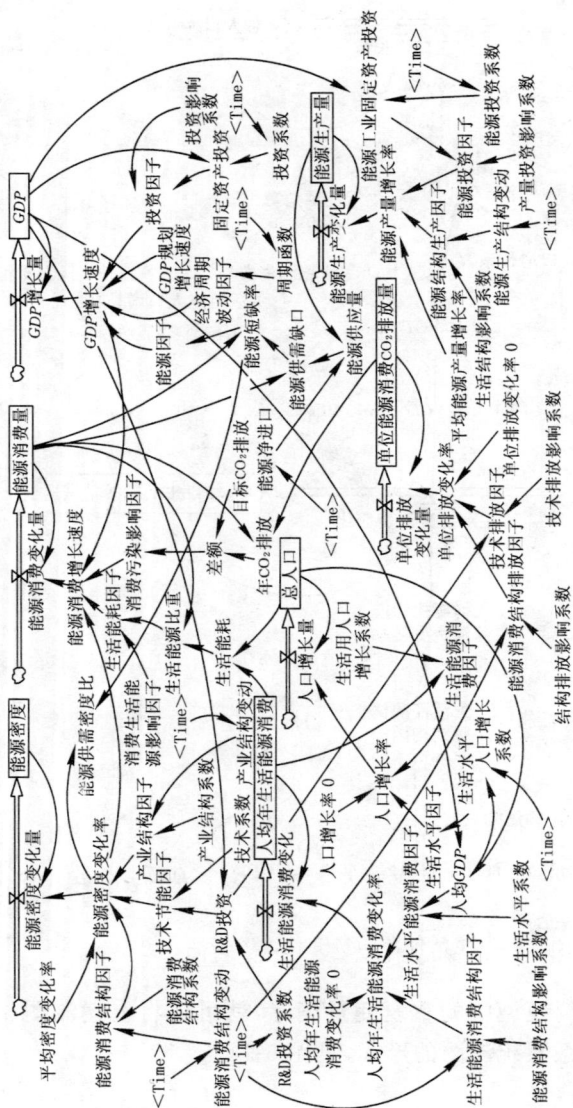

图 6-14 能源供需关系系统流图

6.2.5 模型基本参数的确定与重要方程的建立

在对系统动力学模型进行仿真之前,首先需要对模型中的参数进行赋值。一般而言,系统动力学模型的基本结构为信息反馈,系统行为主要取决于系统内部的反馈结构与机制,即系统的内部结构,而不是参数的准确度。因此,系统动力学模型对参数精度的要求不是很高,只要满足建模的要求与目的就可以了。

系统动力学对参数精度的要求不严格,不等于不需要估计参数。相反,系统动力学模型中的参数很多,其中一些对系统行为影响显著的参数,对仿真结果的可靠性起着直接的影响作用,应尽可能地对这些参数予以准确估计。这就需要预先知道模型行为对参数变化的敏感程度,因而需要先进行模型调试,而对模型进行调试必须先给定参数。为解决这一矛盾,可以在参数值的变化范围内先粗略地给定参数值进行模拟调试,直到系统模型的行为无显著变化时,其相应的值就确定为该参数的参数值。

系统动力学模型中需要估计的参数可以分为三类:常数、表函数和仿真初始值。仿真的初始值指仿真初始年水平变量的初值。常数、表函数的值分别根据历史统计资料、有关刊物上发表的数据、客观发展趋势、规划数值以及现状分析和必要的判断,并通过反复调试而最终确定。

根据图 6-14 能源供需关系系统流图,收集了 1953 年以来的相关资料和数据,运用各种统计方法具体分析各变量之间的定量关系,进而确定系统参数。

本模型模拟以 1995 年为仿真初始年,因而模型中的流位变量的初始值分别取 1995 年各变量的值,即能源消费量、能源生产量、GDP、能源密度、单位能源消费 CO_2 排放量、总人口、人均年生活能源消费分别取 1995 年各变量的实际值。

对常数、表函数的确定首先运用统计法、专家小组法等方法给出大致的范围,然后进行模拟调试,直到系统行为与实际运行状况吻合后,其相应的值就确定为该参数的值。本书所采用的参数确定方法主要有:

(1)利用历史数据求算术平均值或中位数。这类参数主要有:反映人均年生活能源消费量平均变化率的人均年生活能源消费变化率(0.01)、反映人口自然增长平均变化率的人口增长率(0.01)、反映单位能源消费 CO_2 排放平均变化率的单位排放变化率 0(-0.014)、平均能源产量增长率(0.027)、平均能源密度变化率(-0.03)等。

(2)发展趋势推算法,即根据统计资料和选定的公式按比例外推。这类参数主要有:投资系数、能源投资系数、经济周期波动因子、周期函数等。

(3)采用回归分析模型确定参数。在 Eviews 5.0 软件支持下,采用一元线性回归模型确定投资影响系数、消费生活能耗影响系数等,采用多元回归模型确定生活用能人口增长系数、生活水平人口增长系数、技术排放影响系数、结构排放影响系数、生产结构影响系数、产量投资影响系数、技术系数、能源消费结构系数以及产业结构系数等。

(4)采用表函数法确定参数。表函数在系统动力学模型中起重要作用,它被用于描述两个变量之间的非线性关系。本模型中运用表函数法确定的参数主要有:能源因子、能源消费结构变动、产业结构变动、能源生产结构变动以及 R&D 投资系数等。

能源因子反映能源的短缺程度对 GDP 发展速度的影响,能源供需的不平衡必然会影响国民经济的发展,根据相关资料将能源因子设定为能源短缺率的表函数:

能源因子=WITH LOOKUP (能源短缺率,

$([(-0.2,0.9)-(0.15,1)],(-0.17,0.96),(-0.06,0.98),$

$(-0.03,0.99),(0,1),(0.05,0.99),(0.15,0.97))$

能源消费结构变动是对变量能源消费结构取差分的值,能源消费结构是能源消费总量中煤炭所占比重与石油所占比重的比值。随着煤炭消费比重的下降和较为高效的石油消费比重的上升,能源效率会不断提高,同时会减少 CO_2 的排放量。所以能源消费结构变动的值为负时,说明煤炭消费的比重在下降,石油消费的比重在上升;值为正时则相反。根据历史数据和相关推断资料,2010 年煤炭在能源消费中所占的比重为 62%,石油所占的比重为 23%,2015 年分别为 59.3%、24%,2020 年分别为55.2%、24.7%,设能源消费结构变动为时间的表函数(见图6-15)。

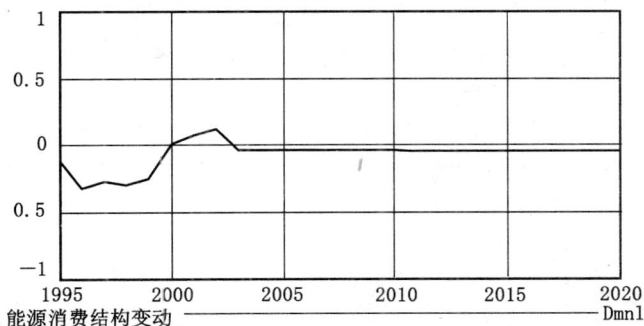

图 6-15　能源消费结构变动

产业结构变动是对变量产业结构取差分的值,产业结构为二产比重与三产比重的比值。以历史资料为依据,根据相关资料推断,2010 年二产比重为 49%、三产比重为 36%,2015 年分别为47%、38%,2020 年分别为 46%、39%,并假定产业结构的变动在各个时间段内的变动为匀速的,则产业结构变动可设定为时间的表函数(见图 6-16)。

能源生产结构变动是对变量能源生产结构取差分的值,能源

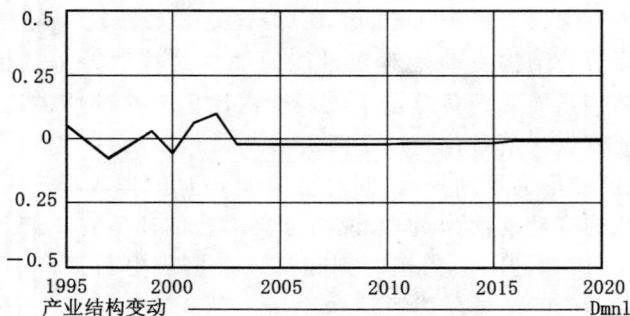

图 6-16　产业结构变动

生产结构是能源供应总量中煤炭所占比重与石油所占比重的比值。我国是一个富煤贫油的国家,所以煤炭供应比重的上升和石油供应比重的下降会使能源产量增幅增大;反之则相反。根据相关资料推断,2010 年煤炭在能源供应中所占的比重为 69%,石油所占的比重为 20%,2015 年分别为 67%、22%,2020 年分别为 65%、23%,同样假定能源供应结构在各个时间段内的变动为匀速的,则能源生产结构变动可以设定为时间的表函数(见图 6-17)。

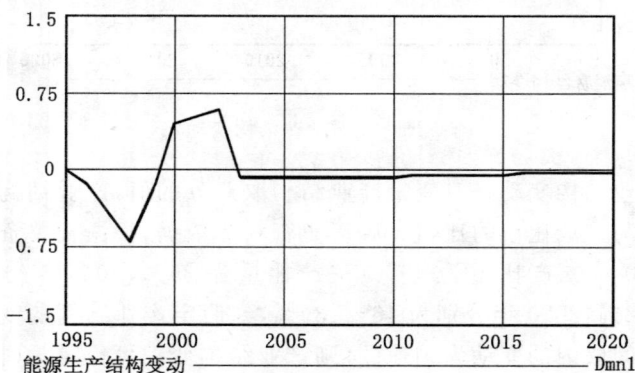

图 6-17　能源生产结构变动

同样以历史资料为依据,将 R&D 投资系数设定为是时间的表函数(见图 6-18)。

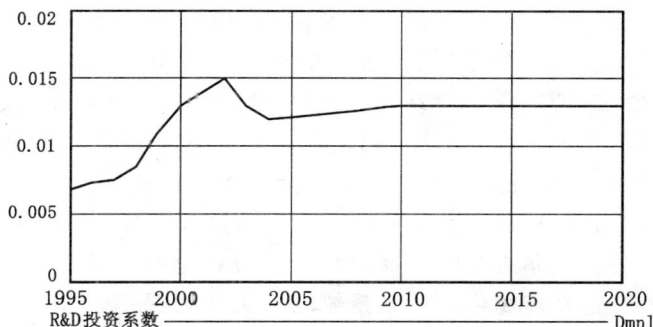

图 6-18 R&D 投资系数

(5)根据规划数据确定。本模型中根据规划数据确定的参数主要有 GDP 规划增长速度。根据我国规划的到 2020 年 GDP 比 2000 年翻两翻的目标,我国的 GDP 应保持 7.2% 的年增长速度。

6.2.6 模型检验和灵敏度分析

6.2.6.1 模型的有效性检验

任何模型都是为了达到一定的目的而对客观世界的简化表达,任何模型都不可能与实际系统完全一样。系统动力学模型也同样不可能与实际系统完全相同,因此在进行系统仿真或政策分析之前,必须首先根据建模的目的对模型的有效性进行检验。有效性检验一般包括直观检验、运行检验和历史检验。

(1)直观检验

直观检验首先要看模型的结构是否与实际系统结构吻合,模型中的速率、状态变量与反馈结构是否合理地拟合了实际系统的主要特性。其次,要看模型的边界是否合适、充足,即检查模型所包含的反馈回路、变量是否足以描述所面向的问题,并符合预定的研究目的。当边界过小时,模型可能忽略了某些重要的变量或反馈回路,致使所建模型不能满足预定的建模目的和要求;反之,若把模型边界划得太大,则使模型过于庞杂,模型的结构与功能的主要关系变得模糊不清,不利于问题的分析。因此,模型边界的确定不能太小也不能太大。再次,要检查模型中的参数是否可在实际系统中辨别出它们相应的具体含义,参数值范围的选择是否与实际反馈系统中可获得的信息变化情况相一致。通过对能源供需关系系统的因果关系图、基本入树模型、流图以及方程表述进行检验,本模型的结构基本与供需关系实际系统吻合,对于实际能源供需关系系统的重要变量和反馈回路在模型中都有体现;模型中的所有参数来源于统计年鉴、统计数据或根据已有数据和变量间的关联关系运用统计方法推算而得,与代表真实系统的知识在概念或数字上相一致。因此本模型通过了直观检验。

(2) 运行检验

运行检验主要是对模型中表达的正确性和单位的一致性进行检验,即检查模型诸方程两边的变量的单位是否一致,方程式的表达是否正确。运用 Vensim 系统动力学软件所提供的编译检错和跟踪功能对模型表达的正确性进行了检验。运用软件所提供的单位一致性测试功能对模型单位的一致性进行了检验。本模型通过了运行检验。

(3) 历史检验

历史检验是对系统模型仿真行为与系统过去行为的拟合程度的检验,即检验模型能否再现实际系统的历史行为,并揭示实际系统的运行规律。它通过对比模型运行输出的结果与历史数据的拟合程度来检验。本模型以 1995 年作为仿真初始年,通过对模型中能源消费量、能源生产量、GDP、总人口、能源密度这几个基本能够反映系统行为的状态变量 1995～2003 年的仿真值与历史统计数据的比较来检验二者的拟合程度,比较结果见图 6-19～图6-23。

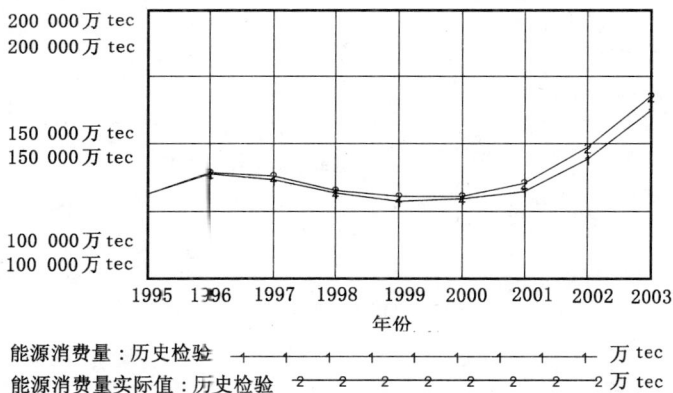

图 6-19　能源消费量预测值与统计值比较

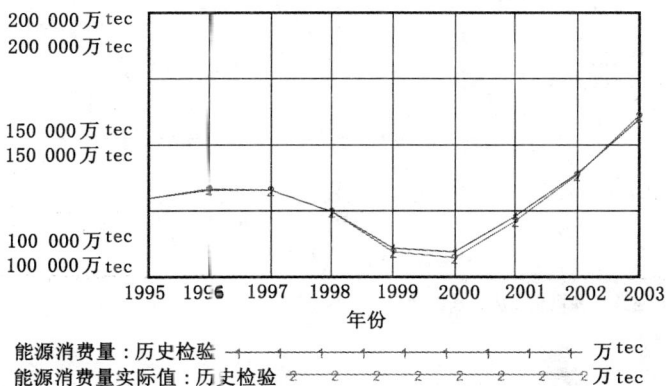

图 6-20　能源生产量预测值与统计值比较

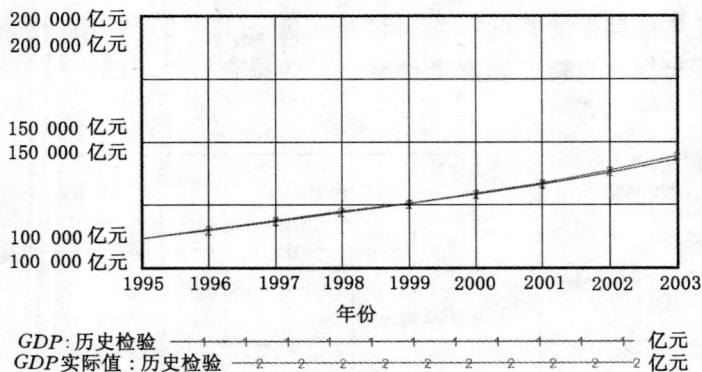

图 6-21　GDP 预测值与统计值比较

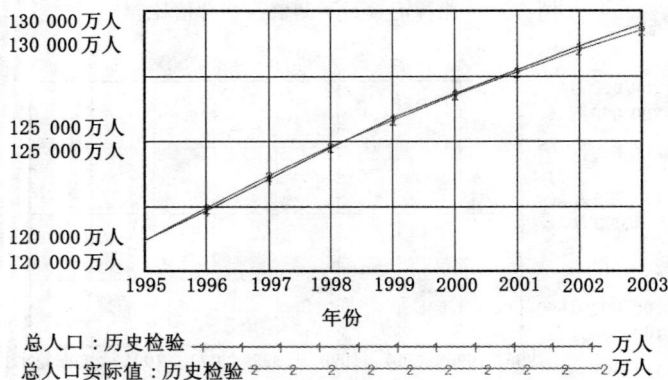

图 6-22　总人口预测值与统计值比较

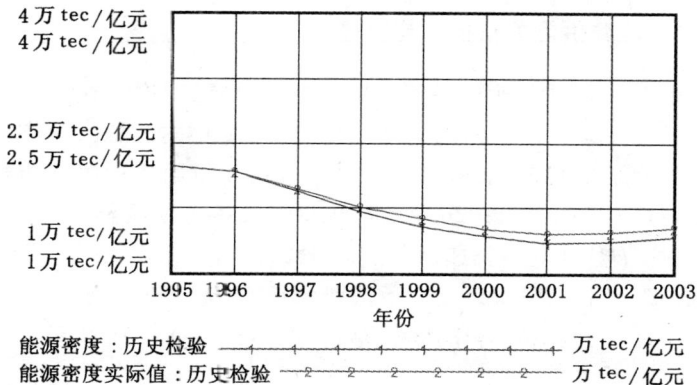

图 6-23　能源密度预测值与统计值比较

从上述仿真值与统计值的比较可以看出,模型仿真值与系统实际统计值的拟合程度较好,预测误差都在 10％以内,说明模型较好地反映了能源供需关系系统的历史状况,能够利用该模型进行分析预测。

6.2.6.2　模型灵敏度分析

模型灵敏度分析就是通过改变模型中的参数,比较参数取不同的值时模型运行结果,从而确定参数对系统的影响程度。人对系统的影响是通过参数变化来刻画的,所以模型的灵敏度分析很有意义。通过灵敏度分析,找出敏感参数,以便在模型调试时抓住主要参数,同时也为人们制定相关的能源政策、经济发展政策等提供科学依据,从而使能源供需系统保持基本平衡。所谓参数,是指模型中在一次仿真中保持不变的常量,包括方程系数、流位初值、表函数关系中已知点的应变量数值等。

灵敏度分析表明 GDP 规划增长速度对系统的影响最大,能源消费结构变动、能源生产结构变动、产业结构变动、R&D 投资增长率这几个参数对系统的影响也较大。

6.2.7　能源供需关系预测与预警

根据灵敏度分析的结果,我们对 *GDP* 规划增长速度分别取 6%、7%、7.2%、8%时,对 2010、2015、2020 年的能源供应和消费需求进行了预测,并根据预测结果结合第 4 章给出的警情指标的警度,对 2010、2015、2020 年的能源供需关系进行预警。

对 *GDP* 规划增长速度分别取 6%、7%、7.2%、8%运行模型,能源消费量和供应量以及能源消费增长率、能源供应增长率、能源供需密度比、能源供需比预测结果如表 6-13～表 6-18 所示。

表 6-13　　　　　　　　　　**能源消费量预测**　　　　　　单位:万 tce

年份	GDP 规划增长速度			
	6%	7%	7.2%	8%
2010	200 024.77	207 693.16	209 252.06	215 579.469
2015	223 323.16	242 349.86	246 412.16	263 246.5
2020	257 520.58	292 886.66	300 267.00	332 877.719

表 6-14　　　　　　　　　　**能源供应量预测**　　　　　　单位:万 tce

年份	GDP 规划增长速度			
	6%	7%	7.2%	8%
2010	189 884.86	189 974.17	189 992.17	190 064.578
2015	223 413.59	224 360.91	224 557.56	225 363.359
2020	281 089.03	285 677.66	286 663.78	290 839.781

表 6-15　　　　　　　　　　**能源供需比预测**

年份	GDP 规划增长速度			
	6%	7%	7.2%	8%
2010	0.95	0.91	0.91	0.88
2015	1.00	0.93	0.91	0.86
2020	1.09	0.98	0.95	0.87

表 6-16　　　　　　　**能源消费增长率**　　　　　　　　单位：%

年份	GDP 规划增长速度			
	6%	7%	7.2%	8%
2010	1.85	2.77	2.96	3.69
2015	1.76	2.62	2.81	3.54
2020	3.72	4.76	4.91	5.65

表 6-17　　　　　　　**能源供应增长率**　　　　　　　　单位：%

年份	GDP 规划增长速度			
	6%	7%	7.2%	8%
2010	2.29	2.31	2.32	2.34
2015	3.69	3.81	3.84	3.94
2020	5.17	5.52	5.59	5.91

表 6-18　　　　　　　**能源供需密度比**

年份	GDP 规划增长速度			
	6%	7%	7.2%	8%
2010	1.324 1	0.610 6	0.566 4	0.441 7
2015	0.932 8	0.742 4	0.622 7	0.387 3
2020	−0.573 2	1.287 3	1.294 7	0.438 7

　　将模型预测结果结合第 4 章的警情指标的警限对比，对我国能源供需关系进行预警，结果见表 6-19 和表 6-20。

表 6-19 　　　　　根据能源供需比、能源消费增长率、
能源供应增长率确定的能源供需关系警度

年份	GDP 规划增长速度			
	6％	7％	7.2％	8％
2010	轻警	中警	中警	重警
2015	无警	轻警	轻警	重警
2020	重警	无警	轻警	重警

表 6-20 　　　　根据能源供需密度比确定的能源供需关系警度

年份	GDP 规划增长速度			
	6％	7％	7.2％	8％
2010	轻警	轻警	轻警	轻警
2015	无警	轻警	轻警	轻警
2020	中警	无警	轻警	轻警

6.3　预警结果分析

　　前面两节的分析只对我国短期和长期能源供需状况进行了预测、预警,对于警度反映出的状况进行进一步的分析,尤其是对于有警的状态,需要结合警兆指标进行具体分析。

　　在短期,由于 2003 年国民经济实际增长速度高达 9.3％,引起能源消费的大幅度增加,为了满足对能源的需求,能源生产也大幅度增长,能源生产增长率高达 15％,进口量也有大幅度的提高。虽然通过能源生产的快速增长和进口量的增加,能源供应量有了大幅度的提高,使能源供需趋近平衡,但这种高增长带来一系列问题。能源生产的高增长,带来了较大的安全隐患,近几年来,煤矿安全事故的居高不下很大程度上就是由于能源生产的快速增长造

成的。另外,能源进口的快速增长,会导致能源对外依存度的增加,从而对我国的能源安全造成威胁。随着经济和能源供需的周期性增长,到 2004、2005 年能源消费增长率和能源供应增长率都有了大幅度回落,能源的供需状况有所好转。预计到 2006 年,能源供需关系将达到基本平衡。

在长期,可以看出在不同的 GDP 规划增长速度下,能源的供需状况有很大的区别。在其他因素保持既定发展趋势的情况下,当 GDP 规划增长速度为 6% 时,随着经济的周期性增长,产业结构的不断优化和调整、R&D 投资的不断增加以及能源消费结构的不断优化,到 2010 年能源供需短缺率将降至 5%,为轻警,到 2015 年能源供需基本平衡,为无警,而到 2020 年能源将由于供过于求而出现警情。当 GDP 规划增长速度为 7% 时,到 2010 年能源供需短缺率将达到 9%,但随着经济的周期性增长,产业结构和能源消费结构优化,以及 R&D 投资的增加,到 2020 年能源供需关系将达到基本平衡状态,可见 7% 为较理想的经济增长速度。当 GDP 规划增长速度为 7.2% 时,到 2020 年能源供需短缺率为 5%,为轻警。而当 GDP 规划增长速度为 8% 时,在 2010 年到 2020 年间,能源供需短缺率始终高达 10% 以上,能源供需将处于重警状态。由以上分析,我们可以认为在其他因素保持既定发展趋势的情况下,GDP 增长速度保持在 7% 左右较适宜。欲使 GDP 增长速度加快,则需要对产业结构、能源消费结构、能源生产结构、R&D 投资、能源固定资产投资等因素做相应的调整,以使能源供需保持相对平衡,不至于对经济的发展产生较大的影响。

6.4 本章小结

(1) 分析 VAR 模型、协整与误差修正模型,以及它们用于我国短期能源供需矛盾预测、预警的合理性。根据我国能源供需历史资料,选定相关变量,并对数据进行合理的预处理,通过单位根和协整检验,利用基于协整的 VAR 模型——误差修正模型对我国短期的能源供需状况进行了预测和预警。通过预警分析可见,在 2003~2006 年间,能源供需相对比较紧张,扩大能源生产、增加能源供应应是能源在短期内的发展方向。但随着能源供应的恢复和经济发展的回落,能源供需矛盾将逐渐缓和。

(2) 构建能源供需系统动力学模型,确定系统流图。根据能源和社会经济发展的历史资料确定模型的基本参数,建立重要的方程。在此基础上,通过直观检验、运行检验、历史检验和灵敏度分析来优化模型,使其达到预测的精度要求。

(3) 利用构建的系统动力学模型对我国能源供需的长期状况进行仿真模拟,预测并预警未来能源供需关系。针对我国未来 GDP 发展速度假设分别达到 6%、7%、7.2% 和 8% 的不同情况,对 2010、2015 和 2020 年的我国能源供需关系进行了预警,并针对预警结果作了简要的分析。

7 政 策 建 议

  能源是国民经济和社会发展的物质基础,能源问题直接制约着社会经济的科学发展。21 世纪是中华民族实现伟大复兴的重要战略机遇期,我国的能源供应能否满足经济增长和社会进步的需要,能否走出一条有中国特色的能源可持续发展之路,在相当程度上取决于制定和实施面向 2020 年的正确的中、长期能源发展战略[190]。从前述我国能源供需预警分析的结果可以看出,为保障我国 GDP 到 2020 年翻两翻的发展目标,必须使国民经济的年均增长速度保持在 7.2% 以上。以目前的能源供需状况,在保持国民经济持续高速发展的大前提下,如果不采取有效措施,能源供需关系将会出现警情,并影响国民经济的健康发展。为使能源供需保持相对平衡,保障国民经济的科学发展,促进我国能源供需的协调发展非常重要。为此,制定科学合理的能源中长期发展战略,积极开拓国际能源市场,坚持发展“两种能源,两个市场”,不断完善能源发展政策,逐步建立并完善能源供需预测、预警机制,是协调我国能源供需矛盾,进而保障社会经济科学发展的有效措施。

7.1 以科学的预警为指导,制定能源中长期发展规划

  影响能源供需的因素不仅复杂,而且瞬息万变,要求能源供需绝对不出现矛盾是不现实的,或者说是不可行的。但我们可以根据社会经济的发展,以及能源的供需态势,提前对能源的供需进行预测、预警则是完全可以的。因此,能源中长期发展规划的制定应

该以能源供需的中长期预测和预警为指导,以保证发展规划的科学合理性。

进入 21 世纪以来,我国经济又进入新一轮的快速增长期,对能源的需求迅速增加。从社会经济的总体运行情况来看,能源由"九五"时期的相对过剩逐渐转变为重新紧张,尤其是油、电等洁净能源的需求量已经超过了同期的可供量,甚至在一些地区出现了季节性能源短缺,能源问题又重新成为制约社会经济发展的"瓶颈"之一。因此,应该清醒地认识到我国既是一个能源生产大国,同时也是一个能源消费大国,能源的生产和消费都直接牵动着社会经济的发展。制定能源发展战略和政策时,必须从长期出发,综合考虑国内和国际的能源市场,系统分析能源供需主要影响因素对能源供需的影响,充分考虑能源供需变动对社会经济的影响。在此基础上进一步加强对能源的宏观调控,建立起完善的能源供需预警机制,并及时采取有效措施,才能保证能源供应的安全,保障国民经济的健康发展。

7.1.1　能源发展战略的制定应以协调能源供需为中心

能源的中长期发展规划是指导能源发展的纲领,必须充分考虑相关因素,统筹规划。制定能源发展战略既要清楚能源发展的过去和现在,更需要对能源未来的供需有一个全面的把握,这就需要对能源未来的供需进行科学的预测,并在此基础上根据对社会经济发展的规划进行能源供需预警分析。这样才能保证能源发展战略具有针对性和前瞻性。因此,任何企业或集团都不可能担此重任,国家的能源发展必须提升到国际和国家战略的高度来考虑。

根据能源资源本身的稀缺性和部分能源的不可再生性,以及我国能源资源人均赋存水平低、赋存地域不平衡的基本国情,结合前述我国未来能源供需矛盾预警的结论,首先应该将提高能源开发利用效率、降低能源消耗作为我国能源发展的基本战略,这已在我国"十一五"规划中得到了体现。其次,在合理开发利用国内能源资源的同时,要积极开拓国外能源资源和能源市场,通过"两种资源,两个市场"来确保我国能源安全。另外,还应把环境保护的意识、责任、资金、成本和费用等纳入能源生产、消费和管理预算之中;根据中国富煤、贫油、少气的能源资源赋存情况,确立煤、电、油、气及新能源共同发展的结构多元、重点突出、全面发展的能源格局,从而推动社会经济的可持续发展。

由此综合考虑,制定我国能源发展战略应遵循这样的原则:以科学的预测、预警为依据,以协调能源供需为中心,能效为先,内外并举,环境协调;以煤炭为主体,电力为中心,油气和新能源全面发展;用能源可持续发展支持经济社会的可持续发展,满足工业化和现代化的能源需求[191]。

当然,能源的发展与社会经济的发展是相辅相成的。制定能源发展战略不能仅考虑能源自身发展的过去和现在,而应该结合历史性、时代性和国际性的发展特点,同时要综合考虑社会经济的发展:既要全面分析社会经济发展的历史,还要全面分析当前所面临的国内外发展局势;既要以史为鉴,也要充分估计到未来可能遇到的问题,并加强预测、预警。只有统领全局,原则合理,依据充分,方法适当,才能保证战略的科学性。在科学发展战略的指导下,我国能源的发展才能与相关产业以及国民经济的发展相协调,社会经济的发展才能保持稳定、快速、健康。

7.1.2　能源发展方向的确定应以预警分析为指导

能源是社会经济发展的动力之源。我国要在 2020 年实现国民经济比 2000 年翻两番,离开能源的保障无疑是不可能的。因而我国近期能源发展的目标也就非常清楚:提供经济、安全、可持续的能源供应,确保实现我国在 21 世纪中叶达到中等发达国家水平的社会经济发展目标。从长远来看,我国能源发展的目标也是明确的,即促进能源与相关产业的协调发展,保障能源供应,实现能源、经济和社会的可持续发展。

有了明确的目标,能源的发展战略就必须从我国的实际情况出发来制定。坚持从中国的基本国情出发,充分考虑世界能源变化趋势,尊重自然规律和经济规律,吸取过去的历史教训和借鉴国际经验,是确定我国未来能源发展方向的基础。经济发展的周期性,客观上也导致了能源需求增长的周期性,并进而形成了我国能源供需矛盾的周期性。为了有效避免能源供需矛盾周期性的大起大落,防止因此而引起的恶性循环,保证我国能源发展战略既定目标的实现,制定能源发展战略时,必须进行充分的预警分析,查找发展的薄弱环节,有针对性地确定合理的发展方向。

能源安全是国家经济安全的重要组成部分,能效为先、优化结构、内外并举是保障我国未来能源安全的重要举措。在实施的过程中应结合我国能源供需状况有所侧重,当能源供需处于轻警和中警状态时,考虑到国际能源市场的变化,能源供应应坚持立足国内供应的方针,以减少能源安全风险,因此应以提高能效和优化结构为主要手段,结合内外并举来缓解能源供需矛盾;当能源供需处于重警状态时,说明国内的能源供需矛盾比较尖锐,严重影响着国内社会经济的科学稳定发展,而通过能源效率的提高以及能源结构的优化需要较长时期的调整才能见效,为了减轻能源供需矛盾对经济的制约,应以内外并举为主要手段,结合能效的提高和能源结构的优化。

能源发展必须适应于国家或地区的实际。我国煤炭、水资源丰富,油气资源相对不足,根据科学发展的要求,我国能源的发展应坚持以煤炭为主体,电力为中心,油、气和新能源全面发展的方针,其中要充分重视洁净煤技术的新发展。环境是人类生存和发展的根本,能源和经济的发展决不能以牺牲环境为代价。因此,对煤炭资源的开发和利用应该不断改进,强调煤炭资源的绿色开采;

继续大力发展和推广煤炭洗选、型煤、动力配煤、水煤浆、煤炭气化、煤炭液化等洁净煤技术,使能源与环境保持和谐发展。随着人们生活水平的提高,能源的消费量不断增加,而且对能源质量的要求也日益提高,电力和油、气的需求不断扩大。因此,电力仍是未来一段时期内能源发展的重点,但从环境保护的角度来看,大力发展水电、风电、核电和其他新型电力将是主要方向。

7.1.3 加强滚动预警,保持能源发展战略的稳定性和灵活性

要保证能源发展战略目标的实现,达到能源的可持续供应,能源的发展路线必须科学,必须符合社会经济发展的要求。而且一定时期内,应该坚持发展战略的稳定性。因此,我国未来能源发展路线的选择直接影响到国民经济总体战略目标的实现。就我国目前社会经济发展的现状来看,发展能源应该做好三个"坚持"。

首先是坚持和扩大能源的市场化发展。当今和未来的十几年甚至更长时间内,我国都会处于社会经济和人民生活方式转轨的历史变迁中,即由传统向现代、计划向市场、国内向国际的转变之中。毫无疑问,市场化发展是其中根本性的问题。市场化是整个中国经济体制改革的基本方向,也是中国能源工业与能源管理体制改革的根本方向。只有充分认识到市场对能源资源的优化配置,并继续坚持市场化的改革体制和创新方向,才能逐步解决我国能源赋存先天不足的问题,才能有效解决能源供给的短缺与不平衡问题;只有尽快构建起成熟高效的能源市场体系,能源发展才能建立起高效率的资源配置机制,才能有与发达国家进行国际资源竞争的体制保障。因此,坚持市场化发展道路,转变国有能源资源管理模式,积极探索建立适应我国国情的能源资源矿业权制度,明确资源主体,实现资源的所有权、经营权、开采权分离,将矿业权与资源自然状态的资源价值结合起来,建立能源资源市场化管理体系,确立和完善市场化的能源资源配置规则,方能保障能源产业的

健康发展。

　　其次是坚持能源的集约化发展。能源的发展受自然客观条件的影响较大，无论是煤炭、石油还是天然气，资源的赋存量都直接影响着它们的生产；但同时，能源生产又有其特殊性，即能源生产的生产对象是客观赋存的资源，生产环境比较恶劣，需要占用大量的固定资产。因此，根据能源资源的赋存情况，坚持集约化开发，有利于扩大生产规模、提高能源的开发和利用效率，有利于现代科学技术的应用和资源开发成本的降低。能源集团化经营的现状已经证明了这一点。因此，坚持集约化发展能源工业是保障我国能源安全的长久之计。当然集约化发展容易导致垄断问题，但随着市场体系的不断完善，再加上国家宏观上的适当调控，逐步形成具有中国特色的能源发展模式可以有效地克服垄断问题。

　　再次是坚持能源发展的全球化。目前经济发展全球化的格局已基本形成，能源国际市场也在不断完善；再加上我国部分能源的储量不足，主客观上都要求我国能源必须走国际化发展的道路。要根据世界能源的可获得性和经济性，建立面向世界的能源发展战略，坚持"两种资源，两个市场"的发展战略。当然，目前我国统一协调对外能源的机构和政策还缺位，参与国际能源市场竞争的主体还不够强大，但随着世界能源市场的开拓，以及参与国际能源资源开发、合作的加强，这些问题都会得到解决。只有坚持国际化发展战略，才能成为经济全球化的受益者，避免国际市场中的利益不对称现象。

　　但是，社会经济在迅速发展，新情况、新问题不断涌现。强调战略的稳定性，并不是说发展战略不可以调整。当实际情况与发展规划产生较大差异时，可以根据实际变化了的情况对发展战略进行适当调整。这就要求根据变化了的实际，对未来的发展进行重新预测和预警，并以此为依据修正战略规划。因为选择的路线科学,可以减少不必要的浪费,实质上就是对能源的节约,就是效率的提高;相反,如果选择的路线不正确,则可能是最大的浪费。因此,加强能源供需矛盾滚动预警可以使能源发展战略更切合实际,避免能源供需矛盾的加深,保障社会经济的科学发展。

7.1.4 制定科学合理的能源中长期发展规划

长期以来我国对能源发展问题一直比较重视,在不同的发展阶段分别制定了相应的能源发展规划。"十五"期间,根据国民经济的发展状况和发展规划同样制定了详尽的能源发展战略:第一是保证能源安全。我国仍将继续坚持能源供应基本立足国内的方针,以煤为主的一次能源结构不会发生大的变化;并将逐步建立和完善石油储备制度,形成比较完备的石油储备体系;同时鉴于煤炭在我国能源结构中的重要地位,考虑到可持续发展的需要,煤炭洁净燃烧、煤炭液化等技术的开发利用将作为一项战略任务。第二是优化能源结构。随着能源供需矛盾的缓和,我国能源发展将进一步加大结构调整力度,努力增加洁净能源的比重。第三是提高能源效率。在坚持合理利用资源的同时,努力提高能源生产、消费效率,以促进经济增长,提高人民生活质量。第四是保护生态环境。能源的生产、消费都要注意环境质量的要求,积极开发与应用先进能源技术,大力促进可再生能源的开发利用,实现能源、经济和环境的协调发展。第五是继续扩大对外开放。改革开放以来,我国能源领域,特别是电力工业对外进展很快,从 1979 年开始,经过 20 多年的发展,电力工业利用外资的大中型项目共有近百项,累计利用外资占同期电力建设总投资的比重超过 10%。"十五"时期,我国能源领域将继续对外开放,外商投资环境会更加完善。第六是加快西部开发。西部地区有丰富的煤炭、水力、石油、天然气,还有较好的风能和太阳能资源,具有很大的比较优势和良好的开发前景。国家正在实施"十五"西部能源开发的专项规划。从近期看,"西气东输"、"西电东送"是西部能源开发工作的重点[192]。

实践已经证明,我国能源"十五"发展战略的制定是高瞻远瞩的,而且在 21 世纪的头几年时间里,我国能源的发展也正是贯彻这一战略实施的。当然,随着国内外经济发展的变化、大量新情况的出现,不可避免地要影响到既定的发展战略,同时客观上也需要根据变化了的情况对战略方针做及时的调整。为此,我国根据进入 21 世纪以来,国内外经济发展的态势,进一步制定了能源长期发展规划纲要,对能源的发展提出了明确的方向:大力节约能源,提高能源效率;优化能源结构,发展以煤炭为主体,电力为中心,油、气和新能源全面发展的能源发展战略;合理布局,从能源的产、供、销、运等全系统研究能源的生产和加工、转化和利用;坚持"两种能源,两个市场",在立足国内勘探开发建设的基础上,同时积极参与世界的合作与开发;加强技术创新和科技进步,科技兴国要在发展能源中得到充分体现;高度重视环境保护和治理,讲求可持续发展;充分认识并重视能源安全问题,能源安全是保证国家安全的基础;制定科学的能源发展保障措施,促进社会经济的协调发展。根据这一方向,我国未来能源政策的四大主线已经逐渐明晰起来:首先是立足自主开发,其次是大力节约,再次是发展再生性清洁能源,最后是积极进行国际合作。

因此,建立在科学预测、预警基础上的我国能源发展的总体方向、路线是非常明确的,但只有使能源发展战略的实施得到有效保证,才有可能使战略目标得到圆满的实现。因此,根据国民经济的发展状况、能源的供需变动状况以及对我国社会经济和未来能源供需的预测,对能源供需进行科学的预测、预警,不仅有利于采取切实有效的措施保证能源的供应,而且也有利于能源政策方针的制定和修正,使能源发展战略真正得到贯彻执行。

7.2　积极开拓国际能源市场,确保我国能源安全

进入 21 世纪以来,我国国民经济一直保持着 8% 左右的增长速度,尤其是 2003 年,增长速度高达 9% 以上。同时,我国是一个人口大国,而且正处于工业化和城市化阶段,经济的快速发展和工业化、城市化的不断推进,使我国的能源消费量和需求量都在迅速增加。而从我国的能源供应方面来看,尽管我国能源种类齐全,但由于能源客观赋存的局限性,能源的生产仍不能完全满足社会经济发展的需求。短期预警的结果也表明,进入 21 世纪以来,能源的供需状况一直处于有警的状态,能源的短缺,特别是石油能源的短缺,制约着经济的发展。这种矛盾有可能激化,出现严重的警情,尤其是能源的结构性短缺必然会影响到社会经济的快速发展。因此,我国"立足国内,面向世界,互通有无,确保安全"的"两种资源、两个市场"的发展战略是保障社会经济科学发展的必然选择[193]。

从全世界整体来看,世界上任何一个国家或地区都不可能拥有自身经济发展所必须的一切自然资源。世界能源资源客观赋存的不平衡性,直接导致各地产量差异很大,成为能源国际贸易的自然基础。根据"BP 世界能源统计 2005"的统计资料(见表 7-1、图 7-1 所示)可以很清楚地看到这一点。一方面能源短缺国家需要进口大量能源,另一方面在一些能源富集的地区,能源生产相对过剩,可以提供丰富的能源产品,由此推动了世界能源市场的蓬勃发展。随着国际能源市场的发展,通过国际贸易的形式出口本国的优势资源原料,同时进口本国稀缺的资源原料,既是保证区域社会经济稳定发展的有效手段,也是经济全球化的客观要求。国际间的能源互补和转换就成为协调区域间的能源供需关系,促进世界各国经济持续增长的重要途径。

表 7-1   **世界主要国家的石油和天然气能源生产情况**

国　　家	石油产量（百万 t）				天然气产量（10 亿 m³）			
	1984 年底	1994 年底	2003 年底	2004 年底	1984 年底	1994 年底	2003 年底	2004 年底
美　　国	349.2	346.9	338.4	329.8	565.8	544.3	549.6	542.9
加拿大	126.1	135	142.7	147.6	186.8	187.8	182.7	182.8
墨西哥	176.6	178.4	188.8	190.7	35.3	35.3	36.4	37.1
阿根廷	41.5	40.9	40.2	37.9	37.1	36.1	41.0	44.9
巴　　西	66.3	74.4	77.0	76.5	7.6	9.2	10.1	11.1
秘　　鲁	4.8	4.8	4.5	4.4	6.1	6.2	6.1	6.4
委内瑞拉	166.4	165.4	134.9	153.5	29.6	28.4	25.2	28.1
丹　　麦	16.9	18.1	18.1	19.3	8.4	8.4	8.0	9.4
意大利	4.1	5.5	5.6	5.4	15.2	14.6	13.7	13.0
俄罗斯	348.1	379.6	421.4	458.7	542.4	555.4	578.6	589.1
英　　国	116.7	115.9	106.1	95.4	105.8	103.6	102.9	95.9
伊　　朗	184.4	168.6	197.9	202.6	66.0	75.0	81.5	85.5
伊拉克	116.7	99.9	66.1	99.7	9.1	9.5	9.6	9.8
科威特	102.6	91.5	110.2	119.8	8.5	8.0	9.1	9.7
沙特阿拉伯	442.9	427.3	487.9	505.9	53.7	56.7	60.1	64.0
阿尔及利亚	65.8	70.9	79.0	83.0	78.2	80.4	82.8	82.0
埃　　及	37.3	37.0	36.8	35.0	21.5	22.7	25.0	26.8
利比亚	67.0	64.7	70	75.8	5.6	5.7	6.4	7.0
苏　　丹	10.4	11.5	12.6	14.9	14.9	14.2	19.2	20.6
澳大利亚	31.8	31.6	26.6	22.9	32.5	32.6	33.2	35.2
中　　国	164.8	166.9	169.6	174.5	30.3	31.9	34.4	40.8
印　　度	36.0	37.0	37.0	38.0	27.2	28.7	29.9	29.4
世界总计	3 597.7	3 575.2	3 702.9	3 867.9	2 490.9	2 531.1	2 617.1	2 691.6

资料来源：摘录自"BP 世界能源统计 2005"。

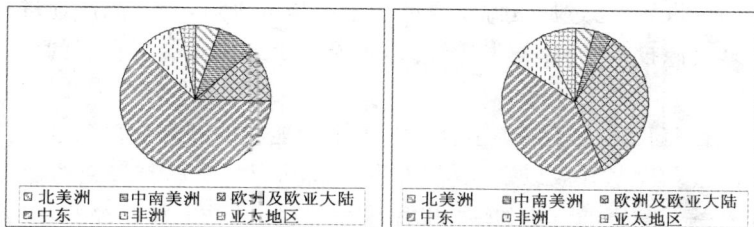

图 7-1 2004 年底石油和天然气探明储量的世界分布

　　我国作为发展中国家,能源的产、销量都很大,能源的供应不能也不会完全依赖国际市场。坚持立足自我,合理开发本国能源资源,并加大能源结构的调整力度,使能源结构逐渐趋于合理是我国能源发展的既定战略。但在经济全球化日益发展的今天,随着世界资源贸易的迅速增长,国际能源市场在一定程度上也不失为我国解决部分能源不足的有效途径。但是,影响国际能源市场的因素非常复杂,市场风险非常大。综合国内外能源的发展,在开拓国际能源市场的时,从发展战略上需要综合考虑以下问题:

　　(1)面向世界,积极开拓国际市场,弥补我国能源供需缺口

　　世界经济发展和我国 21 世纪的发展历程表明:无论国家大小,如果脱离世界资源市场,隔绝与世界的贸易往来,这个国家或地区必然缺乏促使其工业高速运转的动力和原料,最终导致其经济发展减缓,甚至停滞。1978 年以前,我国坚持自给自足的对外贸易原则,能源产品的进出口相差无几;改革开放以后,能源产品的进出口量都大幅度攀升,一方面扩大了我国能源的出口,使我国能源产品不断走向世界,尤其是煤炭产品;另一方面也增加了能源产品的进口,尤其是石油和成品油。这些有力地推动和保障了我国国民经济的发展。随着我国工业化的快速发展,对能源的需求不断增加,单纯依靠国内的资源已经不能完全满足发展的要求。要解决我国能源相对不足,尤其是能源的结构性短缺的问题,就必

须面向世界,通过从资源丰富的国家或地区进口,到资源产地进行海外资源投资、合作开发等形式,才能满足经济发展对资源的中短期需求。

目前我国已经具备了合作开发国际能源的有利外部条件和内部因素。改革开放以来,我国在资源国际合作和跨国经营方面已经具备了一定的资金、技术和管理基础,积累了丰富的经验,并具有良好的国际信誉,在开拓国外相同或相近条件下的资源方面具有自己独到的优势。因此,我们应该积极进入国际市场开发资源,开展跨国经营,在全球范围内实现资源的优化配置,减轻我国的能源压力。近年来,中国石油天然气总公司在扩大对外开放的同时,主动走出国门,通过国际经济合作的途径,不断开辟新的油源:与哈萨克斯坦签订的油田合作开发项目在国际上引起了很大的震动;与秘鲁、巴布亚新几内亚、加拿大、泰国等国家合作进行的石油风险勘探和油田开发,也都已经取得了一定的成效。同时,要进一步加强与周边国家的能源合作开发,从而获得稳定的国外能源供应,解决能源结构性短缺问题。

(2)实施多元化能源进口策略,积极开拓新的国际油气合作

从 20 世纪 90 年代开始,我国的能源进出口形势开始转变,由能源进出口相当逐渐转变为能源进口超过出口,尤其是石油。因此,从我国长远和全球的观点来看,所谓"能源问题"的实质就是石油问题。石油是创造社会财富的关键因素,也是影响全球政治格局、经济秩序和军事活动的最重要的一种商品。目前我国已经成为世界能源的第二大消费国,随着工业化进程的加快和人们生活水平的提高,石油的消费量还将进一步增加。但国际石油市场的波动非常剧烈,因此,在加快国内油气资源的勘探开发,促进石油科技发展的同时,积极参与国际石油的开发,是保证我国石油供应的有效措施。但在石油进口中,要实施进口的多元化、多边化和多途径策略。

1992 年以前,我国进口的石油有 50% 以上来源于印尼、马来西亚、澳大利亚等亚太国家。但随着世界经济的发展,我国逐渐认识到一个可靠而持久的同中国提供石油的地区应该是资源丰富并且原油产量超过其自身炼油能力和自身需求的国家或地区,为此,原油的来源地逐渐向中东转移,到 1997 年,约有 47% 的进口石油来自中东国家,四分之三的进口石油来自阿曼、印尼、也门、安哥拉和伊朗,其余的则来自世界其他国家和地区。进口的石油产品也从原来单一的原油,向原油和成品油相结合的方式转变。这充分体现了进口石油产品多元化、来源多边化的进口策略。同时,要考虑运输方式和路线的多途径化。我国正积极建设国际能源大通道,从具有战略意义的里海地区进口油气资源,构建"亚欧油气大陆桥";同时考虑到今后进口原油主要来自中东,除马六甲海峡以外,积极开辟泰国南部的原油通道;另外正在建设哈萨克斯坦到新疆的石油管道,形成一条新的"欧亚石油大陆桥";对土库曼斯坦巨大的天然气资源,我国也表示愿意合作开发,并计划建设跨越 6 000 km 从中亚到我国能源消费中心的天然气管道。通过这一系列的措施,使我国进口能源的运输方式和路线日趋安全,实现进口的多途径化。

面对不断增长的石油需求和日益增加的石油进口量,我国政府开始认真对待国家的能源安全。其中积极开拓新的国际油气合作地区就是为了应对能源安全问题的有效举措。通过购买他国油田、参与国际开发项目的措施,保证我国拥有长期、稳定的油气供应,防止能源危机。我国政府鼓励国内石油公司与国外合作勘探和开发国际油气资源,近年来与俄罗斯、哈萨克斯坦、蒙古和伊拉克等国家的能源合作逐渐加强,并已经取得了一些成果。其中,中国天然气总公司已经活跃于国际舞台,并致力于进一步提升海外的石油开发竞争力和积极开展国际合作,目前已经在海外形成了年产 70 万 t 原油的生产能力。

实施多元化策略,一方面通过扩大能源进口,积极引进海外能源投资,建立稳定的国际能源市场,以保障我国的能源安全;同时也有利于在国际能源价格低廉时,从国际市场购买低价能源,满足国内的需求;还可以通过销售海外生产的能源,增加投资利润、开拓国际市场。几年的实践证明,这是一项行之有效的策略,在未来的发展中应该进一步加强。

(3) 建立并完善能源储备机制,保障能源供应安全

世界经济一体化进程的加快,既给我国经济发展带来了机遇,也使我国的经济发展面临着挑战。从全球来看,近一个多世纪的国际争端实质就是能源之争。虽然国际能源市场不断发展,但竞争也异常激烈,能源价格随时都会发生大幅度波动。因此,一个国家或地区的经济发展状况与其能源的对外依存度存在着密切的关系。为了避免国际能源供应对地区经济发展的影响,降低国际能源市场风险,建立能源储备制度非常必要。

目前我国能源总体上可以自给,但我国正处在迅速发展的工业化阶段,对能源的需求不断增加。国家发改委能源研究所高级顾问周凤起认为:"大部分发达国家的人均 GDP 在三千至一万美元之间经历了人均能源消费量快速增长和能源结构快速变化(石油需求比例上升)的过程。中国面对的情况比发达国家复杂得多,未来 20 年中国将面临严峻的能源问题。"而我国能源的现状是石油资源储量有限,随着国内石油消费量的不断攀升,石油的对外依存度会不断上升,国内石油市场受国际石油市场的影响非常大。1993 年,我国受进口油的冲击,当时造成许多石化企业憋罐停产;而 1996 年国际市场油价大涨,抑制了我国的石油进口,结果导致国内油品脱销;近两年来,尤其是最近,受国际原油价格上涨的影响,国内成品油价格不断攀升,已经对社会经济造成一定的影响。从当前的发展态势来看,随着人民生活水平的提高,家庭轿车的普及,国内石油的消费量还会进一步增加,石油的依存度也会进一步提高,因此,将来我国石油的进口量不会降低。面对风云变幻的国

际石油市场,建立石油战略储备尤其必要。

受两次石油危机的影响,西方国家对石油的战略储备高度重视,相继建立了能源战略储备制度。目前,世界商业石油储备能力约为 100 亿桶,国际能源机构要求其成员国的石油战略储备为 90 天的进口量,美、日、英、德、法的石油储备能力为各自进口量的 60～160 天,韩国的石油储备为其 66 天的用量,巴西为 70 天的用量,而印度约为 35 天左右。我国也已经认识到了石油储备的重要性,并已经开始积极进行石油的战略储备。但同时也应当认识到,石油储备在解决国内石油受国际市场冲击的同时,也会伴随产生许多问题,比较严重的如原油储备中的气体蒸发、油温上升、设备老化等带来的储备安全问题。因此,石油的战略储备应该建立一套行之有效的体制,并要保证这一体制随着社会经济的发展而不断完善。作为已经是全球第二大石油消费国的我国,从 2003 年确立国家石油战略储备制度,2005 年开始正式建立石油能源战略储备。

根据我国的具体情况,结合国外石油能源储备的经验,我国的石油储备可以采取多层次、多渠道的储备。首先,根据我国目前多种所有制并存的现实,可以建立包括国家战略储备体系、地方燃油保障体系、供油企业储备体系和需求方自储备体系的四级石油储备体系。在这四级体系中,国家、地方政府、供油企业和用油大户都应当建立各自相应的储备体系,并应以国家储备为主,应对国家安全的紧急状态和调控国内市场;以地方、企业储备为辅,满足平抑石油市场波动的需求和实现企业价值最大化。其次,石油的储备量应保持经济合理。根据国际能源机构的标准,能源安全的警戒线为石油供应中断达到需求量的 7%。一旦出现这种警情,就应该采取动用战略储备的紧急措施。因此,根据我国石油的需求量和供应来源以及国家的经济实力,石油的战略储备量需要不断调整。1999 年底中石油、中石化、中海油三大石油公司完成"石油发展和安全战略"研究,提出石油储备目标:到 2005 年原油储备能力达到 30 天进口量水平,储备量达 806 万 m³(650 万 t),成品油储备达 15 天消费水平,储备量达 750 万 m³(525 万 t)。到 2015 年原油储备能力达到 90 天净进口量水平,储备量达4 770万 m³(3 846 万 t),成品油储备达 30 天消费水平,储备规模达 2 040 万 m³(1 422 万 t)。但实际上我国石油的消费量比预测要高出许多,据统计 2004 年我国石油消费量已达到 2.9 亿 t,按照目前的消费水平,中国各石油公司在经营过程中的石油量仅能够满足我国 10～30 天的能源供应,而如果按这一消费水平来考虑石油战略储备,将比 1999 年的计划高出许多。因此根据变化了的情况,考虑到我国石油进口多元化对石油风险的化解,刚开始的石油战略储备可以按照 14 天的石油消费量来考虑,大体为 1 000 万 t 原油;随着石油消费量的进一步增加和国家经济实力的提高,到 2010 年,我国的石油战略储备达到 40 天以上原油消费量,大约为 3 000 万 t 原油;到 2020 年,我国的原油战略储备应该与西方相应能源结构的国家保持一致,基本储备量为 75 天左右的原油消费量。另外就是储备基地的选址,应该遵循"就近、方便、快捷"的原则,选择在东部沿海地区和西部靠近石油进口地的地区。目前的选址根据规划主要在浙江定海岙山、镇海,山东黄岛,以及辽宁大连,随着石油储备条件的成熟,从空间合理性考虑,还可以在中原地区如河南、湖南、湖北等地建立石油储备基地。将来随着我国与俄罗斯、哈萨克斯坦、土库曼斯坦等国家合作的加强,可以进一步考虑在新疆建设石油储备基地。

　　综合分析,国内外能源资源的赋存和生产、供需状况以及能源安全对策共同构成影响我国能源安全的主要因素。为了保证我国能源的供需协调,首先应该合理开发国内资源,在科学合理的能源发展战略指导下,坚持开发与节约并举,提高能源的利用效率,增强能源的自给能力。同时应在准确把握现代国际能源市场和能源地缘政治的特点的基础上树立我国正确的能源安全观,逐步建立和完善石油战略储备制度和预警体系,尽可能加入到国际合作架构中,全面进入国际市场。采取综合措施保障能源安全,进而促进社会经济的健康、协调发展。

7.3 针对预警揭示的问题,不断完善能源发展政策

能源产业的发展是一项复杂的系统工程,具有长期性和全局性的特征。保持能源产业的健康发展,从而保障社会经济的科学发展,离不开政府的宏观调控。虽然国内外的能源市场都在不断完善,但能源产业投资大、建设周期长、投资风险高的特点决定了能源产业发展需要政府从宏观上加以调控,以避免能源产业发展的失调,从而影响社会经济的科学发展。为此,政府需要在能源中长期发展战略的制定、能源发展政策的制定和完善以及能源发展投资、能源新技术研发等方面不断加强宏观指导,为能源产业的科学发展营造良好的政策环境。但要达到这样的目标,政府首先应该对能源产业的发展现状,以及未来一定时期内能源的供需状况有一个总括的了解,而且应该对能源供需矛盾具有足够的敏感性。这些可以通过科学的预测、预警来完成。因此,科学、及时的预警是制定和调整政策、保证政策科学合理性的关键环节之一。

我国未来能源的科学发展离不开经济管理体制和政策的保障,因此构建适合我国能源发展的体制保障,制定并不断完善能源的发展政策,是能源发展战略得以执行的基础。同时,国内能源供应状况和国际能源市场的变动都影响着一个国家和地区的能源政策,美国旨在"保证在能支持国民经济持续增长的条件下取得足够的能源,保证美国的能源供应安全"[194]的新能源政策的出台,为我国制定和完善能源发展政策提供了借鉴。为了保证我国能源的安全供给,未来一段时期内,我国应该在能源发展战略的前提下,

着重完善和强化以下几个方面的能源政策。

7.3.1　充分认识能源供应的警情,强化节能政策

20 世纪 60 年代后期,资源问题就已经引起了科学家们的关注,《增长的极限》首先向人们敲响了资源有限的警钟,而 1973 年的第一次石油危机正好验证了这种担心。于是,倡导节约能源、可持续发展的呼声成为经济发展中的主流,尤其是在西方发达国家,有关节约能源的政策、措施已比较完善。我国对节约利用能源一直比较重视,在"六五"规划中已经将节能规划纳入了整体能源规划。近年来虽然总体上能源消费较高,但节能成效还是非常显著的,在过去的 20 年里,年节能率达到 50% 左右,实现了以能源消费翻一番支持国民经济翻两番的发展目标。

党的十六大提出的到 2020 年国内生产总值要在 2000 年基础上翻两番的经济发展目标,要求国民经济保持 7.2% 的发展速度,而这样的增长速度会引起能源供需的警情,因此进一步提高能源利用效率成为缓解中短期能源供需矛盾、实现能源供需平衡这一目标的有力手段。

总结我国过去的节能经验不难看出,合理的能源价格体系、及时的金融优惠政策、鼓励性的税收政策是我国取得显著节能成效的重要措施。美国是目前世界第一大能源消费国家,但它同样非常注重节能,并采取"胡萝卜加大棒"式的节能政策:一方面以立法的形式制定相关产品、设备、系统的最低能源效率标准;另一方面则通过财政激励措施鼓励厂家、用户自愿实现更高的能源效率标准。还采用"小政府,大社会"的市场机制保证节能政策的实施:一方面充分重视节能工作参与各方的市场定位关系,明确节能各方的责、权、利;另一方面通过基于市场经济的财政激励措施,使节能工作确实触动各方利益,从而调动各方推动节能工作的积极性[195~197]。

我国已经将节能作为能源发展战略的重中之重,基于目前我国社会经济发展状况以及节能政策和措施实施的现状,尚需进一步强化节能政策必须依靠市场的引导作用,通过经济政策来调节,如充分利用价格、税收、利率等经济杠杆来推进节能。但从当前来看,利用能源价格促进节能的潜力已经不是很大,现在的能源价格平均已是 20 世纪 80 年代初的近 20 倍,尽管能源价格仍有一定不合理性,但调整的幅度不会很大了。因此,制定新的节能激励政策,借鉴国外的经验建立多元化的、具有商业滚动运作机制的节能基金非常必要[198]。

首先,加快建立确保节能优先、高效利用能源的机制和管理体系。目前绝大部分市场经济发达、拥有先进节能技术的国家都在强调节能优先的能源战略。我国也已经将节能作为能源发展战略的重点。实践证明,不断提高能源效率不但是保证能源安全的基础和保护环境、实现可持续发展的重要措施,而且将成为提升我国国民经济竞争力和突破国际贸易中产品能效标识"贸易壁垒"的重要途径。所以,政府部门应该在把握国家的资源优化配置、能源安全及环境保护的前提下,建立合理的市场机制,维护良好的市场环境,使社会中每一个群体都能在节能工作中明确定位,每个环节具有清晰的责、权、利,使节能活动能够切切实实地获益,以此来充分调动社会各方参与节能的积极性。同时加强节能的基础工作,通过各种媒体,加强节能宣传、培训,提高公众节能意识,同时尽快建立并完善与国际接轨的能耗统计体系,作为我们制定政策的基础、评价政策效果的平台,为节能的国际比较提供客观的基础数据。

其次,酝酿制定符合市场经济规律、适合我国国情的专项节能经济激励政策。国外节能经济政策和措施的制定有明确的目标,例如,英国碳基金的建立是以减少温室气体排放、履行《京都议定书》为目标的,美国的补贴政策、减免税政策是以降低国内扩大能源生产能力的投入成本为目标的。我国正处于国民经济快速发展时期,节能的目标就是为了提供经济、安全、可持续的能源供应,确保实现我国在 21 世纪中叶达到中等发达国家水平的社会经济发展目标。为了缓解能源供应再度紧张的局面,确保国民生产总值翻两番的目标实现,节能经济激励政策的制定迫在眉睫。根据国外经验和我国节能政策演变的经验教训,我国应尽快出台节能专项激励政策,如节能基金、减免税、燃油税等。

另外,加强能效标准、节能证和节能标识等制度的推广,使节能与广大人民群众的日常生活紧密结合起来,实行全民动员实施节能。能效标准和节能标识制度在美国、日本、澳大利亚和一些欧洲国家收到了良好的节能环保效果,已经成为当前国际贸易壁垒的一种手段,同时也是实施节能激励措施的重要衡量标尺。我国已经开展了家用电器最低能效标准和节能产品认证工作,但需要进一步提高能效标准并不断强化认证机构的能力和范围,制定多行业的能效标准准入制度和建立多层次的节能产品认证机构,由政府以立法的形式制定相关能耗产品、设备的强制性最高能耗标准,并对标准和认证机构的资质、水平进行监督和管理,尽快扩大能效标准覆盖的范围,通过增加节能认证产品的数量,引导消费者走向高效节能之路。

这一过程中,各级政府部门要带头节能,保证相关制度的贯彻落实。为此应出台政府机构率先节能的法规条例,将节能产品采购纳入政府采购体系中去。在突出工业领域节能的同时应高度重视建筑物及交通运输领域的节能工作。应该注意的是我国政府机构相对比较庞大,占用的建筑物及使用的交通工具都具有相当数量,政府机构的节能潜力很大,而且政府机构在节能工作中的表率作用将带动和促进全社会的节能工作。因此,在政府财政支出预算中,要将能源节约作为主要的减支项目考虑,并逐渐制度化、法规化,逐渐形成全面一致的节能氛围。当然,节能并不等于不用能源,随着人民生活水平的提高,人均消费能源的绝对量必然呈增长

的趋势,实施节能战略是为了保证切实提高能源的利用效率,促进
社会经济的科学发展。

7.3.2　全面分析能源供需矛盾的警源,完善能源产业政策

　　能源产业是国家的基础产业,对社会经济的发展起支撑和保
障作用。因此,国家应该优先发展这些基础产业,在政策的制定上
给予充分的考虑。目前,我国能源产业政策存在许多偏差,影响了
能源的发展。首先,我国将能源产业并入第二产业进行宏观管理,
使能源产业的实际负担不切实际,如各项税收政策的制定,虽然对
增值税税率进行了调整,但能源产业的综合税率仍明显偏高。实
际上能源产业与加工类制造企业具有很大的区别,国际上也将采
掘业作为一个独立的产业来进行统计。由于产业政策在产业内部
具体化容易影响产业政策的权威性和一致性,因此,我国将能源产
业并入第二产业进行宏观管理导致能源产业的负担相对比较沉
重。其次,国家对能源资源管理存在许多漏洞,导致能源产业内部
发展的"苦乐不匀",影响了能源发展的积极性,如矿业权制度的不
完善性,导致了煤炭等能源产业的发展极不均衡,缺乏发展的可持
续性。另外,能源产业的发展还没有完全摆脱传统机制的影响,适
应市场经济的能力比较弱。因此,能源产业政策应以引导、鼓励、
协调为主,理顺产业发展关系,减轻产业发展负担,促进能源产业
的健康发展。

　　落实到具体的能源工业,对煤炭、石油、天然气、电力以及新能
源和可再生能源,产业政策应该根据能源生产的共同特点、结合具
体情况分别有针对性地制定。对煤炭工业,要继续加大资源勘探
投资,完善矿业权制度;人为地调整煤炭工业结构,加快开发和推
广应用洁净煤技术;适当调整煤炭建设布局,实现集约化发展;加
大煤层气开发力度,提高资源回收率;全面提高各类煤矿整体素
质,保证安全生产。对石油、天然气工业,继续加强天然气的勘探

工作,保证石油、天然气储量的持续增长;经济开发,油气并举,同步加快输气管道和下游利用项目的建设工作;扩大开放,建立储备,加强石油、天然气的国际合作,逐步形成"两种资源,两个市场"的战略格局;加快建立国家石油战略储备制度,形成完备的石油战略储备体系。对电力工业,从我国实际出发,借鉴国外先进经验,引入竞争机制,加快体制改革,由市场配置资源,由供需决定价格;加强电网建设,推进"西电东输"的进程,发展区域电网互联,实现电量补偿调度,优化电力资源配置,在加强区域内主干电网建设的同时,建设电网二次系统;积极发展水电,因地制宜地开发中小型水电站;进一步优化火力发电,推进超临界国产化、大型循环硫化床锅炉燃烧技术、洁净煤发电示范工程建设,促进电力产业技术升级;对运行的火力发电厂加强环保设施的安装,减轻对大气的污染;适当发展核电,以我为主、中外合作,提高核电的运营效率。对新能源和可再生能源,要加大扶持的力度,为新能源的推广应用提供广阔的市场,并给予税收、融资等方面的优惠和照顾,逐步提高新能源和可再生能源的比重[199]。

总之,能源产业作为基础产业应该先行发展,国家除了在投资上应予以适当倾斜外,在税收政策上也应该充分考虑特殊性,使能源产业的总体税赋与一般加工类产业相当,甚至可以给予低税负支持,以鼓励能源产业的发展。在条件成熟时,可以考虑将能源产业单独作为一个产业进行管理,以便制定和实施针对性的产业政策。同时,国家还应当进一步改进、完善矿业权制度,明确能源资源的开采权和经营权,并将矿业权价值和能源资源开采的环境成本纳入能源生产成本的核算范围,使能源资源的真实开采成本能够完整地反映,以利于逐步理顺能源价格体系。

7.3.3　根据能源预警信息,及时调整能源市场发展政策

随着我国市场体系的不断完善,目前我国能源市场已基本全

面开放,市场逐渐成为能源资源配置的有效手段。但我国的能源市场毕竟起步较晚,独立配置资源的能力还不是很强,一定程度上还离不开政府的调控。我国目前的能源市场不仅涉及国内能源市场,而且还涉及国际能源市场,政府在能源市场中该承担何种角色是我国经济转型时期需要认真研究的一个课题。

在由计划经济转为市场经济的过程中,国家对关系到国计民生的物质生产部门还是要控制的。但政府对国有企业进行"控制"和"放开"之间的度的把握是非常困难的。国家控制的领域是否允许民营经济进入的问题,往往会导致民营经济与市场竞争的争议。其实民营化和市场竞争是两个不同的概念,然而很多人以为市场竞争就是要将国有资产民营化。西方国家在这方面犯过很大的错误,并为此付出不少代价。一个国家有多少能源公司是次要的,问题的关键是在一个行业的各个方面都应引入竞争。也就是说,一个国有公司在一个领域搞垄断的效果与一个民营公司在该领域搞垄断的效果是一样的[200]。因此,不引入真正的竞争机制,不论是国有还是民营,都不可能很好地适应市场的要求。相对来讲,多样化的公司布局更有利于保障国家的能源安全。

实践证明,建立在竞争基础上的民营化是最具有竞争力的,但在民营化之前,必须要把监管框架建立到位。没有健全的监管框架和机构,盲目的市场调整会导致市场的混乱。因此,我国政府目前的主要任务就是尽快建立起有效的能源市场监管体系,并在此基础上制定完善的政策和法律体系。至于政策和法律的落实就完全可以交给监管机构。监管机构作为公共部门将通过制定一系列规则来保证政策和法律法规的落实。因此根据我国的具体国情,在完善能源市场上政府应该做好以下几方面工作。

7.3.3.1 国内能源市场政策方面

(1)正确处理政府与生产经营者的关系,逐步形成政府、监管机构、生产者和消费者之间符合市场经济的、合理的相互制约关系,完善能源市场体系。

（2）修改、完善能源市场条例,建立开放的国内能源大市场,既包括能源产品市场,也包括能源资源市场,消除地方保护主义对能源市场的影响。

（3）加强能源市场建设,形成公平合理的竞争机制,增强能源市场活力,不断加强能源市场的作用。

（4）建立能源信息网络,促进能源信息的交流,为能源生产者和经营者提供及时可靠的能源信息,保证能源市场的良性运转。

7.3.3.2　国际能源市场政策方面

（1）密切关注国际能源市场,加强与国际能源市场的联系,建立国际能源市场监测系统,研究分析国际能源市场的动态,对国际能源的发展进行科学的预测与预警,提高应对国际能源危机的能力。

（2）加强与经合组织（OECD）、世界贸易组织（WTO）、欧洲经济一体化（EEE）、国际能源署（IEA）、国际能源论坛、国际原子能机构等国际组织的合作与对话。

（3）加强国际间的能源合作,在进一步改善现有能源贸易伙伴关系的同时,寻求新的合作,扩大与东欧、中欧、地中海,尤其是中东和拉丁美洲的能源开发合作,建立稳定、公平的能源合作关系。

（4）积极参与国际间的能源研究与技术开发,发挥技术优势,大力开拓海外能源市场,增加对能源丰富的发展中国家的能源投资与援助,建立稳定的合作关系。

（5）积极进入世界能源市场进行能源交易。既要出口本国的优势能源,又要进口本国的短缺能源,同时还要做好海外开发能源的国际交易。在活跃国际能源市场的同时,将我国的能源供需融入到国际市场中去。

7.3.4 加强能源研究与技术开发政策,协调能源供需关系

科学技术的进步在扩大能源消费、造成能源暂时紧张的同时,也在不断改进能源利用模式,提高能源利用效率,发现新的能源。因此,科技是一柄双刃剑,在发展能源上一旦把握不好,就会导致自伤。世界能源发展历程已经证明,合理、有效、充分利用有限的人力、物力,保持最佳地组织实施能源研究和技术开发计划,坚持创新是解决能源问题的根本。

我国能源研究与科技发展要坚持跨越式战略模式:围绕解决我国能源生产和供应与社会经济发展需求的矛盾,面向保证能源安全、提高利用效率、控制环境污染和改善经济效益的要求,根据我国能源科技的发展水平和可以承受的研究开发经济投入能力,选择确定与之相适应的能源基础理论研究与能源利用技术的开发方向与任务,全面提高我国能源科技水平和能源产业的竞争力,支持与能源利用有关的环保等新型产业的发展,保障国家近期经济和社会发展目标的实现以及科学发展长远奋斗目标的实现[201]。

能源研究与技术开发政策是能源科技发展战略的延伸和具体化,因此对能源的研究和技术开发应该紧密围绕解决我国能源开发利用中的关键问题和迫切问题,增强技术创新能力,形成具有自主知识产权的能源开发和利用新技术。在政策引导上,重点应突出以下内容:

(1)在加强能源基础科学研究的基础上,高度重视化石能源转换的研究,寻求新技术的突破。基础研究虽不一定产生直接的经济效益,但高水平产业的形成离不开强大的基础科学支撑,因此政府应保证基础研究的各类资源投入。同时,由于我国能源富煤、少油的赋存结构和特点,积极寻求煤、油转换是我们长期以来努力的方向,应该增加投入,加快新技术的开发与技术产业化的完善。

(2)增加能源资源勘探技术的投入,提高勘探技术水平。我

国能源资源的理论蕴藏量很大,但由于勘探技术的限制,探明可采的储量非常有限,再加上不合理开采,使能源的储量日益紧张。提高勘探技术水平,一方面可以探明我国能源资源的确切储量,以利于能源发展战略和政策的制定,另一方面可以增强对能源资源赋存条件的把握,便于选用合理的开采方法,减少开发风险。因此,结合现代科学技术的进步,提高能源资源的勘探技术水平非常重要。

(3) 积极推进新能源和可再生能源技术的发展。当前化石能源在我国能源生产和消费中都占绝对比例,但化石能源是不可再生能源,其赋存是客观有限的。为满足社会经济的科学发展,探求新能源和可再生能源是未来的必然。因此应加大支持新能源与可再生能源的原理性研究的力度,解决基础性问题,支持新能源的产业化应用,促进新技术在应用中不断改善、发展和提高。

(4) 不断提高终端能源的利用技术,引导能源新技术的推广和利用。终端能源利用水平的提高是解决能源紧张问题的关键。一般来讲,终端能源的利用技术往往与其他技术相互结合、相互渗透,终端能源利用技术的发展,不仅要解决能源利用本身的问题,还要与产品制造、消费理念等紧密结合。因此,政策的制定,要有利于关键性、前瞻性的能源利用技术的推广应用,以及技术装备上的重大突破,促进能源产业和相关产业的技术升级,从而达到优化能源消费结构的目的。

(5) 对能源技术在重视引进的同时,更要强调吸收。我国投资于能源研究开发的资源只占世界的很小一部分,但我国的能源开发和利用却居世界前列。因此需要了解世界的发展状况,需要学习世界的先进水平。为此,我们可以引进国外的先进技术,但引进不是目的,仅仅是手段。我们应该建立完善的能源科技发展制度,通过广泛的国际合作,把握世界能源技术的动态,在此基础上,加大自主研发的力度,将引进的技术消化、吸收、提高,提高国际合作的效果,使有限的科技资金充分发挥其效用。

(6)改善能源科技发展的环境。随着改革开放的深入,我国的科技发展必将融入全球技术体系之中。为此,建立既符合国际规范同时又能有效保护我国产业与市场的技术标准体系非常迫切。因为技术标准的实质是制定竞争规则,把握市场控制权,目前技术标准已成为发达国家保护其高技术竞争优势的重要手段。我国在能源领域的大量创新技术,如果没有完善的发展环境,就可能失去保护而被别人"无偿利用"。因此,在大力发展科技的同时,还要建立适应国际发展的技术标准体系,以保护我们的合法权益。

7.4 建立并逐步完善能源供需预测、预警机制

能源战略的制定、能源政策的完善,其目的就是为了使能源能够满足社会经济发展对能源的需求,保障社会经济的科学发展。但是,社会经济发展会遇到许多新问题、新情况,对能源的需求也在不断变化。如果能源生产不考虑社会经济的需求,必然会出现能源供需矛盾,并由此引发其他矛盾,造成连锁反应,影响经济的稳定发展。因此,建立并不断完善能源供需关系的预测、预警机制,对于制定合理的能源政策和及时调节能源供需具有积极的现实意义。

7.4.1 建立合理的能源管理体制

能源管理体制具有时代性,随着社会经济的发展,相关的管理体制也需要与时俱进,不断改革和完善。随着能源供需关系的变化,我国能源管理体制也在不断变化(参见表 2-13)。一般的规律是,当能源供需关系紧张,出现较长期的供不应求时,能源管理体制就加强;当能源供需关系缓和,能源供需矛盾协调时,能源管理体制就相对减弱。但在一定程度上,正是由于能源

管理体制的变动,导致了对能源问题周期性的重视—放松—重视,影响了能源产业的稳定发展。

目前,虽然我国相继颁布并实施了《电力法》、《煤炭法》、《节能法》以及《安全生产法》等一系列的法律法规,对能源的管理从指导思想上是欲纳入法制化的轨道。但是由于我国的能源管理体制是非常分散的:资源的勘探与管理在国土资源部,能源建设项目由国家计委审批,能源技术改造和日常运行归国家经贸委管理,水电、核电的管理还涉及其他部门,导致能源的管理跳出原来的"条块分割"后却"无所适从"。难怪一些外国能源工作者到中国后说,现在我们到中国谈能源合作都不知道该找谁;一些从事地方煤炭工业管理工作的人员也有同感,说过去到北京汇报只向一个单位汇报,现在要向几个单位汇报,过去盖一个印章,现在却要盖几个印章。由于没有一个综合的能源管理部门对我国的能源进行总体协调管理,致使我国当前的能源管理与国民经济的高速增长极不相宜。

普遍认为,一个国家需要有一个较高层次的能源管理部门,以便于政府将能源知识与管理技能综合起来[202]。但世界各国的情形也不完全一致,能源管理体制受能源供需关系状况的影响较大。国际能源署前署长罗伯特·普瑞多认为:从世界能源工业的发展历程看,能源安全在每个历史时期被重视的程度是有所不同的,相应的国际能源政策的演变经历了三个不同时期:第一个时期(1974~1985年),以能源安全为重点,兼顾经济效益;第二个时期(1986~1998年),以经济效益和环境业绩为重点,兼顾能源安全;第三个时期((1999年至今),以能源安全为重,同时也十分重视经济效益和环境业绩,兼顾社会发展。也就是说,在整个20世纪70年代到80年代中期,全世界对能源安全的问题都十分焦虑。后来随着时间的推移,市场发生了很大变化,政府在油气开发方面的主要职能转变为建立一个市场监管框架,让更多的市场参与者加入进来。政府不再把能源安全当成首要问题,而是致力于创建高效运转的能源市场。

如果按照政府对能源管理的松散程度来进行分类,则可以将世界上的能源管理体制大体上分为四类(见表 7-2)。由于能源的地位特殊,大部分国家都实行集中管理模式。集中管理模式使相关的能源政策和战略规划可以得到顺利的实施、有效的控制和监督,以保证社会经济发展所需能源的有效、及时供应。

表 7-2　　　　　　我国与其他国家的能源管理体制对比

类型	能源管理模式	管理机构设置	主要代表国家
1	高级别的集中管理模式	国际能源部或燃料动力部等	美国、俄罗斯、澳大利亚、南非、印尼、土耳其、哥伦比亚、西班牙、韩国等
2	高级别的分散管理模式	国家煤炭部等	印度等
3	低级别的集中管理模式	国家经济部内的资源能源厅等	日本、德国等
4	低级别的分散管理模式	国家发改委内的司(局)处等	中国

我国也曾实行过这种集中管理模式,但是集中的程度过高。在高度集中的计划管理模式下,能源生产和消费全部由国家统一计划,生产企业没有任何自主权,从而严重阻碍了企业发展的活力。为此,经济体制改革的核心就是给能源企业放权,给企业以活力,在特定的历史时期,这极大地推动了能源的生产。但由于各种原因,目前将我国能源管理体制改革为低级别的分散管理模式,也与能源的重要战略地位不相适应。不能说这种低级别的分散管理模式不好,但实行这种模式的前提条件是能源能够完全满足社会经济发展的需要。当前我国社会经济的发展正进入一个新的阶段,对能源的需求将更加复杂,而能源生产和供应却不能满足消费

高速增长的需求,现实要求加强能源管理。

由于缺乏统一的领导和协调,能源发展战略和政策法规也是政出多门。目前煤炭、石油、天然气以及水电和各种新能源的发展都是各自为政,各行业专家也是各自研究,能源产业内部缺乏基本的沟通和协调,从而造成能源产业缺少政策、法规的整合研究,缺乏能源管理部门统一协调的现状。同时,不论能源生产还是能源消费都存在一个结构性问题,能源结构的优化不仅要考虑不可再生能源与可再生能源、进口能源和出口能源的结构调整,还要考虑一次能源与二次能源、中间消费和终端消费结构的调整。世界上比较成功的能源集团,基本上都是煤、电、气、油多元化经营。但在我国能源企业基本上是单一化经营,这已经成为制约能源产业发展的主要因素。尤其是在煤炭企业,尽管近年来坑口电站建设速度较快,但仍没有走出结构单一的阴影。由于没有一个统一的能源管理部门,综合研究能源结构优化问题就显得苍白无力,长期以来的煤电之争就是一个例证。

由于能源管理体制弱化,管理机构分散,导致了能源统计信息严重失真,直接导致 20 世纪 90 年代末期对我国能源生产的盲目乐观,使进入 21 世纪后经济的快速增长受到影响。我国 2000 年对外公布一次能源的生产量为 10.8 亿 tce,比"九五"计划的预测数减少 2.7 亿 t,减幅达到 25%。其中原煤产量 10 亿 t,比"九五"计划的预测数约减少 4 亿 t。但实际的情况是,由于有国家宏观计划的指标限制,为了向国家计划指标"靠拢",各地都在想方设法少报产销量,统计数据有很大的"水分"。尤其是在地方乡镇煤矿,这一现象更得到当地政府的默认而使统计数据严重失真。国家的宏观决策因统计数据不准确而受到严重影响。由于能源管理体制的频繁变动,使能源统计体系很难保持稳定性,再加上能源管理机构的缺位,导致管理职能名存实亡。原来的一整套能源管理体系已经不能适应现实的发展,而新的统计体系没有建立起来,这就使能源统计信息缺乏可靠的依据。不可否认,目前我国能源的开发、加工、转化、分配以及消费的统计信息存在很大的"水分"。正是这些水分掩盖了我国能源生产和消费的真实状况,减少了对能源的投资,导致了能源的紧张状况。但是就目前来讲,能源的缺口到底有多大,急剧增长的能源投资可能带来怎样的后果等问题,同样缺乏系统的依据。因此,不完整的信息已经直接影响到了我国宏观政策的研究和制定。依据不完整的基础资料所进行的预测、预警根本谈不上具有指导意义;如果按照错误的预测和预警去决策,将会造成更加严重的误导。

因此,完善能源管理机构,建立合理的能源管理体制,是保证能源产业健康发展的当务之急。从当前来看,应该做好以下工作:

(1)设立能源综合管理机构

经过这些年的发展经历,设立能源综合管理机构的条件已经成熟。从近年来连续出现的煤、电、油、运全面紧张的情况看,加强能源管理机构非常必要。可以考虑在国家发展与改革委员会能源局的基础上,设立副部级的能源单位,并相应地在地方设立能源管理机构,协调能源管理中的问题,统一研究能源战略、管理能源资源、制定能源工业发展的相关法规制度。

同时,为了避免能源机构的设立再次落入能源体制频繁变动的轨迹,机构的设置应当参考其他国家比较成熟的经验,明确能源综合管理机构的职责和权利,避免机构的无效设置。

(2)不断完善能源法规制度,加强行业内部协调

随着能源综合管理机构的设立,能源系统内部的行业协调将成为其最主要的工作内容。专门的、较高级别的管理机构也有助于相关法规制度的制定和实施,更主要的是有利于法规制度的监督检查,从而保证其贯彻执行。

同时,针对国民经济的发展呈现出周期性波动的特点,能源综合管理部门应制定相应的能源发展规划,并根据经济形式的变动

调整、完善能源法规制度,在保证能源产业对国民经济发展的保障作用的同时,还要促进社会经济的科学发展。

（3）加强能源信息管理,促进管理基础工作的完善

随着科技的发展,信息已成为最重要的社会资源。能源信息是进行能源预测、预警、决策、计划、调整的基础和依据,因此加强能源信息管理,提高能源信息质量非常重要。随着能源综合管理机构的设立和健全,只有建立完整的能源统计体系,并在此基础上建立科学的能源预测、预警机制,才能真正达到改善能源管理体制的目的。

7.4.2 建立并不断完善能源供需预测、预警机制

能源供需状况随着社会经济的发展等因素的变化而不断变化,为了使能源的供需保持相对平衡,有必要对能源供需状况及时地予以反映,并做好能源供需状况的预测工作,在此基础上,建立完善的预警系统,对能源的供需状况进行预警。

（1）设置专门的机构协调能源供需预警

对能源供需矛盾进行科学预警,需要相关部门的积极配合,提供及时、准确的数据资料;同时,对能源供需的预测、预警信息也需要及时地送达相关的决策部门。因此,在综合能源管理机构内设置一个专门的机构来进行能源供需矛盾预警的协调是非常必要的。当然,这一机构的主要任务是沟通、协调,主要是考虑到能源的特殊性和重要性而单独设立。

首先,建立能源供需预测、预警机构。对能源供需进行预测、预警的基础是及时、准确的能源供需信息和科学的预警系统。从目前来看,对能源供需预测和预警的研究散见于研究所或个别研究人员,由于受掌握资料的限制,预测、预警的准确度都很难保证。因此,需要成立专门的机构,建立完善的能源供需信息网络,从而保证基础数据的准确性。在此基础上,可以通过市场来验证预测、预警系统的科学合理性,并通过引入竞争机制,吸引更多的机构参

与系统的建设,使预警系统始终保持先进性。

其次,建立快捷的能源危机应对系统。对能源供需的预测、预警仅是为了避免发生能源危机而提前做出的预先提示。如果没有快捷的应对系统,及时、准确的预测、预警就根本没有必要,能源供需矛盾只会在成为既成事实后才能引起人们的重视,由此造成的损失当然不可估量。因此,专设的能源预测、预警机构还必须将预测、预警的结果及时向决策部门报告,以便决策部门及时启动应对系统,采取科学的应对措施,缓解能源供需矛盾,保障社会经济科学发展。

由此,能源预测、预警机构的工作程序及作用可表示如图7-2所示。

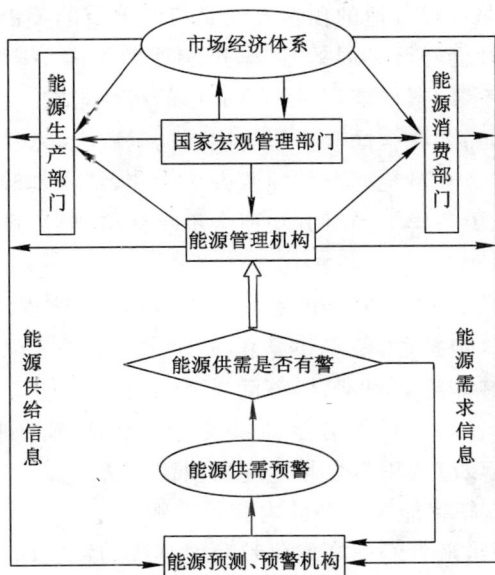

图 7-2　能源预测、预警机构的工作程序图

另外,建立灵活的能源供需预测、预警机制,专设机构要与国内外的能源研究机构保持密切的联系,并及时收集国内外能源市场的动态资料,定期进行能源供需预测、预警。发现能源供需的剧烈变化,应不定期地及时进行能源供需预警。同时,要加强预警方法体系的研究和分析,对比不同的预警系统,建立适合不同情形和局势下的能源供需预警体系。在此基础上,保证预警信息的迅捷反馈,为决策层进行决策提供科学可靠的依据。

(2)不断完善能源供需预警方法体系

在第 5 章中已经详细论述了预警方法。随着科学研究的深入,预警方法会更加丰富完善,每一种方法都有其优点,也都存在一定的局限性。预警方法的选择对预警的质量影响非常大,因此,根据预警对象选择合适的预警方法是科学预警的关键之一。

能源是社会经济发展的基础,影响能源供需平衡的因素非常复杂,而且许多因素对能源都不是简单的线性影响。因此,对能源供需的预警,需要在全面分析影响因素的基础上,以具有非线性的VAR预警方法和系统动力学预警方法为主,结合其他预警方法来进行。当然,更科学的预警方法还会不断推出,要注意新方法的应用和验证。

同时,预警是一个复杂的系统,除了要考虑具体的方法以外,还必须合理确定警源、警兆和警情,并设定科学的警限和警度。警限和警度也并非绝对固定,应该随着社会经济和能源产业的发展而不断修正。因此,预警方法体系具有时空特点,不同的发展时期、不同的地域应选用与之相适应的预警方法。

(3)逐渐拓宽能源预警的内容和范围

前已叙及,随着经济全球化和我国经济的发展,能源市场所面对的不仅仅是国内市场,还应该有国际市场。影响能源供需关系的不仅有国内社会经济发展的因素,而且还包括国际能源市场的因素、地缘政治因素等。因此,对能源供需矛盾预警的内容也应相应地不断扩大。

首先,能源供需总体平衡的预警。这是能源供需矛盾预警的核心内容。社会经济发展首先要考虑的就是能源的供应总量和消费需求总量能否保持平衡,这直接影响到社会经济发展的稳定。在能源总量相对平衡的基础上,再进一步考虑能源的结构和能源的主要来源,以此调整能源消费结构,保证社会经济的协调发展。因此,从总量上对能源供需进行预测、预警是能源发展战略的需要。

其次,应该对能源结构进行预测、预警。能源结构既包括能源的时间结构,即一定时期内能源的供应结构和能源的消费结构;还包括能源的空间结构,即能源的主要来源地和消费地各种能源供应和消费的比例。因此,对能源结构的预警要更复杂,既要考虑不同种类的能源在不同时期内的供应和消费的平衡,还要考虑不同种类的能源在不同区域的供应和消费的平衡。对此,可以在能源供需总量预测、预警的基础上,由各部门和地区分别根据各自的具体情况,参照能源供需总量预警来进行。

另外,对主要短缺能源进行重点预测、预警。短缺能源本身就对社会经济的发展产生很大的影响,而且往往对外的依赖性比较大。为了确保能源安全,对主要短缺能源如石油要进行重点预警,密切关注这部分能源的供需状况,防止短缺能源的供需波动引发能源危机。同时,对这部分能源的储备也要进行预警,促进短缺能源的合理储备,科学应对暂时的能源问题,保障社会经济的科学发展。

因为能源系统仅仅是社会经济大系统中的一小部分,不仅能源发展要做好预测、预警,社会经济各部门的发展都应当进行科学的预测、预警,以避免经济发展的"大起大落"。能源供需预警应该与社会经济发展的预警结合起来,逐渐形成一个完整、全面的预警系统。通过各个具体子系统,如能源供需预警系统的联动,预先揭示进一步发展中可能存在的问题,便于采取相应的措施,保障社会经济的科学发展。因此,预警的内容和范围随着社会经济的发展而不断地丰富和拓展。

7.5　本章小结

　　(1)作为国民经济发展重要基础工业的能源工业,如何从"质"和"量"的角度保障国民经济的科学发展,是能源发展战略要认真对待的问题。但影响能源供需的因素不仅复杂,而且瞬息万变,因此,制定能源发展战略和政策时,必须从长期出发,综合考虑国内和国际的能源市场,系统分析能源供需各影响因素对能源供需的影响,充分考虑能源供需变动对社会经济的影响,以能源的中长期预测和预警为指导,以保证发展规划的科学合理性。

　　(2)根据我国能源供需现状和我国经济发展的实际,结合能源资源的客观赋存状况,提出了我国能源立足国内,面向世界,坚持"两种资源,两个市场"的必要性,从世界能源资源客观赋存和世界能源市场发展的角度分析了我国能源立足国内,面向世界,坚持"两种资源,两个市场"的可行性。进一步强调实施能源进口多元化策略的重要性,重申建立石油战略储备的现实意义,并根据我国目前的石油供需状况提出了建立石油战略储备的步骤。

　　(3)按照既定的能源发展战略,提出进一步完善能源政策,促进能源产业健康发展。分别从强化节能政策、完善能源产业政策、调整能源市场发展政策、加强能源研究与技术开发政策等方面全面论述了如何制定并完善能源发展政策,并提出了一些有针对性的改进建议。

　　(4)为了保障社会经济的科学发展,避免能源供需的严重失调,提出建立并逐步完善能源供需预测、预警机制。首先从建立合理的能源管理体制入手,对照世界各国能源管理体制的状况,分析了目前我国能源管理体制中存在的问题及对能源产业发展的影响,提出加快建立我国合理能源管理体制的构想;在确立能源预测、预警的主体以后,进一步提出了能源供需矛盾预警系统的不断完善和预警内容、范围的不断拓展,说明开展能源预警的意义。

8 结论与展望

人口、资源和环境是人类目前共同面临的主要问题。能源是推动人类社会发展的最主要资源,能源问题已直接影响到了人类社会的可持续发展。本书在深入研究我国能源供需的周期性波动的基础上,提出了我国能源供需周期性波动理论,以此为理论依据采用科学的方法对我国能源的供需矛盾进行了预警研究。研究表明,加强能源供需的预测、预警,避免能源供需失衡,是保证我国能源供需协调发展,进而促进社会经济科学和谐发展的有效手段。

8.1 研究的主要结论

本书在理论研究的基础上,对我国能源供需关系进行了定性与定量相结合的分析,对能源供需矛盾预警进行了理论与实证相结合的研究,研究的主要结论如下:

(1)能源是社会经济发展的物质基础,直接影响着国民经济增长的规模和速度。长期稳定、相对协调的能源供需都是我国经济持续发展的保证,而能源供需的失衡则会威胁到一国社会经济的发展。因此,能源既是经济发展的动力,同时也可能成为经济发展的障碍。随着我国工业化进程的加快,能源问题表现得更为显著。因此,综合考虑影响能源工业供需的相关因素,对能源供需进行预测、预警不仅具有现实性,而且非常必要和迫切。

(2)受地质成矿条件的影响,我国能源资源赋存具有地域分布不均衡、能源赋存结构单一(以煤炭为主)和人均占有量低等特点。相应地,我国能源供需中存在的主要问题有:能源供需矛盾长期存在,结构性矛盾日益突出;石油供应的进口依存度日益加大,能源安全问题日益突出;存在以煤为主的能源结构刚性。分析表明,自然因素、经济增长、产业结构、技术进步、能源价格、社会投资、环境因素、人口增长、交通运输、国际环境和能源管理体制与政策等因素影响着能源的供需关系。

(3)随着我国经济的周期性波动,我国的能源供需也呈现出周期性的波动。经济发展、科学技术、产业结构、能源可采储量等内部影响因素,在乘数——加速数机制的作用下,以经济波动为核心构成了能源生产和消费增长波动的核心因果链。这个核心因果链具有自我积累性和自我转折性,决定着能源生产和消费的波动特征。而能源密度、能源政策、环保政策、能源价格等外部影响因素对能源生产和消费波动的影响,通过内部传导机制起作用,影响着能源生产和消费波动的幅度、波长、波峰、波谷等。定量测算表明,我国能源生产的波动周期为5~6年,能源消费的波动周期为6年左右。

(4)根据我国能源和社会经济发展的实际,选择能源供应增长率、能源消费增长率、能源供需比作为我国能源供需矛盾预警的警情指标体系,运用时差相关分析和格兰杰因果关系检验法分析警情变量与其各警兆变量之间的时差相关关系和因果关系,最终确定了固定资产投资增长率、能源消费结构、人口增长率、能源密度、GDP增长率、$R\&D$投资增长率、能源生产结构、CO_2排放增长率等18个指标为能源供需矛盾预警的警兆指标,建立了警兆指标体系。

(5)通过系统分析常用的预警方法,总结了各种方法的特点和使用范围,指出预警方法是不断发展、日趋完善的;同时根据我国能源供需矛盾周期性的特点,以及相关复杂影响因素对我国能源供需的影响而导致能源发展非线性的特点,结合我国社会经济发展的状况和趋势,选定了我国能源供需矛盾预警方法:VAR 预警方法适用于我国短期能源供需矛盾预警,而系统动力学预警方法适用于我国长期能源供需矛盾预警。

(6)通过短期预警分析可见,在 2003~2006 年间,能源供需相对比较紧张,适度扩大能源生产、增加能源供应是我国能源短期的发展方向。但随着能源供应的增加和经济发展的周期性回落,能源供需关系将逐渐缓和。

(7)通过长期预警分析可以看出,在不同的 GDP 规划增长速度下,能源的供需状况有很大的区别。在其他因素保持既定发展趋势的情况下,当 GDP 规划增长速度为 6% 时,到 2010 年,能源供需短缺率将达到 5%,为轻警;到 2015 年,能源供需基本平衡,为无警;而到 2020 年,能源将由于供过于求而出现警情。当 GDP 规划增长速度为 7% 时,到 2010 年,能源供需短缺率将达到 9%,但随着经济的周期性增长,产业结构和能源消费结构优化,以及 R&D 投资的增加,到 2020 年能源供需关系将达到基本平衡状态,因此 7% 为较理想的经济增长速度。当 GDP 规划增长速度为 7.2% 时,到 2020 年,能源供需短缺率为 5%,为轻警。而当 GDP 规划增长速度为 8% 时,在 2010 年到 2020 年间,能源供需短缺率始终高达 10% 以上,能源供需将处于重警状态。因此,我们可以认为在其他因素保持既定发展趋势的情况下,GDP 增长速度保持在 7% 左右较适宜。如果欲使 GDP 增长速度加快,则需要对产业结构、能源消费结构、能源生产结构、R&D 投资增长率、能源工业固定资产投资等因素做相应的调整,以使能源供需保持相对平衡,不至于对经济的发展产生较大的影响。

(8)为使能源供需保持相对平衡,保障国民经济的科学发展,在能源发展战略方面,制定科学合理的能源中长期发展规划应以科学的能源供需矛盾预警为指导,以协调能源供需关系为中心,并加强滚动预警,保持能源发展战略的稳定性和灵活性,积极开拓国际能源市场,确保我国能源安全。在政策层面上,针对预警揭示的问题,不断完善能源发展政策;充分认识能源供应的警情,强化节能政策;全面分析能源供需矛盾的警源,完善能源产业政策;加强能源研究与技术开发政策,协调能源供需关系。在建立并逐步完善能源供需预测、预警机制方面,首先应建立合理的能源管理体制,确立能源供需预测、预警主体,然后不断完善能源供需矛盾预警系统,不断拓展预警的内容和范围。

8.2　研究的主要创新点

第一,初步提出了较完整的我国能源供需矛盾周期波动理论。

以全面阐述我国经济周期波动理论为铺垫,详细分析了我国社会经济发展与能源生产和消费的关系,实证研究了我国社会经济发展与能源生产和消费的相关性,并参照我国经济发展的周期性波动,研究我国能源供需矛盾的周期性波动。根据统计资料对我国经济周期性波动与能源生产和消费的周期性波动进行了定性分析,揭示了我国能源供需矛盾也存在周期性;在此基础上定量地分析了我国能源生产和消费的周期性波动规律,计算出我国能源生产的波动周期为 5～6 年,能源消费的波动周期为 6 年左右;进一步分析了我国能源生产和消费周期性波动的机理,分析表明经济发展、科学技术、产业结构、能源可采储量等内部影响因素,在乘数—加速数机制的作用下,以经济波动为核心构成了能源生产和消费增长波动的核心因果链。这个核心因果链具有自我积累性和自我转折性,决定着能源生产和消费的波动特征。而能源密度、能源政策、环保政策、能源价格等外部影响因素对能源生产和消费波动的影响,通过内部传导机制起作用,影响着能源生产和消费波动的幅度、波长、波峰、波谷等。

第二,提出了定量分析警限、警度的新方法,使我国能源供需矛盾预警中警限和警度的确定具有了科学的依据。

以现代数学为基础工具,根据我国能源供需的历史资料,考察了我国不同时期的能源供需短缺程度,提出通过置信度来判断有警与无警的新方法;在出现警情的情况下,提出了反映能源供需状况的综合指标——能源供需密度比,并提出了将这一综合指标与GDP增长率相结合,利用曲线拐点来划分警度的新方法,合理界定了我国能源供需矛盾预警的警度。

第三,构建了我国能源供需关系的系统动力学模型,并运用这一模型进行了我国长期能源供需矛盾预警。

根据系统动力学建模的基本思路,首先对我国能源供需关系系统的边界进行了界定,然后对系统内各主要因素之间复杂的相互影响关系进行了深入分析;在此基础上,建立了能源供需系统的因果关系图,并详细分析了系统内因素间的因果关系和系统中的反馈回路。以此为基础,建立了系统的流率基本入树模型和系统流图。根据历史统计数据,运用表函数法、回归分析法、发展趋势推算法等方法估计了模型中的参数,并建立了系统动力学方程。通过运用直观检验、运行检验、历史检验以及灵敏度分析对模型进行了优化,模型中包含了经济增长速度、能源消费结构变动、能源生产结构变动、产业结构变动、能源密度、R&D投资增长率等重要影响因素,并考虑了经济的周期性波动对能源供需的影响。该模型较好地反映了我国能源供需的历史状况,揭示了我国能源供需系统的运行规律。本书运用该模型对我国2010、2015、2020年的能源供需状况进行了预警。为了保证我国能源供需矛盾预警的科学性,同时采用了VAR预警方法对短期能源供需关系进行了预警。

8.3 研究展望

由于所研究问题本身的复杂性,再加上笔者知识所限,本书仅就我国能源总量的供需矛盾预警问题进行了较深入的研究,得到了一部分结论,并针对性地提出了一些建议。但随着现代科技的发展,新的、更科学的预测、预警方法会不断提出,可以为我国能源供需矛盾预警提供更合适的方法;同时,有关我国能源供需关系需要研究的内容也非常丰富,在能源供需总量的基础上,能源供需的结构问题、能源供需的区域平衡问题、新能源的发展战略问题以及政策性较强的能源体质问题等,都是非常具有现实意义的问题。因此,无论是笔者,还是更多的研究者,今后不仅可以就能源供需矛盾预警问题从不同的侧面做进一步研究,也可以对我国能源供需中的其他问题展开深入研究。方向性的问题主要有:

(1) 我国能源供需结构预警研究。随着社会经济的发展,对能源的要求不仅仅体现在总量上,还体现在质量上。因此,能源的结构性问题日益突出,随着能源相互转化技术的成熟和新能源的不断发展,改善能源结构成为促进人类可持续发展的重要措施之一,加强对能源供需结构的预测、预警非常必要。

(2) 能源供需区域平衡问题。能源的赋存具有客观性,但能源的消费却受社会经济发展水平的影响,同时又直接影响着社会经济的科学发展。因此,合理解决能源供需的区域不平衡问题,是解决能源供需矛盾问题的有效措施。

(3) 新能源发展战略问题。目前世界能源的消费仍以化石能源为主,化石能源的不可再生性和低效率性与人类对能源需求的不断扩大和可持续发展的要求必然会发生矛盾。为此,积极探求新能源、利用新能源,并不断增加新能源的科研投资是未来的发展趋势。因此,进行新能源、清洁能源、高效能源的发展战略研究具有前瞻性和必要性。

（4）能源体制问题。这类问题既包括国家能源体制问题、地区能源市场机制等问题，也包括国际能源市场的完善、国际能源交易制度的完善等问题。这些问题的政策性较强，但对能源发展的影响非常大，值得相关部门和人员进行深入研究。

附录　能源供需关系系统
动力学重要方程

(01) 差额＝年二氧化碳排放－目标二氧化碳排放

　　　Units：百万 t

(02) 产量投资影响系数＝1.5e－006

　　　Units：1/亿元

(03) 产业结构变动 ＝ WITH LOOKUP（Time，

　　　（[（1995，－0.08）－（2020，0.1）]，（1995，0.05），（1996，－0.01），（1997，

　　　－0.08），（1998，－0.03），

　　　（1999，0.03），（2000，－0.06），（2001，0.06），（2002，0.1），（2003，

　　　－0.02），（2010，－0.02），

　　　（2011，－0.017），（2015，－0.017），（2016，－0.008），（2020，－0.008）

　　　））

　　　Units：Dmnl

(04) 产业结构系数＝0.48

　　　Units：Dmnl

(05) 产业结构因子＝产业结构变动＊产业结构系数

　　　Units：Dmnl

(06) 单位排放变化量＝单位能源消费 CO_2 排放量＊单位排放变化率

　　　Units：百万 t/万 tce

(07) 单位排放变化率＝单位排放变化率 0＋技术排放因子＋能源消费结构

　　　排放因子

　　　Units：Dmnl

(08) 单位排放变化率 0＝－0.014

　　　Units：Dmnl

(09) 单位能源消费二氧化碳排放量＝ INTEG（单位排放变化量，0.007 14）

Units：百万 t/万 tce

(10) 固定资产投资＝GDP＊投资系数

Units：亿元

(11) 技术节能因子＝技术系数＊R&D投资

Units：Dmnl

(12) 技术排放影响系数＝－3e－006

Units：Dmnl

(13) 技术排放因子＝技术排放影响系数＊R&D投资

Units：Dmnl

(14) 技术系数＝2e－006

Units：1/亿元

(15) 结构排放影响系数＝0.02

Units：Dmnl

(16) 经济周期波动因子＝－0.00615＊SIN（周期函数）

Units：Dmnl

(17) 平均密度变化率＝－0.03

Units：Dmnl

(18) 平均能源产量增长率＝IF THEN ELSE（Time＞2005，0.03 ，0.027）

Units：＊＊undefined＊＊

(19) 目标二氧化碳排放＝800

Units：百万 t

(20) 年二氧化碳排放＝单位能源消费二氧化碳排放量＊能源消费量

Units：百万 t

(21) 能源产量增长率＝
平均能源产量增长率＊运输条件因子＋能源投资因子＋能源生产结构
因子

Units：Dmnl

(22) 能源短缺率＝能源供需缺口/能源消费量

Units：Dmnl

(23) 能源供需比＝能源供应量/能源消费量

Units：Dmnl

（24）能源供需密度比＝能源密度变化率/能源短缺率

　　Units：Dmnl

（25）能源供需缺口＝能源供应量－能源消费量

　　Units：万 tce

（26）能源供应量＝能源生产量＋能源净进口

　　Units：万 tce

（27）能源固定资产投资＝能源投资系数 * GDP

　　Units：亿元

（28）能源净进口 ＝ WITH LOOKUP（Time，

　　（[（1995，－1 320）－（2025，12 787）]，（1995，－1 320），（1996，－692），

　　（1997，2 301），（1998，1 321），

　　（1999，3 036），（2000，5 305），（2001，2 326），（2002，4 752），（2003，

　　5 262.6），（2020，12 787）））

　　Units：万 tce

（29）能源密度＝ INTEG（能源密度变化量，2.243）

　　Units：万 tce/亿元

（30）能源密度变化量＝能源密度 * 能源密度变化率

　　Units：万 tce/亿元

（31）能源密度变化率＝平均密度变化率＋产业结构因子＋能源消费结构因
　　子－技术节能因子

　　Units：Dmnl

（32）能源生产变化量＝能源产量增长率 * 能源生产量

　　Units：万 tce

（33）能源生产结构变动 ＝ WITH LOOKUP（Time，

　　（[（1995，－0.8）－（2020，1）]，（1995，－0.01），（1996，－0.155），（1997，

　　－0.45），（1998，－0.7），

　　（1999，－0.21），（2000，0.45），（2001，0.52），（2002，0.58），（2003，

　　－0.09），（2004，－0.09），

　　（2010，－0.09），（2011，－0.05），（2015，－0.05），（2016，－0.03），

　　（2020，－0.03），（2021，－0.02）））

Units：Dmnl

（34）能源生产结构因子＝能源生产结构变动＊生产结构影响系数

Units：＊＊undefined＊＊

（35）能源生产量＝INTEG（能源生产变化量，129 034）

Units：万 tce

（36）能源投资系数 ＝ WITH LOOKUP（Time，

([(1995,0.02)－(2025,0.06)]，(1995,0.034 633 1)，(1996，

0.037 746 7)，(1997,0.041 788 5)，

(1997.75,0.027 565 8)，(1998,0.038 074 3)，(1999,0.036 806 2)，

(2000,0.032 658 1)，

(2001,0.028 047 4)，(2002,0.026 015)，(2003,0.026 072 3)，(2010，

0.04)，(2015,0.05)，

(2020,0.06)))

Units：＊＊undefined＊＊

（37）能源投资因子＝产量投资影响系数＊能源固定资产投资

Units：Dmnl

（38）能源消费变化量＝能源消费量＊能源消费增长速度

Units：万 tce

（39）能源消费结构变动 ＝ WITH LOOKUP（Time，

([(1995,－0.33)－(2025,0.12)]，(1995,－0.12)，(1996,－0.33)，

(1997,－0.27)，(1998,－0.3)，(1999,－0.25)，(2000,0.01)，(2001，

0.07)，(2002,0.12)，(2003,－0.04)，(2010,－0.04)，

(2011,－0.051)，(2015,－0.051)，(2016,－0.047)，(2020,－0.047)

))

Units：Dmnl

（40）能源消费结构排放因子＝结构排放影响系数＊能源消费结构变动

Units：Dmnl

（41）能源消费结构系数＝0.19

Units：Dmnl

（42）能源消费结构影响系数＝0.22

Units：Dmnl

（43）能源消费结构因子＝能源消费结构变动＊能源消费结构系数

Units：Dmnl

（44）能源消费量＝ INTEG（能源消费变化量,131 176）

Units：万 tce

（45）能源消费增长速度＝

（GDP 增长速度＋能源密度变化率）＊消费污染影响因子＋生活能耗因子

Units：Dmnl

（46）能源因子 ＝ WITH LOOKUP（能源短缺率，

（[（－0.2,0.9）－（0.15,1）],（－0.17,0.97）,（－0.06,0.98）,（－0.03,

0.99）,（0,1）,（0.05,0.99）,（0.15,0.98）））

Units：＊＊undefined＊＊

（47）人均年生活能源消费＝ INTEG（生活能源消费变化,130.8）

Units：kgce

（48）人均年生活能源消费变化率＝

人均年生活能源消费变化率 0＋生活能源消费结构因子＋生活水平能

源消费因子

Units：Dmnl

（49）人均年生活能源消费变化率 0＝0.01

Units：Dmnl

（50）人均 GDP＝GDP/总人口

Units：万元

（51）人口增长量＝总人口＊人口增长率

Units：万人

（52）人口增长率＝人口增长率 0＋生活能源消费因子＋生活水平因子

Units：Dmnl

（53）人口增长率 0＝0.01

Units：Dmnl

（54）生产结构影响系数＝0.2

Units：＊＊undefined＊＊

（55）生活能耗＝人均年生活能源消费＊总人口/1 000

Units：万 tce

(56) 生活能耗比重＝生活能耗/能源消费量

Units：Dmnl

(57) 生活能耗因子＝消费生活能耗影响系数 * 生活能耗比重

Units：Dmnl

(58) 生活能源消费变化＝人均年生活能源消费 * 人均年生活能源消费变化率

Units：kgce

(59) 生活能源消费结构因子＝能源消费结构变动 * 能源消费结构影响系数

Units：Dmnl

(60) 生活能源消费因子＝人均年生活能源消费 * 生活用能人口增长系数

Units：Dmnl

(61) 生活水平能源消费因子＝人均 GDP * 生活水平系数

Units：Dmnl

(62) 生活水平人口增长系数＝IF THEN ELSE（Time＞1998，－0.005，－0.003）

Units：1/万元

(63) 生活水平系数＝0.025

Units：1/万元

(64) 生活水平因子＝人均 GDP * 生活水平人口增长系数

Units：Dmnl

(65) 生活用能人口增长系数＝1e－005

Units：* * undefined * *

(66) FINAL TIME = 2020

Units：Year

The final time for the simulation.

(67) GDP= INTEG （GDP 增长量，58 478.1）

Units：亿元

(68) GDP 规划增长速度＝IF THEN ELSE（Time＞2005，0.072，0.08 ）

Units：Dmnl

(69) GDP 增长量＝GDP * GDP 增长速度

Units：亿元

(70) GDP 增长速度＝能源因子 ∗（GDP 规划增长速度＋投资因子＋经济周期波动因子）

Units：Dmnl

(71) 投资系数 ＝ WITH LOOKUP（Time，

（[（1995，0.33）－（2025，0.62）]，（1995，0.342 338），（1996，0.337 536），（1997，0.334 948），

（1998，0.362 578），（1999，0.363 782），（2000，0.367 927），（2001，0.382 403），（2002，0.41 511 3），

（2003，0.473 908），（2010，0.51），（2015，0.57），（2020，0.62）））

Units：Dmnl

(72) 投资影响系数＝1e－007

Units：1/亿元

(73) 投资因子＝固定资产投资 ∗ 投资影响系数

Units：Dmnl

(74) INITIAL TIME ＝ 1995

Units：Year

The initial time for the simulation.

(75) 消费生活能耗影响系数＝0.03

Units：Dmnl

(76) 消费污染影响因子 ＝ WITH LOOKUP（差额，

（[（0，0.98）－（800，1）]，（0，1），（100，1），（200，0.999），（300，0.99），

（600，0.985）））

Units：Dmnl

(77) 周期函数 ＝IFTHEN ELSE（Time＜1999，3.141 59 ∗ 2/8 ∗（Time－1992）＋3.141 59/2 ，3.141 59 ∗ 2/8 ∗（Time－1999）＋3.141 59/2 ）

Units：Dmnl

(78) 总人口＝ INTEG（人口增长量，121 121）

Units：万人

(79) R&D 投资＝GDP ∗ R&D 投资系数

Units：亿元

（80）R&D 投资系数 = WITH LOOKUP （Time，

（[（1995,0.006 8）－（2020,0.015）],（1995,0.006 8）,（1996,0.007 3）,

（1997,0.007 5）,

（1998,0.008 4）,（1999,0.011）,（2000,0.013）,（2001,0.014）,（2002,

0.015）,

（2003,0.013）,（2004,0.012）,（2010,0.013）,（2020,0.013））)

Units：Dmnl

（81）SAVEPER = TIME STEP

Units：Year

The frequency with which output is stored.

（82）TIME STEP＝1

Units：Year

The time step for the simulation.

参考文献

[1] 朱成章. 世界能源的未来[J]. 中国电力,2003 (9):11~20.

[2] 华泽澎. 能源经济学[M]. 东营:石油大学出版社,1993.

[3] 吴德春,董继斌. 能源经济学[M]. 北京:中国工人出版社,1991.

[4] 徐寿波. 能源经济[M]. 北京:人民出版社,1994.

[5] 沈镭,成升魁. 论国家资源安全及其保障战略[J]. 自然资源学报,2002 (4):393~400.

[6] 隗斌贤. 经济发展中的能源障碍[J]. 生态经济,1997(1):7~10.

[7] 华泽澎. 能源经济学[M]. 东营:石油大学出版社,1991.
    摘自能源知识 500 例[M]. 甘肃人民出版社

[8] Li Y F, Wang Y J & Zhang M H. Economic Alysisand Measurement of Resources Security[J]. Proressin Safety Science and Technology Ⅳ:2791 ~2797.

[9] 史丹. 规划以安全供应为核心的能源发展战略[N]. 经济日报,2004-1-19.

[10] 卜善祥等著. 中国矿产资源预警研究[M]. 地质出版社,1998.

[11] 毕大川,刘树成. 经济周期与预警系统[M]. 科学出版社,1990.

[12] 王慧敏. 我国宏观经济预警方法研究[D]. 徐州:中国矿业大学工商管理学院,1997.

[13] 黄继鸿,雷战波等. 经济预警方法研究综述[J]. 系统工程.2003.(3):64~70.

[14] 顾海兵. 中国工农业经济预警[M]. 北京:中国计划出版社,1992.

[15] 吴明录,贺建敏. 我国短期经济波动的监测预警系统[J]. 系统工程理论与实,1994(5):1~7.

[16] 蒋春,吴景杰. 试论建立金融风险预警监督机制[J]. 中国金融,1996 (3):23~24.

[17] 王慧敏. 几种预警系统的设计比较[J]. 信息系统工程,1997(6):31~32.

[18] 刑武晋. 一种宏观经济监测预警系统的开发[J]. 系统工程,1998.11(6):20~23.

[19] 刘传哲,张丽哲.金融危机预警系统及其实证研究[J]. 系统工程,1999.9(5):33~37.

[20] 邱丕群. 金融监测预警指标体系探讨[J]. 统计与决策,1997(1):19~21.

[21] 邱丕群. 金融预警系统初探[J]. 统计与信息论坛,1997.6(2):20~25.

[22] 邱丕群. 我国金融预警系统研究[J]. 统计与预测,1997(3):16~20.

[23] 邱丕群. 金融供求监测预警方法研究[J]. 统计与信息论坛,1999(4):28~31.

[24] 尹豪,方子节. 持续发展预警的指标构建和预警方法[J].农业现代化研究,2000.11(6):332~336.

[25] 余丛国,席西民. 我国企业预警研究理论综述[J]. 预测,2003(2):23~29.

[26] 佘廉,张倩. 企业预警管理的系统分析[J]. 中国工业经济研究,1994(11):73~77.

[27] 黄小原,肖四汉. 神经网络系统及其在企业运行中的应用[J]. 系统工程与电子技术,1995(10):50~58.

[28] 顾焕章,王曾金等. 建立粮食供求预警系统稳定我国粮食生产和市场[J]. 农业经济问题,1995(2):23~26.

[29] 金成华. 矿产资源宏观预警理论初探[J]. 中国地质矿产经济,1992(7):21~27.

[30] 陈正惠. 石油经济运行的监测与预警系统[J].石油大学学报:社会科学版,1994(S1):119~122.

[31] 王慧敏,尹士奎,陈宝书. 建立我国煤炭工业经济运行监测预警系统初探[J]. 煤炭经济研究,1996(5):12~14.

[32] 王慧敏,陈宝书. 煤炭行业预警指标体系的基本框架结构[J]. 中国煤炭经济学院学报,1996(4):10~13.

[33] 徐立丽,王慧敏. 我国煤炭工业经济预警研究初探[J]. 山西煤炭,1999

(6):4~6.

[34] 尹昌斌,陈基湘等. 建立自然资源开发利用预警系统[J]. 生态经济. 1995.(5):23~26

[35] 葛家理,胡机豪,张宏民. 我国石油经济安全与监测预警复杂战略系统研究[J]. 中国工程科学. 2002.(1):75~80

[36] 吴文盛. 我国石油资源安全评价与预警研究[J]. 地质技术经济管理, 2002. 10(5):13~13.

[37] (美)Dennis L Meacows 等著. 增长的极限——罗马俱乐部关于人类困境的报告(The Limits to Growth—A Report for The Club of Rome's Project on The Predicament of Mankind)[M]. 李宝恒译. 长春:吉林人民出版社,1997.

[38] Shyamal P, Rabindra N B. Causality between energy consumption and economic growth in India: a note on conflicting results[J]. EnergyEconomics,2004(26):977~983.

[39] Ghali Khalifa H, El-Sakka M I T. Energy use and output growth in Canada: a multivariate cointegration analysis[J]. Energy Economics, 2004(26):225~238.

[40] Obas John Ebohon. Eenergy, economic growth and causality in developing countries[J]. Energy Policy,1996(24):447~453.

[41] Abul M M Masih, Rumi Masih. Energy consumption, real income and temporal causality: resulta from a multi-country study based on cointegration and error-correction modelling techniques[J]. Energy Economics,1996(18):165~183.

[42] Oh Wankuen Lee. Kihoon. Energy consumption and economic growth in Korea: testing the causality relation[J]. Journal of Policy Modeling, 2004(26):973~981.

[43] Oh Wankuen Lee. Kihoon. Causal relationship between energy consumption and GDP revisited:the case of Korea 1970—1999[J]. Energy Economics,2004(26):51~59.

[44] Mark Thoma. Electrical energy usage over the business cycle[J]. Energy Economics.2004. 26: 463~485.

[45] Ahmed E, Rosser J B. A global model of OECD aggregate supply and demand using vector autoregressive techniques[J]. European Economic Review,1988(32):1711~1729.

[46] Samimi R. Road transport energy demand in Australia[J]. Energy Economics. 1995. (17):329~339

[47] Egelioglu F, Mohamad A A, et al. Economic variables and electricity consumption in Northern Cyprus[J]. Energy,2001(26):355~362.

[48] Asafu-Adjaye J. The relationship between energy consumption, energy prices and economic growth: time series evidence from Asian developing countries[J]. Energy economics,2000(22):615~625.

[49] Cheng B S, Lai T W. An investigation of co-integration and causality between energy consumption and economic activity in Taiwan[J]. Energy Economics,1997(19):435~444.

[50] Stern D I. A miltivariate cointegration analysis of the role of energy in the US macroeconomy[J]. Energy Economics,2000(22):267~283.

[51] Stern D I. Energy and economic growth in the USA-A multivariate approach[J]. Energy Economics,1993(4):137~150.

[52] Yu E S H, Jin J C. Cointegration test for energy consumption, income. and employment[J]. Resources and Energy,1992. (14):259~266

[53] Harvie C, T. van Hoa. Long-term relationships of major macro-variables in a resource-related economic model of Australia-A cointegration analysis[J]. Energy Economics,1993(10):257~261.

[54] Kulshreshtha Mudit,Parikh Jyoti K. Modeling demand for coal in India: vector autoregressive models with cointegrated variables[J]. Energy,2000(25):149~168.

[55] Jonathan E Sinton . Accuracy and Reliability of China's Energy Statistics[J]. China Economic Review,2001(12):373~383.

[56] Jonathan E Sinton, David G Fridley . What goes up : recent trends in China's energy consumption[J]. Energy policy,2000(28):671~687.

[57] Tomas G Rawski . What is Happening to China's GDP statistics? [J]. China Economic Review,2001(12):347~354.

[58] Henrik Klinge Jacobsen . Technological progress and long-term energy demand—a survey of recent approaches and Danish case[J]. Energy Policy,2001(29):147~157.

[59] Henrik Klinge Jacobsen . Technology diffusion in energy-economy models: the case of Danish vintage models[J]. Energy Journal,2000(21): 43~71.

[60] Yohji Uchiyama . Present efforts of saving energy and future energy demand/supply in Japan[J]. Energy Conversion and Management, 2002 (43):1123~1131.

[61] Das A, Kandpal T C. A modeling framework for estimating energy demand and CO2 emissions from energy intensive industries in India[J]. Energy Sources,1999 (21):649~661.

[62] Mackay R M, Probert S D. Crude oil and natural gas supplies and demands for Denmark[J]. Applied Energy,1995(50):209~232.

[63] Mackay R M, Probert S D. Crude oil and natural gas supplies and demands for France[J]. Applied Energy,1995(50):185~208.

[64] Bodger P S, May D G. A system dynamics energy model of New Zealand[J]. Technological Forecasting and Social Change,1992(41):97~ 106.

[65] Ediger V S, Tathdil H. Forecasting the primary energy demand in Turkey and analysis of cyclic patterns[J]. Energy Conversation and Management,2002(43):473~387.

[66] Chowdhury S,Sahu K C. A system dynamics model for the Indian oil and gas exploration/exploitation industry[J]. Technological Forecasting and Social Change,1992(42):63~83.

[67] Gonzales Chavez S, Xiberta Bernat J, Llaneza Coalla H. Forecasting of energy production and consumption in Asturias (northern Spain)[J]. Energy,1999(24): 183~198.

[68] Djukanovic M, Ruzic S, Babic B, et al. A neural-net based short term load forecasting using moving window procedure[J]. Electrical Power & Energy Systems,1995(17): 391~397.

[69] Sun J W. Energy demand in the fifteen European Union countries 2010 — A forecasting model based on the decomposition approach[J]. Energy,2001(26):549~560.

[70] John L Hallock Jr, Pradeep J Tharakan, et al. Forecasting the limits to the availability and diversity of global conventional oil supply[J]. Energy,2004(29):1673~1695.

[71] Bahman Kermanshahi, Hiroshi Iwamiya . Up to year 2020 load forecasting using neural nets[J]. Electrical Power and Energy Systems,2002 (24):789~797.

[72] Nicos M Chrstodoulakisa, Sarantis C Kalyvitis, Dimitrios P Lalas, Stylianos Pesmajcglou. Forecasting energy consumption and energy related CO2 emissions in Greece: An evaluation of the consequences of the Community Support Framework Ⅱ and natural gas penetration[J]. Energy Economics,2000(22):395~422.

[73] El—Keib A A, Ma X, Ma H . Advancement of statistical based modeling techniques for short-term load forecasting[J]. Electric Power Systems Research, 1995(35):51~58.

[74] Yamashita Y, Ishida H. Japan's short-term energy outlook — FY1998 records and short-term forecast up to FY2000[J]. Energy Policy,2000 (48):799~814.

[75] Hammond G P. Alternative energy strategies for the United Kingdom revisited[J]. Technological Forecasting and Social Change,1998(59): 131~151.

[76] Chae K N, Lee D G, et al. The role of nuclear energy system for Korean long-term energy supply strategy[J]. Progress in Nuclear Energy. 1995.(29):71~78.

[77] Nakata T. Energy-economic models and the environment[J]. Progress in Energy and Combustion Science,2004(30):417~475.

[78] Gabriele A. Policy alternatives in reforming energy utilities in developing countries[J]. Energy Policy,2004(32):1319~1337.

[79] Dincer I. Environment impacts of energy[J]. Energy Policy,1999(27):

845~854.

[80] Dincer I, Rosen M A. Energy. environment and sustainable development[J]. Applied Energy,1999(64):427~440.

[81] Dincer I. Renewable energy and sustainable development: a crucial review[J]. Renewable & Sustainable Energy Reviews,2000(4):157~175.

[82] Gnansounou E, et al. The strategic technology options for mitigating CO2 emissions in power sector: assessment of Shanghai electricity-generating system[J]. Ecological Economics,2004(50):117~133.

[83] Halsnas K. Market potential for Kyoto mechanisms-estimation of global market potential for co-operative greenhouse gas emission reduction policies[J]. Energy Policy,2002(30):13~32.

[84] Ronald D Sands. Dynamics of carbon abatement in the Second Generation Model[J]. Energy Economics,2004(26):721~738.

[85] Yamaji K , Matsuhashi R, Yutaka N, Yoichi K. A study on economic measures for CO_2 reduction in Japan[J]. Energy Policy,1993(21):123~132.

[86] Nakata T, Lamont A. Analysis of the impacts of carbon taxes on energy systems in Japan[J]. Energy Policy,2001(29):159~166.

[87] Richels R, Sturm P. The cost of CO_2 emission reductions[J]. Energy Policy,1996 (26):875~887.

[88] Schultz P, Kasting J. Optimal reductions in CO_2 emissions[J]. Energy Policy, 1997(25):491~500.

[89] 王家诚. 我国石油需求与石油替代战略[J]. 中国工业经济,2000(3):38~41.

[90] 王家诚,李金峰·阎长乐. 中国能源供需平衡和对策研究[J]. 管理世界,1997(5):109~115.

[91] 赵媛. 可持续能源发展战略[M]. 北京:社会科学文献出版社,2001.

[92] 赵媛,曾尊固等. 树立大能源系统观,促进能源可持续发展[J]. 经济地理,2001(11):749~752,765.

[93] 周德群. 中国能源的未来:结构优化与多样化战略[J]. 中国矿业大学学

报:社会科学版,2001.3(1):86~95.

[94] 范维唐.关于中国能源未来发展趋势的探讨[J].中国煤炭,1997(12):1~4.

[95] 吴巧生,王华等.中国能源战略评价[J].中国工业经济,2002(6):13~21

[96] 沈胜强,李素芬等.可持续发展战略与节能技术[J].节能,1998(12):4~7.

[97] 何志荣.节能是我国能源可持续发展的重要战略[J].中国能源,2002(12):41~42

[98] 宋学锋.浑沌经济学理论及其应用研究[M].徐州:中国矿业大学出版社,1996.

[99] 宋学锋.煤炭供需失衡与浑沌经济学[J].煤炭经济研究,1995(3):23~24.

[100] 于景华,田立新.混沌时间序列及其在能源系统中的应用[J].江苏大学学报:自然科学版,2002(4):84~86.

[101] 傅瑛,田立新等.混沌动力学模型在我国能源生产预测中的应用[J].江苏大学学报:自然科学版,2003(1):26~29.

[102] 田立新,傅瑛等.非线性分析下西部—江苏能源联动决策支持系统的研究——能源消费与生产混沌动力学模型的建立[J].江苏大学学报:社会科学版,2003(1):105~109.

[103] 彭建良,李新建等.能源消费量模拟分析和预测的神经网络方法[J].系统工程理论与实践,1998(7):76~83.

[104] 吴敬儒.关于我国1996~2010年能源供需情况预测及解决对策的探讨[J].电网技术,1997(8):54~59.

[105] 史丹.转轨时期我国能源瓶颈缓解的影响因素分析[J].中国工业经济,1998(10):20~25.

[106] 史丹.我国经济增长过程中能源利用效率的改进[J].经济研究,2002(9):49~56.

[107] 史丹.我国是如何以较低的能源消费实现高速经济增长的[J].中国能源,2002(11):8~11.

[108] 史丹,张金隆.产业结构变动对能源消费的影响[J].经济理论与经济

管理,2003(8): 30~33.

[109] 史丹,张金隆. 新型工业化道路对能源消费的影响[J]. 中国能源,2003(6):37~39.

[110] 史丹. 结构变动是影响我国能源消费的主要因素[J]. 中国工业经济,1999(11): 38~43.

[111] 郝海,顾培亮等. 技术进步与能源消费的相互作用[J]. 东南大学学报:哲学社会科学版,2002(10):34~36.

[112] 任锦鸾,顾培亮. 技术进步对中国能源供需结构的影响[J]. 哈尔滨工业大学学报,2002(10):599~602.

[113] 王喆,周霞,顾培亮. 基于软系统思维方式的建模支持系统[J]. 决策与决策支持系统,1997(2):11~16.

[114] 任锦鸾,顾培亮. 中国加入WTO后技术进步对能源需求的影响[J]. 科学学与科学技术管理,2002(5):77~79.

[115] 郝冬,顾培亮. 扩展型能源决策支持系统的设计与实现[J]. 决策与决策支持系统,1994(1):8~15.

[116] 林伯强. 中国能源需求的经济计量分析[J]. 统计研究,2001(10):34~39.

[117] 林伯强. 结构变化、效率改进与能源需求预测[J]. 经济研究,2003(5):57~65.

[118] 林伯强. 电力短缺、短期措施与长期战略[J]. 经济研究,2004(3):28~36.

[119] 林伯强. 电力消费与中国经济增长:基于生产函数的研究[J]. 管理世界,2003(11):18~27.

[120] 李鹏程. 能源经济发展刍论[J]. 云南财贸学院学报:经济管理版,2001(6):27~30.

[121] 李鹏程. 经济发展过程中的政策因素[J]. 经济问题探索,2001(4):4~9.

[122] 张明慧,李永峰. 论我国能源与经济增长关系[J]. 工业技术经济,2004(4):77~80.

[123] Zhang Minghui, Song Xuefeng, Li Yongfeng. Analysis of the effect of China's industrial structure transformation on energy consumption[J].

International Journal of Global Energy Issues,2004（22）:180～189.

[124] 张明慧,宋学锋. 基于系统动力学的江苏省能源消费需求预测分析
[J]. 能源研究与利用, 2004(增刊):83～86.

[125] Zhang Minghui,Li Yongfeng,Song Xuefeng . Research on China's en-
ergy production and consumption fluctuation cycle[J]. 2005 Interna-
tional Conference of Management Science and Applications,2005.

[126] Li Yongfeng, Zhang Minghui, Wang Yunjia. Environmental cost: the
effective measure of environmental security[J]. Progress in Safety Sci-
ence and Technology Ⅴ,2005.

[127] 张明慧,李永峰. 技术进步与我国能源消费关系研究[J]. 山西财经大
学学报,2005(2): 91～98.

[128] 张明慧,李永峰. 合理开发我国煤炭资源的理性思考[J]. 能源技术与
管理,2004（3）:90～92.

[129] 李永峰,张明慧. 试论我国税费政策对煤炭产业的影响[J]. 山西高等
学校社会科学学报,2005（8）:50～53.

[130] 国土资源部信息中心. 世界矿产资源年评2000～2001[M]. 北京:地
质出版社,2002

[131] 郭小哲. 我国能源发展战略预警监测系统研究[D]. 北京:石油大学,
2002

[132] 李金峰. 煤炭产业不是夕阳产业[J]. 煤炭经济研究,2003（3）:10～12

[133] 周德群. 可持续发展理论、模型与应用研究[D]. 徐州:中国矿业大学,
1997

[134] 万红飞,周德群等. 我国能源与经济关系分析[J]. 连云港化工高等专
科学校学报,2000(6):38～41

[135] 卢纹岱. SPSS for Windows 统计分析[M]. 北京:电子工业出版社,
2002

[136] 陈平,李广众. 中国结构转型与经济增长[J]. 世界经济,2001（3）:
16～20

[137] 刘志彪,安同良. 中国产业结构演变与经济增长[J]. 南京社会科学,
2002(1):1～4

[138] 韩可琦,王玉浚. 中国能源消费的发展趋势与前景展望[J]. 中国矿业

大学学报,2004(5):50～52

[139] 王庆一. 能源效率与可持续发展[J]. 科技导报,1998(4):19～51

[140] 马有江,程志芬. 谈科学技术进步与能源开发利用[J]. 节能技术, 2001(6):13～18

[141] 国家经贸委. 新能源和可再生能源产业发展"十五"规划[J]. 太阳能, 2002(5):3～5

[142] 周庆凡. 世界能源及其分布状况[J]. 中国能源,2001(10):27～30

[143] 张荣. 积极实施全球化石油战略[J]. 经济要参,2003(49):24～27

[144] 吴吟. 关于我国能源管理体制的思考[J]. 中国能源,2002(10):12～ 13,47

[145] 潘伟尔. 我国能源管理体制探讨[J]. 经济研究参考,2002(84):19～ 23

[146] 中国石油天然气行业监管体系研究课题组. 加拿大与美国的能源监 管及其对我国的启示[J].国际石油经济,2003.11(2):10～17

[147] "十五"国际高技术发展计划能源技术领域专家委员会. 能源发展战略 研究[M]. 北京:化学工业出版社,2004

[148] 钱鸣高,许家林,缪协兴. 煤矿绿色开采技术[J]. 中国矿业大学学报, 2003(4):343～343

[149] 刘恒.当代中国经济周期波动及形成机理研究[M]. 成都:西南财经大 学出版社,2003

[150] 刘树成.中国经济周期波动的新阶段[M]. 上海:上海远东出版社, 1997

[151] 王小波,顾岚等.经济周期与预警研究——理论、方法、应用[M]. 北 京:冶金工业出版社,1994

[152] 刘文浩.经济发展的周期波动性[J]. 广西大学学报:哲学社会科学版, 2000(增刊):70～72

[153] 桑百川.试析我国经济周期波动的原因[J]. 管理现代化,1994(4):8～ 10

[154] 解三明.我国经济中长期增长潜力和经济周期研究[J]. 管理世界, 2000(5):13～24

[155] 解三明.中国经济增长的周期性问题研究[J]. 经济学动态,2001(5):

10～16

[156] 梁军.论经济波动周期的数量特征和结构特征[J]. 广东社会科学，2000(4):26～31

[157] 陈迪平.我国经济运行周期的主要特征及成因分析[J]. 财经理论与实践,2004(7): 109～112

[158] 陈乐一. 论现阶段的中国经济周期波动[J]. 财政研究,2001(5):42～45

[159] 宏观经济监测预警课题组. 对我国经济周期波动变化特征的实证分析[J].吉林大学社会科学学报,2004(5):98～103

[160] 喻朝晖. 经济周期的测度方法[J]. 电脑与信息技术,2000(5):59～63

[161] 雷家骕. 国家经济安全理论与方法[M]. 北京:经济科学出版社,2000

[162] 顾南兵,俞丽亚. 未雨绸缪——宏观经济问题预警研究[M]. 北京:经济日报出版社,1993

[163] 赵黎明,贾永飞,钱伟荣. 房地产预警系统研究[J].天津大学学报:社会科学版，1999(4):276～280

[164] 王焕高,王志强. 我国经济景气波动的原因分析. 财经问题研究,1997(11):14～16

[165] Granger C W J. Investigating causal relations by econometric models and cross-spectral methods[J]. Econometrica,1969(37):424～438

[166] (美)古扎拉蒂著.计量经济学[M]. 林少宫译. 北京:中国人民大学出版社,2000

[167] 扬渺. 格兰杰因果关系的多元推广及应用研究[D].成都:西南财经大学,2002

[168] 张晓峒. 计量经济分析[M]. 北京:经济科学出版社,2000

[169] 陆懋祖. 高等时间序列经济计量学[M].上海:上海人民出版社,1999

[170] 张晓峒. 计量经济学软件 Eviews 使用指南[M]. 天津:南开大学出版社,2003

[171] 菲利普·汉斯·弗朗西斯.商业和经济预测中的时间序列模型[M]. 封建强译. 中国人民大学出版社,2002

[172] 盛骤,谢式千,潘承毅. 概率论与数理统计[M].北京:高等教育出版社,1990

[173] 傅龙波,王亚辉等. 江苏粮食供求预警系统构建[J]. 农业技术经济, 1997(4):28～31

[174] 王耀东,张德远,张海雄. 经济时间序列分析[M]. 上海:上海财经大学出版社,1996

[175] 孙传忠,安鸿志等. ARCH 模型及其应用与发展[J]. 数理统计与应用概率,1995(4):62～70

[176] 苗实,刘海龙,潘德惠. ARCH 模型的研究与探讨[j]. 信息与控制, 1999(5):366～370

[177] 俞欢军,王建成,胡上序.基于概率模式识别方法的宏观经济预警系统的进一步研究[J].系统工程理论与实践,1999(9):41～48

[178] 王建成,王静,胡上序.基于概率模式分类的宏观经济预警系统设计[J].系统工程理论与实践,1998(8):6～10,63

[179] 王建成,唐贵川等.基于概率模式分类的宏观经济预警系统设计[J].统计研究,1997(6):52～55

[180] 边肇祺等. 模式识别[M]. 北京:清华大学出版社,1998

[181] 王其藩. 系统动力学[M]. 北京:清华大学出版社,1988

[182] 王其藩. 高级系统动力学[M]. 北京:清华大学出版社,1995

[183] 王其藩. 系统动力学理论与方法的新进展[J]. 系统工程理论方法应用,1995(2):6～12

[184] 王慧敏. 流域可持续发展系统理论与方法[M]. 南京:河海大学出版社,2000

[185] 杭斌,赵俊康. VAR 系统———一种宏观经济预警的新方法[J]. 统计研究,1997(4):49～52

[186] 陆海波.可持续发展的能源—经济—环境系统研究[博士学位论文].天津:天津大学,2004

[187] 贾仁安,丁荣华.系统动力学—反馈动态性复杂研究[M].北京:高等教育出版社,2002

[188] 贾仁安,伍福明等.系统动力学流率基本入树建模法[J].系统工程理论与实践,1998(6):6～11

[189] 徐南孙,贾仁安等. 王禾丘能源系统生态工程主导结构流率基本入树序列[J]. 系统工程理论与实践,1998(7):69～76

[190] 中国能源发展战略与政策研究报告课题组. 中国能源发展战略与政策研究报告(上)[J]. 经济研究参考,2004(83):2~51

[191] 田应奎. 中国能源发展战略重大问题研究[J]. 中国能源,2005(3):17~22

[192] 汪云甲. 论我国矿产品资源安全问题[J]. 科技导报,2003(2):58~61

[193] 中国科学院国情分析研究小组. 两种资源、两个市场——构建中国资源安全保障体系研究[M]. 天津:天津人民出版社,2001

[194] 刘小丽. 美国新能源政策及其对我国的启示[J]//周大地,韩文科. 2002中国能源问题研究[M]. 北京:中国环境科学出版社,2003

[195] 原国家经贸委资源节约与综合利用司赴美节能培训班. 美国的节能政策和管理模式及对我国的启示(上)[J]. 节能与环保,2003(8):1~4

[196] 原国家经贸委资源节约与综合利用司赴美节能培训班. 美国的节能政策和管理模式及对我国的启示(中)[J]. 节能与环保,2003(9):6~10

[197] 原国家经贸委资源节约与综合利用司赴美节能培训班. 美国的节能政策和管理模式及对我国的启示(下)[J]. 节能与环保,2003(10):3~9

[198] 郁聪,康艳兵. 国内外节能政策的回顾及强化我国节能政策的建议[J]. 中国能源,2003(10):4~14

[199] 宋朝义. 21世纪能源发展的战略设想[J]. 中国电力企业管理,2001(8):5~6

[200] 金启明. 欧盟能源政策综述[J]. 政策与管理,2004(8):24~25

[201] 齐中英. 中国能源科技发展战略形式与对策研究[J]//"十五"国家高技术发展计划能源技术领域专家委员会. 能源发展战略研究[M]. 北京:化学工业出版社,2004:5~74

[202] 杨玉峰,张刚,廖玫. 国际能源政策经验一席谈——国际能源署前署长罗伯特·普瑞多答中国学者问[J]. 国际石油经济,2004(3):25~28.

后　记

　　本书源于我的博士学位论文。首先感谢我的导师宋学锋教授。论文是在宋老师的悉心指导下，一步一步完成的。从论文的选题，到论文主体思想的形成，几易其稿，倾注了导师大量的时间和精力；论文从主要观点的形成、结构的布局调整直到论文的修改定稿都凝结了导师的无限心血。导师严谨的治学精神，敏锐的洞察力，开放的学术思想，豁达自信的人格魅力，严于律己、宽以待人的品德，对我是一种言传身教。感谢恩师对我的悉心指导和谆谆教诲。"行远道者，假于车马；济江海者，因于舟辑"。文成于此，谨谢于此。

　　同时要感谢我的另一位导师周德群教授，他丰富的知识资源和敏捷的思维方式使我在步入博士生初期受益匪浅。我对能源问题的深入研究也得益于他的点拨和鼓励。学习期间，得到了段鑫星老师、李宾亭老师、孙颖老师、张向东老师和谢芳等老师在生活上的关心和帮助。特别是段鑫星老师，不仅在生活上给予了我无微不至的关心，而且在学业上也始终给予了我大力的支持、鞭策和鼓励，使我在学习上不敢有丝毫的懈怠，顺利完成了学业。我对他们表示由衷的感谢。

　　中国矿业大学陆学禹教授、聂锐教授、刘传哲教授、魏晓平教授、周敏教授和王震声教授对论文的选题提出了许多宝贵建议，使我在论文的撰写中走了不少的捷径。各位教授在课堂上传授的知识更使我终生收益。我衷心地感谢他们。

　　在论文写作过程中，得到了王新宇博士、刘传哲教授、汪云甲教授、郭英海教授、钱永坤教授、牛冲槐教授、李新春教授等老师们在不同方面的无私帮助,使我顺利完成了论文的写作。在此,我对他们表示诚挚的谢意。

经济管理复杂性研究所浓厚的学习、研究氛围为我顺利完成论文提供了良好的基础条件。在与研究所的王良洪老师、王晓燕博士、曹庆仁博士、许正权博士以及刘耀彬、张中强等老师和同学的交流和探讨中,使我得到了许多启发。在论文写作中还得到了资源信息与空间决策研究所的杨敏老师、张华老师、中国矿业大学档案馆的李真等老师的帮助,潘东旭博士、王天成博士等对论文的写作也提供了许多帮助。在此,一并表示真诚的感谢。

我要感谢家中年迈的父母,学业至此,离不开他们的理解与鼎力支持。感谢爱人李永峰,论文的完成同样倾注了他的心血。我可爱的儿子李昱衡聪明懂事,为我紧张的学习生活带来了别样的欢乐。

能源经济涵盖的领域非常广泛,定量分析方法更是内容丰富。在完成论文过程中,参阅了国内外众多学者和专家们的著述及资料,参考文献中恐有遗漏,特此致歉,并向有关作者表示深深的谢意。

本书的顺利出版,得到了中国矿业大学出版社姜华老师的大力支持,她严谨认真、一丝不苟的编辑工作使本书增色不少,在此表示谢意。

最后,向关心和帮助过我的所有老师和同学们真诚地道声感谢。由于我学识所限,书中不免有疏漏错误之处,恳请读者批评指正。

张明慧
2007 年 11 月